Werner Fricke und Ulrike Sailer-Fliege (Hrsg.):

Untersuchungen zum Einzelhandel in Heidelberg

HEIDELBERGER GEOGRAPHISCHE ARBEITEN

Herausgeber: Dietrich Barsch, Werner Fricke und Peter Meusburger

Schriftleitung: Gerold Olbrich und Heinz Musall

Heft 97

Im Selbstverlag des Geographischen Instituts der Universität Heidelberg

1995

Untersuchungen zum Einzelhandel in Heidelberg

herausgegeben von

Werner Fricke und Ulrike Sailer-Fliege

Mit Beiträgen von M. Achen, W. Fricke, J. Hahn, W. Kiehn, U. Sailer-Fliege, A. Scholle und J. Schweikart

ISBN 3-88570-097-2

Im Selbstverlag des Geographischen Instituts der Universität Heidelberg

1995

Anschriften der Autoren:

Dr. Matthias Achen, Geographisches Institut, Universität Heidelberg, Im Neuenheimer Feld 348, 69120 Heidelberg

Prof. Dr. Werner Fricke, Geographisches Institut, Universität Heidelberg, Im Neuenheimer Feld 348, 69120 Heidelberg

Joachim Hahn M.A., Amt für Stadtentwicklung und Statistik, Stadt Heidelberg, Rathaus - Marktplatz 10, 69117 Heidelberg

Dipl.-Geogr. Werner Kiehn, Geographisches Institut, Universität Heidelberg, Im Neuenheimer Feld 348, 69120 Heidelberg

Prof. Dr. Ulrike Sailer-Fliege, Fachbereich Geographie, Philipps-Universität Marburg, Deutschhausstr. 10, 35037 Marburg

Dipl.-Geogr. Andreas Scholle, DeTeLine, Deutsche Telekom Kommunikationsnetze GmbH, Kapuzinerstraße 13, 53111 Bonn

Dr. Jürgen Schweikart, Universität Mannheim, Mannheimer Zentrum für Europäische Sozialforschung (MZES), 68131 Mannheim

ISBN 3-88570-097-2

VORWORT

'Den Heidelberger Einzelhandel plagt der Kundenschwund' - mit diesem Artikel in der Rhein-Neckar-Zeitung vom 17.12.1986 werden die seit Anfang der 80er Jahre von Vertretern des Einzelhandels geführten Klagen über Attraktivitätsverluste von Heidelberg als Einkaufsstadt aufgegriffen. Allein der zwischen 1982 und 1985 erfolgte Umsatzrückgang liege bei rund 100 Millionen Mark und entspräche damit der Größenordnung eines Warenhauses mit 460 Beschäftigten. Hiermit verbunden sei auch ein Rückgang der mit dem Auto nach Heidelberg kommenden Kunden aus dem Umland um 8% zwischen 1980 und 1985. Ähnliche Klagen, begleitet von zahlreichen Geschäftsaufgaben alteingesessener Geschäfte, haben sich in Heidelberg bis heute zu einem Dauerthema entwickelt.

Gleichzeitig häufen sich Meldungen über die starke Nachfrage nach Geschäftsflächen insbesondere im westlichen Teil der Hauptstraße, der wichtigsten Geschäftsstraße in Heidelberg. Monatsmieten von über 50.000 DM pro Geschäft sollen bei Neuvermietungen derzeit erzielt werden können. Diese sich nur scheinbar widersprechenden Aspekte der jüngeren Einzelhandelsentwicklung sind die Auswirkungen erheblicher gesellschaftlicher und wirtschaftlicher Umstrukturierungsprozesse, die es verdienen, in ihren räumlichen Bedingungen und Auswirkungen näher analysiert zu werden - nicht zuletzt, um den davon Betroffenen, wie Einzelhändlern, Verbrauchern und Planern, eine Hilfe bei ihren Entscheidungen zu sein.

Problematisch bei der Analyse dieser Prozesse ist der Mangel an aktuellen räumlich und sachlich tiefer aufgefächerten Sekundärdaten. Die Daten der jüngsten Handels- und Gaststättenzählung von 1993 sind bisher noch nicht veröffentlicht, die entsprechende Vorläuferzählung wurde 1985 durchgeführt. Die amtlichen Zählungen erlauben keine differenzierte Analyse der Veränderungen in der Innenstadt, in den Stadtteilgeschäftszentren und in an Stadtrand liegenden Einkaufszentren; anders als in den USA stehen jährliche betriebsbezogene Steuerdaten, die wichtige Schlüsse zulassen würden, nicht zur Verfügung. Dies bedeutet, daß in wissenschaftlichen Untersuchungen versucht werden muß - wie auch in kommerziellen oder von der Stadtplanungsseite aus durchgeführten Untersuchungen - mit bestmöglichen Mitteln von außen in eine privatwirtschaftliche und damit datengeschützte Struktur hineinzuleuchten.

In unserem Falle ist man auf die Registrierung von äußerlich sichtbaren Vorgängen wie Geschäftswechsel, auf Kartierungen, Schätzungen von Verkaufsflächen, Zählungen von Passantenströmen und auf die Befragung insbesondere von Geschäftsführern und Kunden angewiesen. Für die durch Befragungen ermittelten Angaben gilt, daß sich die prozessualen Vorgänge, die zu den für die Einzelhandelsentwicklung relevanten Entscheidungen führen, dem Beobachter nur durch eine Interpretation der Selbstdarstellung der Befragten ergeben. Erfreulicherweise besitzen wir im Falle von Heidelberg für viele Aspekte dieses Problemfeldes die Ergebnisse zahlreicher empirischer Untersuchungen, die seit 1962 und seit der Berufung von W. Fricke 1970 nach Heidelberg durch Examenskandidaten, Praktikanten und Wissenschaftler des Geographischen Instituts unserer Universität durchgeführt worden sind. Diese Forschungskontinuität, die stets begleitet wurde von Dialogen zwischen Wissenschaftlern als Beobachtern und Einzelhandelsunternehmern und Vertretern der Stadtverwaltung als den handelnden Akteuren, ist auch eine wichtige Grundlage für die jüngsten Arbeiten zu diesem Problemfeld, deren Ergebnisse in diesem Sammelband zusammengefaßt sind.

In dem Beitrag von WERNER FRICKE und ANDREAS SCHOLLE wird der Frage nachgegangen, wie sehr die Einzelhandelsentwicklung in den allgemeinen raumzeitlichen Umstrukturierungsprozeß des flächenhaften Wachstums von Bevölkerung und Arbeitsstätten eingebettet ist. In den Beiträgen von ULRIKE SAILER-FLIEGE werden die jüngeren Veränderungen in der Heidelberger Hauptstraße und die Einzugsbereiche des Heidelberger Einzelhandels analysiert. Die Arbeiten von JÜRGEN SCHWEIKART und WERNER KIEHN befassen sich mit der Entwicklung eines Stadtteil-Geschäftszentrums bzw. eines randstädtischen Einkaufszentrums. Die Arbeit von JOACHIM HAHN dokumentiert die Bestrebungen der Heidelberger Stadtverwaltung, durch Primärerhebungen Angebotsstrukturen im kurzfristigen Bedarfsbereich räumlich differenziert nach Stadtteilen als Planungsgrundlage zu erheben. Die Arbeit von MATTHIAS ACHEN über Einzugsbereiche Heidelberger Gaststätten greift den als Folge des Attraktivitätsverlustes des innerstädtischen Einzelhandels diskutierten Aspekt der Kompensation durch Attraktivitätssteigerungen im Kultur- und Freizeitangebot auf.

Die Durchführung der empirischen Untersuchungen wurden von verschiedenen amtlichen Stellen und privaten Wirtschaftsunternehmen dankenswerterweise unterstützt. Unser besonderer Dank gilt hier der Stadtverwaltung Heidelberg, dem Einzelhandelsverband und den Geschäftsleuten im "Verein Alt-Heidelberg". Weiterhin danken wir den zahlreichen Studierenden, die engagiert, ideenreich und mit großer Sorgfalt an den einzelnen Forschungsprojekten mitgearbeitet haben.

Werner Fricke   Ulrike Sailer-Fliege

INHALTSVERZEICHNIS

Werner FRICKE und Andreas SCHOLLE
Die Probleme des Heidelberger Einzelhandels als Ergebnis veränderter
regionaler und nationaler Rahmenbedingungen 1

Ulrike SAILER-FLIEGE
Kundeneinzugsbereiche des Einzelhandels im Heidelberger Hauptgeschäftszentrum 27

Ulrike SAILER-FLIEGE
Jüngere Veränderungen im Einzelhandel in der Heidelberg Hauptstraße 49

Jürgen SCHWEIKART
Struktur und Inanspruchnahme des Einzelhandels in Stadtrandlagen.
Dargestellt am Heidelberger Stadtteil Handschuhsheim 83

Werner KIEHN
Der Einzelhandelsstandort „famila-center" am Südrand von Heidelberg 95

Joachim HAHN
Räumliche Angebotsstrukturen des Lebensmitteleinzelhandels und des
Lebensmittelhandwerkes in Heidelberg 111

Matthias ACHEN
Einzugsbereiche und raumzeitliche Verhaltensmuster von Gaststättenbesuchern in der Heidelberger Altstadt 121

Die Probleme des Heidelberger Einzelhandels als Ergebnis veränderter regionaler und nationaler Rahmenbedigungen

Werner Fricke und Andreas Scholle

Das tradierte Konzept der Stadt stößt sich mit der Realität

In der Innenstadt von Heidelberg klagen die Einzelhändler über den Umsatzrückgang und bringen ihn mit den durch die ökologisch begründeten fahrradfreundlichen Restriktionen der Stadt gegenüber dem motorisierten Nahverkehr in Verbindung, da diese dem individualmotorisierten Kundenverkehr schaden[1]. Der Einzelhandel wendet ein: Der Käufer eines wertvollen Gutes, wie z.B. eines Pelzes, sei in einem überfüllten Massenverkehrsmittel nicht denkbar. Weist man die Geschäftsleute auf die dominierende Konkurrenz großer Einzelhandelskonzerne als die entscheidende Ursache für den Umsatzrückgang in ihrer Branche hin, wird entgegnet, daß diese Übermacht nicht mit Hilfe der Stadtverwaltung aufgehoben werden könne, wohl aber die Schwellen der Erreichbarkeit der Innenstadt und die heutige Situation wird an der früheren gemessen.

Die Verkehrspolitik wird mit dem ökologischen Ziel der Beschränkung des motorisierten Individualverkehrs derzeit zu einem Steuerungshebel im raumzeitlichen Prozeß gemacht. Andere geforderte raumbezogene Steuerungsmaßnahmen in der Stadtpolitik seien hier noch genannt, die sich aber mit dem Ziel der Verkehrsverminderung nicht unbedingt decken: Der Appell gewerkschaftlich orientierter Politiker nach mehr Arbeitsplätzen, d.h. die Ausweisung neuer Gewerbeflächen. Es geht um den Ersatz von in der Industrie fortgefallenen Arbeitsmöglichkeiten (1970-1987= -15%), der aber im gleichen Zeitraum nicht nur voll erreicht, sondern durch die Zunahme im Dienstleistungsbereich überschritten wurde, da die Gesamtzahl der Beschäftigten um 25% zunahm (Mannheim -5%!). Diese Beschäftigten wohnen aber schon mehrheitlich nicht in Heidelberg: 69% pendelten bereits, dazu fast zu vier Fünftel mit dem Auto, ein. Außerdem kann man davon

---

[1] In der vom Bundesministerium für Raumordnung, Bauwesen und Städtebau (1993, 85) in Auftrag gegebenen Untersuchung zur städtebaulichen Auswirkung des Dienstleistungsabend, die von der Sicht des Einzelhandels ausgeht, wird generell die auch in Heidelberg verfolgte Politik kritisiert, zuerst den Verkehr beseitigen zu wollen und dann das Problem der Kundenanfahrt zu lösen, "wobei übersehen wird, daß eine Verlagerung von Kundenströmen sehr schwer wieder umkehrbar ist". Für die Mehrzahl der Kunden sind aber auch im Rhein-Neckar-Raum die Parkeinrichtungen Mannheims und der zahlreichen Mittel-, Unter- und Einkaufszentren leichter zu erreichen als in Heidelberg. Die relief- und altstadtbedingte schwierige Verkehrssituation wurde durch Staus als Folge von unkoordinierten Ampelvorrangschaltungen zu Gunsten des Öffentlichen Personenverkehrs zu Stoßzeiten unattraktiv gemacht. Immerhin nicht so unattraktiv, als daß man mit dem Auto und Ortskenntnis per Auto schneller vorwärtskommt als mit den öffentlichen Verkehrsmittel, zudem die weniger nachgefragten Busse zum Teil auch in diesem Stau stehen müssen.

ausgehen, daß neue Arbeitsplätze anderer Arbeitskräfte bedürften als die aufgelassenen, also neu angeworbene Kräfte wieder nach Wohnraum suchen und dann - ebenfalls individuell einpendelnd - Verkehr erzeugen würden.
In der Regel wird leider, wenn es um Beschäftigte mit ihren Arbeitsplätzen geht, der Bedarf an Wohnraum und Arbeitsfläche von 30.000 Studenten an der Siedlungsfläche Heidelbergs nicht genannt; derzeit pendelt die Hälfte ein und in der Universität fehlen ebenfalls Arbeitsplätze für Studenten.
Da seit der Volkszählung 1987 die Einwohnerzahl durch Geburten- und Wanderungsdefizit um rd. 5% abgenommen hat und sich die Belegungsdichte ständig verringert, wird auch immer wieder die Ausweisung von Bauland gefordert, um der sehr starken Nachfrage nach Wohnraum zu entsprechen.
Ebensowenig wie Gewerbeflächen ist es jedoch in Heidelberg nicht leicht, neues Wohnbauland auszuweisen, da bei den geplanten Bauvorhaben die Gruppe der Anlieger und Stadtteilbewohner gegen eine Nachverdichtung im Innenbereich, die ökologisch motivierte Gruppe gegen eine Ausweisung von Bauland auf Bauernland im Außenbereich ist. Man kann beiden die Stichhaltigkeit ihrer Argumente nicht absprechen und muß zugleich daran zweifeln, ob durch neue Wohnungen das bestehende Pendlerproblem gemildert wird, das heißt, durch Reihenhäuser und Mietwohnungsbau jetzige Einpendler zur Rückkehr nach Heidelberg bewegt werden können. Man hofft nur, daß man die weitere Abwanderung von Verdienenden und damit den sonst eintretenden Rückgang der dringend für die wachsenden sozialen Aufgaben benötigten städtischen Einnahmen aus der Lohn- und der Einkommensteuer stoppt. Denn nicht unwesentlich durch den Rückgang der Gewerbesteuer bewirkt - beispielsweise im 2. Quartal 1994 um 24% - sanken die Gemeindesteuereinnahmen insgesamt in dieser kurzen Zeitspanne um fast 10%. So sind alle die genannten Forderungen vor dem Hintergrund der städtischen Finanzmisere zu sehen. Nur auf Grund der recht günstigen lokalen Verhältnisse ist sie in Heidelberg noch nicht so gravierend in Erscheinung getreten, wie in vielen anderen Großstädten.
In die "städtische Armut" (VOSCHERAU 1994, 99ff.) münden alle drei Themen zusammen, denn um ihr durch die Hebung der Einnahmen zu begegnen, ist die Stadtverwaltung herausgefordert, sowohl für die Stärkung des Einzelhandels, die Vermehrung der Arbeitsstätten und den Erhalt der steuerpflichtigen Einwohner etwas zu tun. Über die Nachfrage der Bewohner und Beschäftigten leiten auch die beiden letztgenannten Merkpunkte direkt in die Prosperität des Einzelhandels, gehören also damit zum Thema. Somit führen alle Wege zu dem seit etwa vier Jahrzehnten beschleunigt ablaufenden Suburbanisationsprozeß, wobei die sozioökonomischen Rahmenbedingungen von entscheidender Bedeutung sind. Nicht nur die Abwanderung einkommensstarker Schichten, sondern die der Gewerbe- und Dienstleistungsbetriebe aus der Stadt in das Umland, und auch der Konzentrationsprozeß in der Wirtschaft sind hierfür verantwortlich zu machen.

Der Umschlag vom Städte- zum Umlandwachstum

Wie schnell das traditionelle System eines ausschließlich von der Dynamik der Städte dominierten Siedlungsnetzes als Folge einer rasch gewonnenen hohen individuellen Mobilität überholt wurde, soll durch eine knappe Darstellung der gegensätzlichen Trends verdeutlicht werden[2]: Aus ländlichen Rekrutierungsräumen wurden verstädternde Zuwanderungsgebiete. Der Bedeutungswechsel, man kann sagen die Umschichtung der verorteten Funktionen Wohnen, Produzieren und Versorgen innerhalb des Raumsystems, vollzog sich in nur einer Generation, ohne daß die Akteure alle ihre alten Denkmuster abzulegen in der Lage waren und ohne daß der gemeindlichen Selbstverwaltung eine andere, den neuen Verhältnissen angemessene überkommunale Verantwortlichkeit zugebilligt worden wäre.

In der Periode vom Beginn der Hochindustrialisierung um 1871 bis zum Zweiten Weltkrieg 1939, die noch durch die um Maschinen zentrierte Handarbeit und die nahe der Fabrik gelegenen Quartiere der Arbeiter bestimmt war, wuchs die Bevölkerung der Kernstädte wie Mannheim, Ludwigshafen und Heidelberg zwischen 410 und 187%. Dies ist zugleich ein Beispiel für das "Gesetz des doppelten Arbeitsplatzes" von IPSEN (1933), da durch die großen Familien jener Zeit auch die entsprechende Anzahl von Berufstätigen im Dienstleistungssektor zur Versorgung der Familienmitglieder notwendig wurde[3].

Dagegen nahm die Einwohnerzahl der Landkreise Mannheim und Heidelberg nur um 91% und die von Baden-Württemberg lediglich um 61% zu, da das starke biologische Wachstum der ländlichen Bevölkerung eben nur zum Teil durch die für Süddeutschland typischen Pendelwanderung von Nebenerwerbslandwirten am Heimatort gehalten werden konnte. Die verschiedenen Kategorien von Arbeitnehmern handelten entsprechend unterschiedlich: Die besser bezahlten Arbeitskräfte, z.B. die Metallarbeiter, zogen an den Arbeitsort, die weniger qualifizierten Arbeitskräfte sicherten sich durch die im Nebenerwerb betriebene Subsistenzlandwirtschaft am Heimatort vor den Konjunktur-Schwankungen ab. Dagegen waren die arbeitssuchenden Menschen aus den nicht nahe der Großstädte oder an den Eisenbahnstrecken liegenden Siedlungen in jedem Fall zur Abwanderung gezwungen, um sich dadurch der ständig zunehmenden Verarmung als Folge der immer kleiner werdenden Anteile der unter ihnen aufzuteilenden landwirtschaftlichen Nutzfläche zu entziehen. Für alle Bereiche galt der notwendige Zuerwerb durch die Heimarbeit von Frauen und Kindern. Der Lebensstandard lag nach heutigen Maßstäben nur geringfügig über der Armutsgrenze[4].

---

[2] Damit wird auch die Anwendung der vor dem Masseneinsatz des Kraftfahrzeuges entstandenen Theorie der Zentralen Orte von Walter CHRISTALLER (1933) für die Verdichtungsräume in Frage gestellt.
[3] In der amerikanischen Fachliteratur wurde später die gleiche Beobachtung veröffentlicht und nach dem dortigen Autor das "Lowry-Modell"genannt (HAGGETT 1979³, 328).
[4] Diese Prozesse wurden unter Benutzung der Statistik und zeitgenössischen Literatur detailliert dargestellt FRICKE 1976, 23ff.).

Für diese Epoche bis zum Ende des ersten Jahrzehnts des zwanzigsten Jahrhunderts, parallelisierte Kondratieff Produktionstechnik und Indikatoren des wirtschaftlichen Wachstums, um daraus einen Wirtschaftszyklus abzuleiten (SCHÄTZL 1993). Sicher ist zumindest für den Süddeutschen Raum, daß es eine Periode des Wachstums derjenigen Städte und Dörfer war, die von der Eisenbahn erreicht wurden, wie ein Zeitzeuge, der bekannte Geograph und Doktorvater von Walter Christaller, Robert GRADMANN (1926) für Württemberg bereits vor dem ersten Weltkrieg festgestellt hat. Dies gilt besonders für diejenigen Siedlungen, in denen auch die Industrie Fuß gefaßt hatte.

In jener Periode ging die Einwohnerzahl der Altstadt von Heidelberg bereits um 3.000 Einwohner (-14%) zurück, weil die Oberschicht aus der veralteten Bausubstanz mit den unmodernen, z.T. unhygienischen Wohnverhältnissen und dem sozial herabgewirtschafteten Wohnumfeld in die angrenzend entstehenden Vorstädte zog.

Der verlängerte Konzentrationsprozeß

Vermutlich als Auswirkung der für Deutschland folgenreichen Weltkriege endet die großstädtische Bevölkerungskonzentration in unserem Raum erst relativ spät. Anders als in den USA setzte die individuelle Motorisierung als Voraussetzung der flächenhaften Suburbanisation erst Mitte der 50er Jahre in Mannheim, der Stadt, in der 1884 das Auto erfunden wurde, ein[5].

Zwischen 1939 und 1950[6] erfuhr das unzerstörte Heidelberg kriegsbedingt durch den Zuzug aus Mannheim Evakuierter, dann von Heimatvertriebenen und Flüchtlingen aus Ostdeutschland und Osteuropa einen starken Einwohnerzuwachs, so daß es 1946 auf 112.000 (+ 32,3% !) und 1950 auf 116.500 Bewohner (+37,8%) gewachsen war[7]. Zwischen 1900 und 1953 waren in Heidelberg 47,8% der Zunahme auf Wanderung, 22,6% auf Eingemeindung und nur 29,6% auf Geburtenüberschuß zurückzuführen (STADT HEIDELBERG 1954, 7 ff.). Mannheim

---

[5] GSCHWIND & HENKEL (1984, 993) führen den Aufschwung nach dem Zweiten Weltkrieg für den parallel sich entwickelnden Stuttgarter Raum unter dem Gesichtspunkt von technischen Innovationen auf die Entwicklung der Elektronik als Auslöser zurück. Anders als die Erklärung durch die "langen Zyklen" Kondratieffs stellen AIGNER & MIOSGA (1994, 22) mit Hinweis auf BUTZIN (1987) eine Fülle von Faktoren in Fortsetzung der Fordismus - Taylorismus - Diskussion in den Rahmen einer Individualisierung und Normierung auf dem Weg zu einer "Sebstbedienungsgesellschaft" an Stelle der firmierten "Dienstleistungsgesellschaft" zu Diskussion.

[6] Eigentlich ist diese Periodisierung dem historischen Ablauf nicht angemessen, da die stärkste Bevölkerungsbewegung in den Jahren 1944 und 1945 stattfand: sie wurde aber auf Grund der Volkszählungstermine schon von anderen Autoren und mir in früheren Veröffentlichungen der Einfachheit halber benutzt.

[7] der Anteil der Heimatvertriebenen (also ohne Zuwanderer aus der SBZ/DDR) machte in Heidelberg 13,4% aus. An der Tatsache, daß es im Landkreis Sinsheim beispielsweise 27% (!) der Anwohner zu dieser Kategorie gehörte, weist darauf hin, daß diese Zwangsmigration die Bevölkerungssuburbanisierung vorbereiten half.

hatte demgegenüber durch den nach 1945 als Vorlauf notwendigen Wiederaufbau erst viel später seine alte Einwohnerzahl erreicht (vgl. Abb. 1).

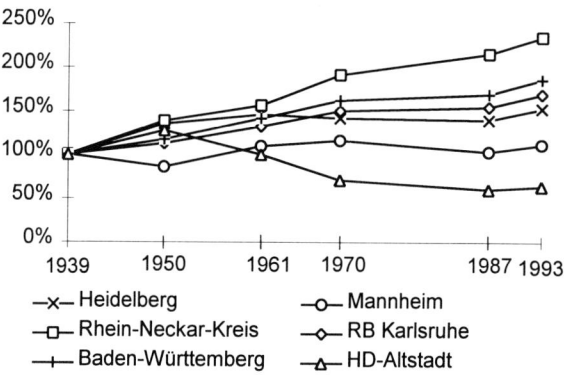

Abb. 1: Bevölkerungsentwicklung 1939-1993 (Quelle: Statistische Landesämter; Bearbeitung: B. Goldschmidt)

Der statistisch als Konzentrationsprozeß erscheinende Zuwachs Heidelbergs war, wie in der Regel auch bei den anderen deutschen Großstädten, durch die enorme innerstädtische Ausbreitung über das Garten- und Ackerland der eingemeindeten Bauerndörfern möglich gewesen. Es handelte sich um eine exzessive Suburbanisierung, wie sie heute nur außerhalb der Großstadtgrenzen stattfinden kann.

Zu betonen ist, daß nach einem kurzfristigen Knick in der Bevölkerungsentwicklung in der zweiten Hälfte der 60er Jahre durch entsprechende wohnungs- und sanierungspolitische Entscheidungen der Stadt unter Oberbürgermeister Zundel die Einwohnerzahl trotz sinkender Wohnraumbelegung stabilisiert werden konnte. Die Stadtverwaltung begann, sich früher als mancherorts über die Folgen des seit dem Jahre 1968 sich durch sinkende Geburtenziffern abzeichnenden "Pillenknicks" Gedanken zu machen. In Mannheim trat er, bedingt durch einen höheren Anteil ausländischer Bevölkerung erst zwei Jahre später ein.

Gleichzeitig zeichnete sich ein Verhaltens-Umschwung bei einer kleinen Bevölkerungsgruppe hinsichtlich ihrer Wohnstandortwahl ab. Schon bei der Auswertung der Volkzählungsergebnisse von 1970 war zu erkennen, daß sich für die Heidelberger Altstadt eine beruflich qualifizierte Bevölkerungsgruppe interessierte.

Man kann von einer "Akademisierung" der Altstadt sprechen, wenn im Jahre 1987 - zusammen mit den Studenten - 57% ihrer Bewohner Hochschulreife haben.

Aus dem Adreßbuch ist zu entnehmen, daß es sich nicht nur um die hier schon seit mehreren Jahrzehnten vorherrschenden Wohnungen von Studenten oder von Berufsanfängern handelte, die in die Altstadt zurückgekehrt waren, sondern oft um doppelverdienende "Rückwanderer" aus der suburbanen Zone[8]. Außerhalb der Altstadt folgte die Aufwertung der gründerzeitlichen Viertel, und schließlich der Ausweis exklusiver Neubaugebiete, die die Aufwertung städtischen Wohnens durch einkommensstarke Schichten belegte. Sie ist aus Anglo-Amerika als sogenannte "Gentrifikation" bekannt geworden. In Deutschland war Heidelberg ein Vorreiter dieser Entwicklung.

Dagegen erwiesen sich die gegen die suburbane Abwanderung gebauten Großwohnsiedlungen in ihrer Spätphase als ein Mißerfolg, weil sich hier zu einem überdurchschnittlichen Anteil soziale Randgruppen konzentrierten. Mögen sie auch zum Erhalt der Einwohnerzahlen beigetragen haben, so konnten sie letztlich nicht den vorherrschenden Trend der Abwanderung der aktiven und einkommensstärkeren deutschen Bevölkerung verhindern (NEUBAUER 1981, 104).

Die zonale Ausbildung des südlichen Pendlereinzugsbereiches

Trotz dieses für die Epoche untypischen, den weltweiten Trend verzögernden, Details gilt auch für Heidelberg, daß sich die Bevölkerungsentwicklung in Stadt und Land gegenüber der vorhergehenden Periode umkehrte (siehe Abb. 1). Die Zunahme der Bevölkerung des Rhein-Neckar-Kreises um +254% seit 1939 sticht hervor, während Mannheim - nachdem es erst spät seinen alten Stand erreicht hatte - bald nach 1970 von seinem absoluten Höchststand abfiel und deutlicher als Heidelberg die Verluste als Folge von Abwanderung in die suburbane Zone aufweist.

Im Umland führte der Suburbanisationsprozeß speziell seit Mitte der 50er Jahre zu der entsprechenden, bereits früher bis zum Jahre 1970 dargestellten Bevölkerungszunahme (FRICKE 1976a, 42ff.). Durch Spitzenwerte einer Zuwanderung über 300 je 1.000 Einwohner waren neben sehr kleinen Odenwaldgemeinden an der Bergstraße Hemsbach und in der Oberrheinebene Heddesheim, Eppelheim und Walldorf gekennzeichnet. Dagegen wiesen neben den städtischen Zentren, wie Mannheim, Heidelberg, Weinheim, Schwetzingen, Wiesloch und Neckargemünd, auch die peripher im Halbkreis um den Verdichtungsraum liegenden mehr ländlich geprägten Siedlungen - von Grasellenbach im Nordosten über Waldmichelbach, Zuzenhausen bis nach St. Leon im Süden - , eine negative bis zu einer nur schwach positiven Attraktivitätsziffer unter 50 Zuwanderer pro 1.000 Einwohner auf (a.a.O. Karte 7).

Die durch die suburbanen Wanderungsvorgänge positiv bestimmten Gemeinden waren auch von einer positiven natürlichen Bevölkerungsentwicklung gekennzeichnet, da vor allem junge Familien zuzogen. So lag ihre Gesamtveränderung der Einwohnerzahl zwischen 1961 und 1970 bei über 50% Zunahme, dagegen bei den negativ benannten pendelt sie im allgemeinen zwischen -10% und +10%. Der

---

[8] Die in der Volkszählung ausgewiesene Stellung im Beruf ist leider auch nicht aussagekräftiger.

bereits aus der Graphik der Abbildung 1 nach 1970 anhaltende Bevölkerungszuwachs des Rhein-Neckar-Kreises wird auch räumlich als spill-over Effekt der Kernstädte in Abbildung 2 ersichtlich: Der starke Bezug auf Heidelberg und die Bergstraße tritt dabei hervor. Man kann für die weniger stark gewachsenen Gemeinden, z.B Lampertheim oder Viernheim, sowohl den früheren Zuwachs und ihre Größe quasi als bereits erreichten "Sättigungsgrad" auf Grund der Eigenindustrialisierung, als auch fehlender städtebaulicher und landschaftlicher Attraktivität interpretieren.

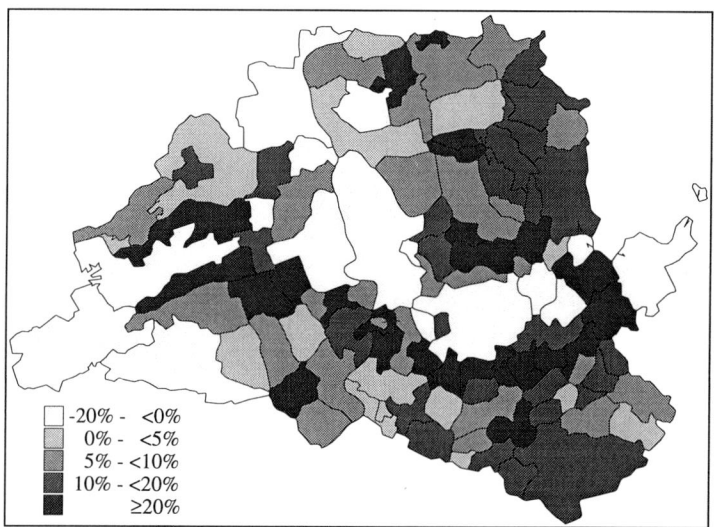

Abb 2: Bevölkerungsentwicklung 1970 bis 1987 im Rhein-Neckar-Raum (Quelle: Statistische Landesämter; Bearbeitung: B. Goldschmidt)

Die Pendlerbereiche als Indikatoren für die Raumbeziehungen in der suburbanen Zone

Der Zusammenhang der Bevölkerungszunahme mit der Verbreitung der auf die Zentren gerichteten Pendelwanderung, wie sie aus dem Vergleich von Abbildung 2 mit Abbildung 3 ergibt, besteht nicht nur in der kartographischen Darstellung, sondern ist in zahlreichen von W. Fricke betreuten Detailstudien in Diplom-, Magister- und Staatsexamensarbeiten belegt worden.

Wenn auch eine automatische Parallelität von Pendler- und Einkaufsorientierung nicht unterstellt werden darf, so ist die Verteilung der Pendler in den Zonen des suburbanen Bevölkerungswachstums besonders südlich von Heidelberg nicht nur lehrbuchhaft distanzbezogen, sondern entspricht auch dem äußeren Einzugsbereich des Einzelhandels von Heidelberg, wie aus der Untersuchung von SAILER-FLIEGE (1995) hervorgeht.

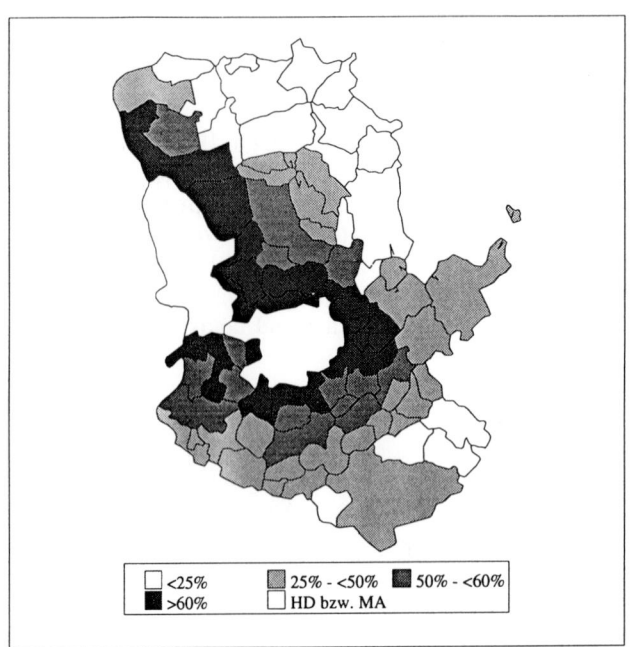

Abb. 3: Anteil der Berufsauspendler, die nach Heidelberg oder Mannheim pendeln, an allen Berufsauspendlern 1987 (SCHWAB 1995, 116)

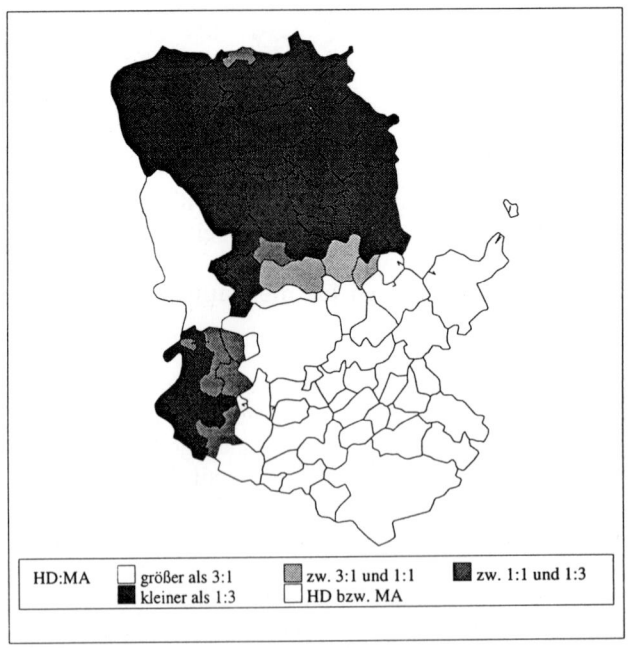

Abb. 4: Anzahl der Berufsauspendler nach Heidelberg in Proportion zur Anzahl der Berufspendler nach Mannheim 1987 (SCHWAB 1995, 119)

Zur Abgrenzung der Einzugsbereiche von Mannheim und Heidelberg sei das Verhältnis ihrer Einpendler zueinander in Abbildung 4 dargestellt. Sehr deutlich ist die Ausrichtung Mannheims nach Norden, Nordosten und entlang des Rheines nach Süden sichtbar[9].

Die räumliche Ausprägung der Veränderungen im Einzelhandel

Dem Prozeß der intraregionalen Dekonzentration der Bevölkerung folgte, wie in allen Verdichtungsräumen quasi gesetzmäßig, sowohl der Auszug der Industrie als auch der des Dienstleistungssektors aus den Großstädten in das Umland (GAEBE 1987, 95 u. 117ff.). Während für die Industriesuburbanisierung gilt, daß sie wie die zentral-periphere Bevölkerungsexpansion zuvor innerhalb der Großstadtgrenzen abgelaufen war, bzw. die Großstadt die Industrievororte eingemeindete (OVERBECK 1963, 88; FRICKE 1976a, 23), fehlt logischerweise dieser Vorgang einer eigenständigen Ausbreitung des Einzelhandels im Umland. Im Gegenteil, in der ersten Phase blieben die allochthonen, d.h. die zugewanderten Bewohner der suburbanen Zone bevorzugt auf die Kernstadt ausgerichtet. Erst im Laufe der Zeit - beim Erreichen der entsprechenden Käuferzahl - folgten die Einzelhandelsgeschäfte der Bevölkerung nach.

Leicht zeitparallel verschoben und damit nicht deckungsgleich kann die räumliche Entwicklung durch die Darstellung der Beschäftigten im Einzelhandel auf Grund der Volkszählungsergebnisse von 1970 und 1987 aufgezeigt werden. In der Abbildung 5 ist das Schwergewicht der hohen prozentualen Zunahme von über 100% im südlichen suburbanen Gürtel des hohen Bevölkerungswachstums und zwischen Mannheim und der Bergstraße, sowie in den Wachstumsgemeinden des Odenwaldes deutlich erkennbar. Eine gute Zunahme zwischen 50 und 100% weisen einerseits Städte mit bereits früher gut entwickeltem Einzelhandel, wie Sinsheim, Ladenburg, oder Schriesheim, andererseits auch die zahlreichen in dieser Zeit gewachsenen Orte, wie Dossenheim, Hirschberg, sowie Gorxheimer Tal und Birkenau in der Weschnitz-Senke auf. Die Verluste, bzw. eine unterdurchschnittliche Entwicklung sind in den Oberzentren und alten Mittelzentren, wie Weinheim aufgetreten.

Auch die Karte des Einzelhandelsbesatzes, d.h. der Beschäftigten je 1.000 Einwohner in den Gemeinden des Rhein-Neckar-Dreieckes 1987 (Abb. 6) spiegelt diese Veränderungen wider: zahlreiche Umlandgemeinden weisen inzwischen ähnlich hohe Quoten je Einwohner auf, wie die alten Ober- und Mittelzentren.

---

[9] Anmerkung: Das Fehlen von Pendlern westlich des Rheins ist zwar ausschnittsbedingt, jedoch blieb ihre Zahl über viele Jahrzehnte gering. Neben dieser politisch und verkehrsbedingten Grenze zeichnen sich auch andere historische Grenzen aus der Entstehungszeit der Arbeitskraftmobilität in den Umrissen der Pendlerfelder durch. Weitere Beispiele bieten die sichtbaren Pendlerscheiden an der einstigen bayerisch-hessischen Grenze zwischen Frankenthal und Worms (HERDEN 1983) und die zwischen dem katholischen Bistum Speyer und der protestantischen Kurpfalz an der heutigen Grenze des Landkreises Karlsruhe (FICHT 1994, Karte 11).

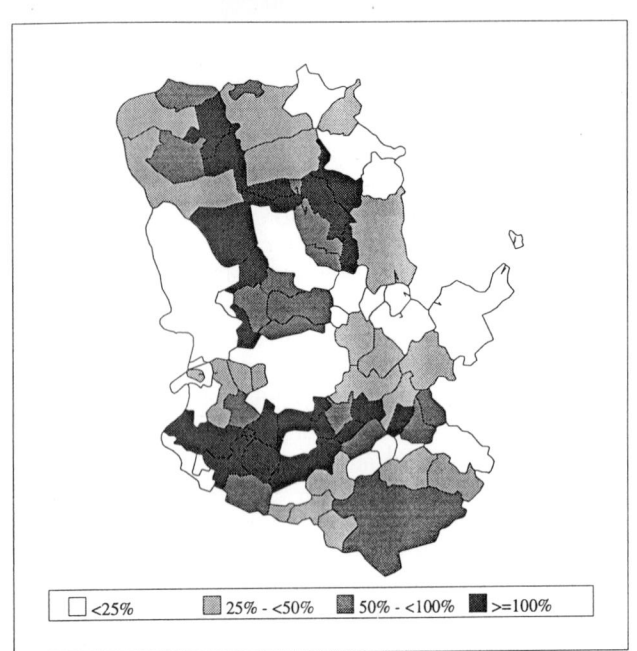

Abb. 5: Veränderung der Zahl der Beschäftigten im Einzelhandel zwischen 1970 1987 (Quelle: Statistische Landesämter; Bearbeitung: J. Schwab)

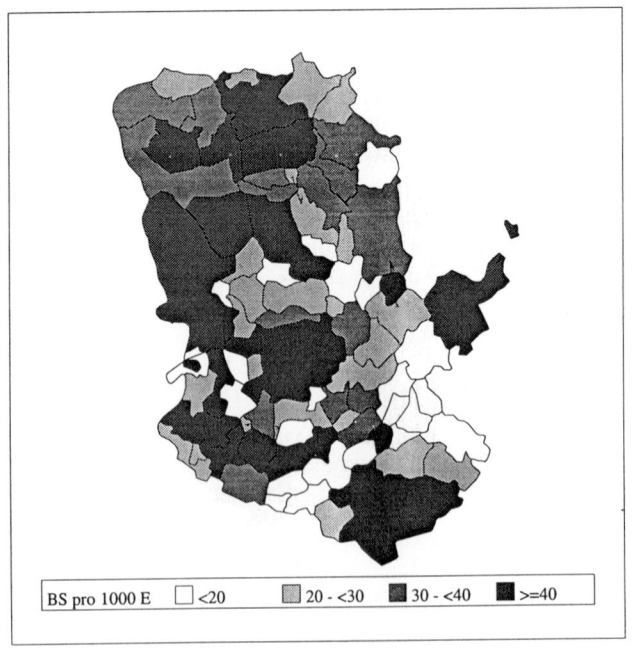

Abb. 6: Einzelhandelsbesatz 1987 (Quelle: Statistische Landesämter; Bearbeitung: J. Schwab)

Bemerkenswert ist der niedrigere Besatz direkt in der Nachbarschaft von Heidelberg aber auch in der Mannhcims, wic Ladenburg und Heddesheim; dies ist als eine Folge der noch bestehenden Ausrichtung auf die Oberzentren oder anderer in der Nachbarschaft bestehenden Einkaufsmöglichkeiten zu interpretieren. Wie bereits H. Linde frühzeitig für die Unterzentren im Karlsruher Verdichtungsraum feststellte, gibt es auch hier eine Reihe von Zentralorten mittlerer und unterer Stufe ohne Verflechtungsbereich lediglich auf Grund des hohen Arbeitskraftbesatzes im Einzelhandel auf Grund der hohen Einwohnerzahl.

In der Abbildung 7 mit der dargestellten Veränderung des Einzelhandelsbesatzes im Betrachtungszeitraum drückt sich sowohl die negative bzw. schwache Entwicklung der Oberzentren und generell wieder des unmittelbaren Umlandgürtels aus. Als Ausnahmen haben aber sowohl Neckargemünd im Osten, als auch Dossenheim nördlich und Edingen-Neckarhausen nordwestlich einen mittleren Zuwachs zwischen 9-15%. Im Süden fallen die Gemeinden von Hockenheim über Reilingen, Walldorf, Wiesloch, Meckesheim bis Wiesenbach durch hohen Zuwachs von über 15% auf, der meist auf neugegründete, auf die leichte Erreichbarkeit mit dem Auto orientierte und Einzelhandels-Gebiete, mit Super-, Bau- und Teppichmärkten, sowie Möbel- und Gartenzentren zurückzuführen ist.

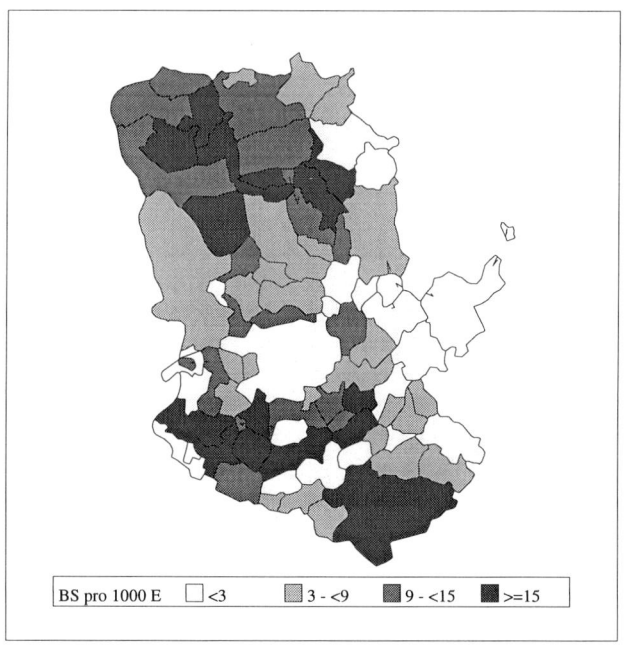

Abb. 7: Veränderung des Einzelhandelsbesatzes zwischen 1970 und 1987 (Quelle: Statistische Landesämter; Bearbeitung: J. Schwab)

Interessant ist, daß das Band der Gemeinden, die wie Nußloch, Rauenberg, Dielheim, Zuzenhausen am Rand des Heidelberger Einzugsgebietes liegen und deren Auspendler nach der Untersuchung von FICHT (1994, 58) gleichzeitig dem Mittelzentrum Wiesloch zugewandt sind, durch eine niedrige Zunahme des Einzelhandelsbesatzes auffallen. Da diese Orte die aus Wiesloch abgewanderten Suburbaniten aufgenommen haben, dürfte deren Versorgung auf diese Stadt ausgerichtet geblieben sein.

Für die Oberzentren ergibt sich damit als Fazit, daß sie nicht nur gegen einige große Konkurrenten antreten müssen, sondern gegen etwa 20 mittlere und kleinere Zentren, die ihren Vorteil der größeren Verbrauchernähe einsetzen können.

Die regionale Verschiebung des Umsatzes als Folge der Suburbanisierung des Einzelhandels

An der Entwicklung der Einzelhandelsumsätze im gesamten Rhein-Neckar-Raum zwischen 1967 und 1984 findet dieser Prozeß seinen Niederschlag: "Der Marktanteil der Oberzentren sank von rd. 58% im Jahr 1967 über rd. 48% im Jahr 1978 bis auf rd. 48% 1984 ab. Mannheim erlitt dabei die größten Verluste: Die Städte Ludwigshafen und Heidelberg konnten dagegen, ...nach einer Anteilseinbuße 1978, ihre Position bis zum Jahr 1984 wieder leicht bessern." (SCHOLLE 1990, 129; vgl. Tab. 1)

Tab. 1: Die Einzelhandelsumsätze im Rhein-Neckar-Raum 1967-1984 (SCHOLLE 1990, 129)

	Umsatz in 1.000 DM			Umsatzzunahme in %			Anteil am Umsatz des RNR in %		
	1967	1978	1984	67/78	78/84	67/84	1967	1978	1984
Ludwigshafen	385.138	687.851	981.797	78,6	42,7	154,9	12,5	8,7	9,5
Frankenthal	75.656	226.749	357.626	199,6	57,7	372,7	2,5	2,9	3,5
Speyer	106.966	273.153	335.951	155,4	23,0	214,7	3,5	3,5	3,3
Neustadt	103.820	273.371	349.074	163,3	27,1	236,2	3,4	3,5	3,4
Lk. L'hafen	82.211	392.663	581.716	377,6	48,1	607,6	2,7	5,0	5,6
Lk. Bad-Dürkh.	123.970	516.571	662.423	316,7	28,2	434,3	4,0	6,5	6,4
RNR / linkssrh.	877.761	2.370.358	3.268.587	170,0	37,9	272,4	28,6	30,1	31,7
Mannheim	975.269	2.150.378	2.423.132	120,5	12,7	148,5	31,8	27,3	23,5
Heidelberg	419.871	908.960	1.310.958	116,5	44,2	212,2	13,7	11,5	12,7
Lk. Rhein-Neck.	514.004	1.477.524	2.100.727	187,5	42,2	308,7	16,8	18,8	20,3
Lk. Bergstraße	279.297	969.754	1.217.810	247,2	25,6	336,0	9,1	12,3	11,8
RNR / rechtsrh.	2.188.441	5.506.616	7.052.627	151,6	28,1	222,3	71,4	69,9	68,3
RNR gesamt	3.066.232	7.876.974	10.321.214	146,9	31,0	236,6	100.0	100.0	100.0

Im Falle von Ludwigshafen dürfte dieser Erfolg mit durch die Zunahme der Verkaufsfläche von 1967 mit 153.900 auf 253.000m² (+64%) im Jahre 1984 bewirkt worden sein, wovon rund 35.000 m2 auf das 1976 gebaute Rathauscenter zurückgeht (a.a.O. und SCHMUDE 1983, 21). Die Mannheimer Geschäftsflächen nahmen im gleichen Zeitraum von 386 auf 590.000m² (+53%) zu. Heidelberg vollzog aber den größten Schritt der Ausweitung von 166 auf 285.000m² (+72%), der sowohl in der Innenstadt durch den Ausbau von im Darmstädter Hof-Centrum sowie an der Hauptstraße gelegenen Kaufhäusern und Geschäften, als auch durch das Famila-Einkaufszentrum an der südlichen Peripherie bewirkt wurde (vgl. RÜTER 1993 und KIEHN 1995).

Erheblich größer war die Steigerung der Geschäftsflächen im Rhein-Neckar- Kreis und dem Landkreis Bergstraße, also außerhalb der Kernstädte. Hier wuchs sie von 359.000 im Jahre 1967 auf 991.000m² Ende 1984, d.h. um 176%! Eine bereits zwischen 1967 und 1978 zu beobachtende starke Flächenausweitung ist auf das vor den Toren von Mannheim auf der Gemarkung von Viernheim errichtete, bereits in Hessen liegende, Einkaufszentrum Rhein-Neckar zurückzuführen.

Die Entwicklung in den Kernstädten

Zeigte sich der Heidelberger Einzelhandel bereits in dem Wettkampf durch die Flächenausdehnung wettbewerbsfähig, so auch im Umsatz pro Einwohner: Von 1967 bis Ende 1984 steigerte er sich von 3.215 DM auf konkurrenzlose 9.805 DM; Mannheim erreichte dagegen nur 8.209 DM. Mit einer Flächenproduktivität von 4.599 DM lag die Heidelbergs um 23% über dem Gesamtdurchschnitt und 500 DM über Mannheim. Diese zwar inzwischen veraltete, jedoch nicht durch neuere Zahlen ersetzte Statistik offenbart zugleich, was Konzerne, Ladenketten und Franchise-Geschäfte gereizt hat, den Wettbewerb mit dem autochthonen Einzelhandel in dem Kundenmagnet Heidelberg auszutragen.

Tab. 2: Kaufkraftbilanz der Stadt- und Landkreise im Rhein-Neckar-Raum (SCHOLLE 1990, 133)

	Kaufkraftzufluß in % des Einzelhandelsumsatzes			Kaufkraftabfluß in % der potentiellen Kaufkraft			Kaufkraftzu- bzw. abfluß in Mio. DM		
	1967	1978	1984	1967	1978	1984	1967	1978	1984
Ludwigshafen	12,8	-	2,4	-	10,4	-	+49,4	-80,1	+23,4
Frankenthal	2,0	8,9	24,3	-	-	-	+1,5	+20,3	+86,9
Speyer	25,7	24,0	19,6	-	-	-	+27,5	+65,6	+66,0
Neustadt	5,0	12,5	13,5	-	-	-	+5,2	+34,3	+47,0
Lk. L'hafen	-	-	-	61,5	32,4	26,4	-131,2	-188,1	-208,6
Lk. Bad-Dürkh.	-	-	-	43,4	5,6	8,7	-95,2	-30,6	-62,7
RNR / linkssrh.	-	-	-	14,0	7,0	1,5	-142,8	-178,6	-48,0
Mannheim	36,4	33,2	24,8	-	-	-	+354,5	+713,8	+601,7
Heidelberg	40,4	33,2	37,1	-	-	-	+169,6	+301,3	+486,0
Lk. Rhein-Neck.	-	-	-	31,6	31,5	27,1	-237,9	-678,4	-780,4
Lk. Bergstraße	-	-	-	33,9	14,0	17,6	-143,5	-158,1	-259,3
RNR / rechtsrh.	6,5	3,2	0,8	-	-	-	+142,8	+178,6	+48,0
RNR gesamt	-	-	-	-	-	-	-	-	-

Nicht minder aufschlußreich ist die Tabelle 2, die für 1984 den Kaufkraftabfluß aus dem linksrheinischen Gebiet aber auch aus den rechtrheinischen Landkreisen vorwiegend nach Mannheim und Heidelberg zeigen. Ohne Frage dürfte sich inzwischen auch die Stellung der zahlreichen rechtsrheinischen Mittelzentren - ähnlich der früheren Entwicklung von Frankenthal, Neustadt und Speyer - gefestigt haben. Dabei ist aber hervorzuheben, daß Mannheims Kaufkraftzufluß anteilsmäßig von 1967 bis Ende 1984 von 36,4 auf 24,8% abnahm, dagegen der Heidelbergs nur von 40,4 auf 37,1%.

Dabei kann man aus den vorhandenen Erhebungen der Stadt Heidelberg (1979) und der ECON-CONSULT GmbH (1988, 74) errechnen, daß es dem Heidelberger Einzelhandel zwischen 1976/77 und 1987 gelungen war, im Bereich der Versorgungsgüter des kurzfristigen Bedarfs die Kaufkraftbindung von 91 auf 97% zusteigern.

Die Quote für die Deckung des mittelfristigen Bedarfs steigerte sich von 73 auf 80%. "Lediglich im Bereich der langfristigen Versorgungsgüter sank die Bindungsquote von 81% 1976/7 auf 73% 1987 ab, was vor allem durch Umsatzverluste in der Möbel- und Antiquitätenbranche, sowie bei Spielwaren und dem `sonstigen Einzelhandel´ verursacht wurde" (SCHOLLE 1990, 135). Die vom Einzelhandel geltend gemachten Umsatzeinbußen waren also weniger auf einen Abfluß der Kaufkraft der Heidelberger Bevölkerung als auf den Rückgang des Kaufkraftzuflusses aus dem Umland zurückzuführen (SCHOLLE 1990, 135).

Tab. 3: Der Einzelhandel Mannheims, Heidelbergs und des Rhein-Neckar-Kreises (SCHOLLE 1990, 142)

	1968	1979	1985	1968/85	1979/85
Mannheim					
Betriebe	2.417	1.829	1.817	-24,8%	-0,7%
Beschäftigte	18.521	13.884	13.714	-25,8%	-1,2%
Geschäftsfläche[1]	-	717.011	771.442	-	7,6%
Umsatz[2]	1.185.433	2.562.083	2.904.368	145,0%	13,4%
Heidelberg					
Betriebe	1.096	1.008	989	-9,8%	-1,9%
Beschäftigte	7.703	7.054	7.176	-6,8%	1,6%
Geschäftsfläche[1]	-	382.208	377.731	-	-1,1%
Umsatz[2]	575.975	1.122.071	1.528.906	202,8%	36,3%
Rhein-Neckar-Kreis					
Betriebe	2.789	2.560	2.677	-4,0%	4,6%
Beschäftigte	10.008	11.708	12.586	25,8%	6,6%
Geschäftsfläche[1]	-	760.594	869.401	-	14,3%
Umsatz[2]	575.165	1.855.596	2.632.554	357,7%	41,8%
Gesamt					
Betriebe	6.302	5.397	5.483	-13,0%	1,6%
Beschäftigte	36.232	32.646	33.467	-7,6%	2,5%
Geschäftsfläche[1]	-	1.859.813	2.018.574	-	8,5%
Umsatz[2]	2.265.573	5.539.750	7.065.826	211,9%	27,5%

[1] in m²
[2] in 1.000 DM

Aus der Tabelle 3 geht der Rückgang der Betriebe zwischen 1968 und 1985 insgesamt um ein Achtel hervor, wobei auf die Oberzentren am meisten, auf den Landkreis am wenigsten entfällt: um ein Viertel in Mannheim, um ein Zehntel in Heidelberg, aber nur ein Fünfundzwanzigstel im Rhein-Neckar-Kreis entfällt. Dies bei einer gleichzeitigen Verdoppelung des Umsatzes!
Während Heidelberg seinen Anteil an der Gesamtzahl der Betriebe von 17,1 auf 18% gut behaupten kann, fällt der von Mannheim von 38,4 auf 33,2%. Der des Rhein-Neckar-Kreises steigt gar von 44,2 auf 48,8 %. Die Umsätze je Beschäftigten lagen in Heidelberg mit 213.058 DM noch leicht über Mannheim (211.781 DM) und ebenso (1,86%) über dem Rhein-Neckar-Kreis (209.165 DM).

Die Auswirkung des Konzentrationsprozesses im Lebensmittelhandel kann man an der schrumpfenden Anzahl der Lebensmittelläden in der Altstadt verdeutlichen: Aus den Adreßbüchern der Jahre 1942, über 1956, 1967, und 1993/4, sowie eigenen Erhebungen, wurde entnommen, daß sich die Zahl von 6 Kolonialwaren- und Lebensmittelgroßhandlungen bis 1956 auf 2 reduzierte, die dann in die Vororte verlegt wurden. Kolonialwaren- und Spezerei- Geschäfte gab es 1942 noch 18; 1956 war diese altertümliche Erscheinung bereits als Name verschwunden und dafür die Anzahl der Lebensmittelhandlungen von 15 auf 25 gestiegen; 1967 gab es davon nur noch 18 Betriebe. Im Jahre 1993 bzw. 1994 wurde die traditionelle Form der Lebensmittel-Versorgung innerhalb der Altstadt durch ein mietsubventioniertes, sehr kleines "Traditionslädchen" quasi symbolisch repräsentiert. Tatsächlich konnten sich die Bewohner in 5 Filialen von 4 Großfirmen versorgen. Dazu sind schon seit Ende der 60er Jahre noch die voll ausgestattete Lebensmittelabteilung eines Kaufhauses und der stärker in den Delikatessbereich angesiedelte "Markt" eines anderen getreten. Nicht selten rückten an die Stelle der alten Geschäfte nach mehreren Wechseln die modernen Spezereien in Form von Öko- und ausländischen Spezialitätenläden.
Daß mit der Aufgabe der kleinen und der mittleren Geschäfte sowohl selbstständige Existenzen eingesessener Bewohner als auch die sozialen Kontakte innerhalb dieses Stadtteiles betroffen wurden, ist bekannt. Auch steht außer Frage, daß mit der Aufgabe der Geschäfte für den Inhaber oft schwierige Umstellungen verbunden waren.
Mit der verschärften Wettbewerbssituation in der Innenstadt und der Umorientierung zu profitträchtigeren Branchen und dem strukturellen Wandel der Betriebsformen an der Hauptstraße mit der Betonung von "Einkaufs- und Erlebniswelten" erleiden Betriebe, die in der alten Struktur verharren, Umsatzverluste. Da gleichzeitig neue Branchen mit Gewinn arbeiten, kann man nicht sofort von "Attraktivitätsverlust" der Innenstadt bzw. der Hauptstraße sprechen, sondern von einem beschleunigten Strukturwandel im Sinne der Anpassung an die Marktstrukturen. Wie die über Jahrzehnte seit 1969/70 durch das Geographische Institut durchgeführten Fußgängerzählungen und Kartierungen der Geschäftsstrukturen (KRÜGER & RÖSEL 1981), 1977 und 1978 (MAHN 1981) 1988 (SCHOLLE 1990), 1991 (SAILER-FLIEGE 1995), dort auch die Literaturangaben)

gezeigt haben, hat insbesondere die 1978 bis 1980 geschaffene Fußgängerzone und 6.000 Parkplätze die Attraktivität für Passanten erheblich gesteigert, so daß am Donnerstag, den 11. April, 1991 auf der Hauptstraße vor dem Kaufhof 54.000 Passanten in beiden Richtungen gezählt wurden.

Im engen Zusammenhang mit der Besucherzunahme steht die Mietsteigerung für die Geschäfte. Schon 1973 vor der Einrichtung der Fußgängerzone übertrafen dort die Mieten von 24-50 DM/m² für kleine Läden und bis zu 40 DM bei großen Geschäften die in Städten vergleichbarer Größe geforderten. Insbesondere durch Kettenläden wurden die Gebote gesteigert, so wurden 1976 in 1a-Lagen bis zu 80 DM/m² bei kleineren Läden und bei großen bis zu 50 DM, 1982 dann vereinzelt bis zu 300 DM/m² gezahlt. Die Tabelle 4 mit den Zahlen des Ringes Deutscher Makler zeigen, daß Heidelberg im Spitzenfeld, jedoch nicht an der Spitze liegt. Dazu ist zu bemerken, daß die Angebote der Filialisten häufig gar nicht mehr über Makler gehen, sondern diese die Ladenvermieter direkt fragen: "Was fordern Sie?". Daß hierbei auch die Tragfähigkeit dieser Geschäftslage überschätzt wird, ist gelegentlich zu beobachten. Hierauf weist die kurze Episode einer 1981 in der Hauptstraße 60 an Stelle eines alteingesessenen Textilgeschäftes eingerichteten "Internationalen Marktstraße", die 20.000 DM Monatsmiete bringen sollte. Sie wurde Ende der 80er Jahre mit Brandstiftung durch den verschuldeten Inhaber des letzten noch betriebenen Geschäftes beendet. Heute ist an Stelle der bazarartigen Kleinpassage ein Fast-Food Restaurant getreten. Die gegenwärtige Konjunkturschwäche führt heute dazu, daß Mieter ihre Mietzahlung an die Umsatzhöhe zu knüpfen versuchen.

Tab. 4: Mietpreisvergleich Süddeutscher Städte (SCHOLLE 1990, 192)

Stadt	Lage: Geschäftskern			
	1a-Lage		1b-Lage	
	groß	klein	groß	klein
Stuttgart	190-210 DM	200-250 DM	70-100 DM	70-120 DM
Karlsruhe	100 DM	200 DM	60 DM	100 DM
Freiburg	100 DM	190 DM	35 DM	45 DM
Mannheim	85 DM	120 DM	45 DM	75 DM
Heidelberg	80-90 DM	150 DM	47 DM	70 DM
Ludwigshafen	40 DM	70 DM	18 DM	25 DM

Stadt	Lage: Nebenkern			
	1a-Lage		1b-Lage	
	groß	klein	groß	klein
Stuttgart	30-40 DM	30-50 DM	22-27 DM	20-25 DM
Karlsruhe	30 DM	60 DM	8 DM	15 DM
Freiburg	13-16 DM	18-25 DM	10 DM	15 DM
Mannheim	30-35 DM	40-50 DM	15-20 DM	25 DM
Heidelberg	30 DM	45 DM	15 DM	22 DM
Ludwigshafen	12 DM	15 DM	8 DM	10 DM

Die besonders für die Nachkriegszeit von SAILER-FLIEGE (1995, Abb. 4) dargestellte Tendenz in der Entwicklung bestimmter Einzelhandelsgruppen hat sich weiter verstärkt. So sind in der Gruppe Einrichtungsgegenstände und in der der Papierwaren und Büromaschinen seit 1991 weitere Geschäftsaufgaben zu beobachten gewesen.

Die Leerstände und Verkleinerungen der Geschäftsflächen auf der einen Seite und das einjährige Auftreten von Läden mit Ramsch-Waren als Zwischenmieter in 1a-Lagen auf der anderen signalisierten im Jahr 1994, daß offenbar die geforderten Mieten nur noch von Geschäften mit schnell umzuschlagenden Artikeln erwirtschaftet werden können. Die Kettenläden, Franchise-Unternehmen und Filialisten, die auch in den Untersuchungen von SCHOLLE 1990 und SAILER-FLIEGE (1995) dokumentiert wurden, können z.T. auch in den Mittelzentren, d.h. kundennah festgestellt werden. Sie stellen also für Heidelberg keine besondere Attraktivität mehr dar. Andererseits haben sie zu einem Wechsel der Kundenchichten geführt: Anspruchsvolle Kunden werden seltener und fühlen sich bei ihrem Einkauf durch den dichten Passantenstrom gestört, wenn nicht sogar berängt. Alteingesessene Einzelhandelsgeschäfte mit individueller Kundenberatung insbesondere in der Textilbranche beurteilen daher ihre Situation extrem schlecht, es sei denn sie betreiben ihr Geschäft im eigenen Haus oder sind durch längere Pachtverträge vorläufig geschützt.

Im Falle von Hausbesitz stellen Angebote zwischen 30.000 und 50.000 DM Monatsmiete für Geschäftsinhaber eine große Versuchung dar, sich frühzeitig zur Ruhe zu setzen, zu mal die Mieteinnahmen nur mit 50% versteuert werden. Erbengemeinschaften machen dann auch nicht davor halt, in der Minderheit sich befindende Familienmitglieder zur Geschäftsaufgabe zu zwingen, wenn sie die angebotenen Mieten zu zahlen nicht in der Lage sind.

Dieser Verdrängungswettbewerbes wirkt auch auf die parallel zur Hauptstraße verlaufende Plöck. In dem Adreßbuch von 1933 finden sich noch mehrere Kohlenhandlungen, Spenglerbetriebe, eine Autoreparaturwerkstatt und sogar zwei Landwirte mit ihren Betrieben. Während Bäckereien sich halten und eine Metzger-Familie im eigenem Haus überdauern konnte, sind die Lebensmittelbetriebe und ein buntes Angebot von Einzelhandel und Gewerbe den Buchhandlungen, Raumkunstanbietern und Antiquariaten gewichen. Ihre weitere Entwicklung hängt von der Behandlung des Verkehrs in dieser engen Straße ab.

Zur räumlichen Auswirkung des Prozesses der Veränderung des Lebensstils

Der hier für Umland und Heidelberg dargestellte räumliche Aspekt abgelaufener sozialer und ökonomischer Prozesse spiegelt einen epochalen Wandel wider, dessen in alle Lebensbereiche gehenden Folgen nur angedeutet werden können. Generell wird für das Industrialisierungszeitalter die Trennung von Wohnung und Arbeitsplatz hervorgehoben. Einem Teil der Bewohner des Rhein-Neckar-Raumes blieb die Trennung vom dörflich geprägten, angestammten Familienwohnort erspart, wenn er bereit war und die Möglichkeit bestand, statt dessen Zeit für den Arbeitsweg einzusetzen. Andere entschieden sich gegen die Kernstadt und wählten ihren Wohnsitz in einem für sie zumindest am Anfang, meist aber auf Dauer, fremden Raum. Auch hier steht Lebenszeit für die Pendelwanderung, um ihre Wohnverhältnisse und Freizeitaktivitäten auf Kosten anderer Grundkategorien des Daseins, wie tägliche Versorgung, kulturelle Anregung und soziale Beziehungen hintanzustellen (HERDEN 1983, 171ff.).

Führt man sich vor Augen, daß in den Kernstädten nur 14%, dagegen im engeren Verdichtungsraum, und dazu gehören auch die Mittelzentren ohne Verflechtungsbereiche 62% und im weiteren Verdichtungsbereich 65% der Erwerbspersonen täglich ihre Wohngemeinde verlassen müssen, um zu ihrem Arbeitsplatz zu gelangen (SCHWAB 1995, 113), so signalisiert dies eine hohe räumliche Mobilität der überwiegenden Mehrheit der Bewohner des Rhein-Neckar-Raumes.

In ähnlicher Weise ist auch die Versorgung - und damit der Bezug zum Einzelhandel - mobilisiert: Aus einem offiziell nicht zum Untersuchungsgebiet gezählten Ort am nördlichen Rande des Landkreises Karlsruhe suchen zur Deckung spezifischer Bedürfnisse (nicht etwa nur zur Deckung des langfristigen Bedarfs) 43,5% der Probanden einer systematischen Befragung mehrmals im Jahr Manneim, 39,2% Speyer, 37,4% Karlsruhe, 37,0% Bruchsal und 30,4% Heidelberg auf (Mehrfachnennungen waren möglich) (FICHT 1994, 128). Die Ausrichtung auf ein anderes Zentrum als das ihrer Region liegt in der traditionellen Bindung der Arbeiter nach Mannheim begründet. Das steht mit fast 19% knapp vor Karlsruhe (annähernd 18%) als Ziel der Auspendler, dem folgt dann Bruchsal mit 14%. Während die Arbeitsattraktivität von Heidelberg und Speyer zu vernachlässigen ist (3% und 0,8%), werden diese Orte bei der Deckung eines spezifischen Bedarfs im Einzelhandel aufgesucht. Dagegen wird der tägliche und auch der Fachgeschäfte erfordernde Bedarf von dreiviertel am Ort gedeckt, kauften sie doch dort täglich bis mehrmals die Woche und wöchentlich bis zu ein- oder zweimal im Monat kauften fast 2/3 im Einkaufszentrum des benachbarten Ortsteils ein. Eine funktionale Abhängigkeit zu *einer* Stadt besteht in der Versorgung ebenso wenig, wie auf dem Arbeitsmarkt! Weitere, noch nicht abgeschlossene Untersuchungen unterstreichen die Tendenz der multizentralen Orientierung, die offenbar ein größeres Umfeld als ihren Lebensraum ansieht, dessen Zentrum das Individuum ist.

Was bereits bei der Diskussion der Konkurrenzsituation der Oberzentren mit zwei Dutzend kleineren und mittleren Zentren festgestellt werden konnte, wird damit auch bei der Analyse von der Verbraucherseite bestätigt. Diese Aufsplitterung der Bedürfnisbefriedigung "verorteter Grundfunktionen" erzeugt - neben den auf die Ober- und Mittelzentren gerichteten Berufsverkehr - einen erheblichen Tangentialverkehr zwischen den Umlandsgemeinden, aber auch den vielfältigen Versorgungsangeboten, der wegen der starken Streuung nicht durch öffentlichen Nahverkehr unter betriebswirtschaftlichen Gesichtspunkten bedient werden kann (GATZWEILER 1994, 491).

Die grundlegende Bedeutung der Veränderung des Lebensstiles

Zu häufig wird des gewaltigen Wandels der Lohn- und Preisverhältnisse, den die ältere Generation erlebt hat, nicht gedacht, obgleich er sowohl die Basis für den siedlungsgeographisch revolutionierenden und bis heute ungebrochenen Trend zum Eigenheim als auch weiterer raumwirksamen Verhaltensweisen bildet.
Für das hier in den Mittelpunkt gestellte Thema des Einzelhandels ist es wichtig, sich auf die Veränderungen der monatlichen Verbrauchsausgaben der privaten Haushalte zwischen 1950 und 1987 zu konzentrieren (INSTITUT DER DEUTSCHEN WIRTSCHAFT 1989, Tab. 33). Der Anteil für Nahrungs- und Genußmittel, sowie für Kleidung und Schuhe, sanken von 63,% im Jahre 1950 auf 24,4% 1987 der Ausgaben. Dadurch war es möglich, den Aufwand für Wohnungsmieten u.ä. von 10,2 auf 19,7% zu steigern. Auch die Ausgaben für Verkehr und Nachrichten stiegen von 2,1 auf 16,2%. Da im Jahre 1950 Ausgaben für Auto und Freizeit noch keine Rolle spielten, sei aus der gleichen Tabelle die Entwicklung dieser Ausgaben für das Auto und die Freizeit zwischen 1960 und 1987 gegenübergestellt: Die für das Auto sanken von 12,5 auf 8,8% und die für Freizeit und Urlaub stiegen von 10,6 auf 14,7%.
Im Rückgang des Aufwandes für den Einzelhandel schlägt sich auch die Folge der Rationalisierung und der von der Konzentration des Kapitals erzwungenen Kostensenkung für den Verbraucher positiv nieder. Die gleichen Faktoren in der übrigen Wirtschaft machten den Anstieg der Löhne möglich.
Die Veränderung des Bewußtseins und damit des Konsumverhaltens, zuerst in dem Phänomen der "Freßwelle" angesprochen und jüngst in der "Öko-Welle" artikuliert, haben jeweils neben der stetig wachsenden Zahl der Einfamilienhäuser weiteren für sie zeit-typischen räumlichen Niederschlag, seien es "Landgasthöfe mit eigener Schlachtung und Parkplatz am Hause" im Stadt-Umland oder das überdachte Wellenbad in der suburbanen Zone gefunden. Mit der Forderung nach dem Ausbau des Fahrradwege-Netzes in der Kernstadt bekam eine von dem ökologischen Bewußtsein bestimmte Verhaltensänderung ihren Ausdruck, die weg vom motorisierten Individualverkehr führt. Sie stellt zwar eine neue, öffentliche Dimension dar, die aber angesichts der flächendeckend auf den Individualverkehr ausgerichteten Siedlungsstruktur nur einen Inseleffekt hat.
Resümierend läßt sich festhalten, daß sich für die Inanspruchnahme des Raumes durch das Individuum eine mannigfaltig gespaltene Verhaltensweise ausgebildet hat, die sich in der Trennung bzw. Gegenüberstellung von z.B.:

- Arbeitsplatz und Wohnort,
- aktiver und konsumierender Freizeit,
- rationalisiertem Einkauf und spontanem Einkaufs-Erlebnis,
- täglichem Radfahren und Jeten in den Urlaub,
- intimer Gastlichkeit und Rock-Großveranstaltungen

ausdrückt. Diese Verhaltensweise belegt einen vielfältig aufgefächerten und auch in der Einzelperson ausgelebten, konträren Anspruch der Gesellschaft an das im Raum an Natur und Infrastruktur im weitesten Sinne vorzuhaltende Angebot.
So gleichen die Anstrengungen des privaten Einzelhandels, besonders aber der Stadtverwaltungen der Arbeit des Sisyphus, wenn sie den Kunden und Bürger durch ein reizvolles Angebot von Einkaufsstätten, Arbeitsplätzen und Wohnungen für Arm und Reich bei gleichzeitiger ökologischer und ästhetischer Attraktivität an einen Ort zu binden versuchen. Einigen der negativ sich auswirkenden Auswirkungen des parallel ablaufenden Diffusions- und Konzentrationsprozesses konnte man zwar in der Vergangenheit mit erheblicher Anstrengung unter anderer zeitgeschichtlicher Konstellation mit Hilfe von Wohnungsbau, Stadtsanierung und Fußgängerzone zeitweise entgegensteuern. Gegenwärtig erweisen sich diese Mittel nur noch als begrenzt wirksam.
Sicher ist, daß das Problem, der durch Sinken aus dem Gleichgewicht gebrachten Einnahmen- und Leistungsbilanz der Ober- und Mittelzentren gegenüber den vom Wachstum begünstigten suburbanen Gemeinden sich nicht von alleine lösen wird. Wie sensibel die Zentren des räumlichen Systems reagieren, wurde aus den positiven Auswirkungen des Dienstleistungsabends erkennbar, die speziell den Großstädten, d.h. den Ober- aber auch den vollausgestatteten Mittelzentren mit Kaufhäusern und "Erlebniswelt" gegenüber den Kleinstädten und Unterzentren höheren Umsatz brachten (BUNDESMINISTERIUM FÜR RAUMORDNUNG, BAUWESEN UND STÄDTEBAU 1993, 21ff.).
Generell kann die Deckung des langfristig sich ergebenden Defizits der überregionale und regionale Leistungen anbietenden Zentren nicht negiert werden, wenn man keine ausgeräumten Innenstädte nach us-amerikanischen Vorbild anstrebt. Die ungleiche Teilhabe an den verfügbaren öffentlichen Mitteln und dem Gemeineigentum kann nicht mit dem den Stadtverwaltungen und der Regionalplanung zur Verfügung stehenden Instrumentarium gelöst werden!

Zusammenfassung und Ausblick

Es ist in dieser analytischen Übersicht das häufig isoliert gesehene Problem des Einzelhandels im Verhältnis zum Raum und dem zeitlichen Ablauf hergestellt worden.
Die Ausgangsbehauptung hat sich bestätigt: Studiert man die Veränderung des Einzelhandels in den letzten Jahrzehnten, so muß man über den rein lokalen Bezug auf die Stadt hinaus auf die Suburbanisierung und das Wachsen der Agglomeration schlechthin hinausgreifen, um die räumliche Dimension des Vorganges verstehen zu können. Die Stadt ist schon lange nicht mehr der Markt, der dem Austausch ländlicher gegen städtischer Produkte dient, wie es GRADMANN (1926, erste Auflage 1913) noch sah und damit endete auch diese Art der Bindung, die die Basis der zentralörtlichen Theorie seines Schülers Walter Christaller innerhalb von mobilen Gesellschaften darstellte.

Die hier betrachtete Epoche war im Umland von einem Massenrückgang der landwirtschaftlichen Kleinbetriebe gekennzeichnet, ebenso vom nicht minder exzessiven Schrumpfen alt-industrieller Arbeitsplätze sowohl in den Ober- und Mittelzentren als auch in übrigen Gemeinden. Damit wurden wichtige, materiell bestimmende verortete Bezüge - im Falle der Landwirtschaft sogar eine seit jeher bestehende, die Existenz gründende, lokal verankerte und geistig zum Maßstab entwickelte Lebensform - aufgebrochen. Dies wird zusätzlich statistisch verifiziert durch den Übergang zur Kleinfamilie und einem hohem Anteil von Einpersonenhaushalten in der "Selbstbedienungsgesellschaft" (vgl. oben Anm. 6).
Gleichzeitig ist in den vergangenen Jahrzehnten im Sinne der geltenden liberalen Konzeption der Prozeß der wirtschaftlichen Konzentration im Handel abgelaufen. Auch bei der Gruppe der selbständigen Einzelhändler konnte in vielen und langen Gesprächen der Eindruck einer von dem drohenden Zusammenbruch ihrer sozialen Einordnung betroffenen Gruppe gewonnen werden. Stärker als der erfolgreiche Umgang mit dem Kunden und der Ware spielte die dispositiv freie Selbständigkeit ihrer Existenz, ihre auf Eigenverantwortlichkeit gegründete Lebensführung für ihr Selbstverständnis die entscheidende Rolle.

Die Steuerungsmöglichkeiten der auf den Raum bezogenen Prozesse durch administrative Instrumente, wie sie die Stadt- und Regionalplanung insbesondere in den späten sechziger und frühen siebziger Jahren geboten hat (AIGNER & MIOSGA 1994, 35), sind begrenzt, wie an der Nachkriegsentwicklung der Bevölkerungsverteilung der Bundesrepublik belegt werden kann (FRICKE 1981, 281).
Immerhin verhalf die Regierung Baden-Württembergs vor zwei Jahrzehnten wegen des damals sich abzeichnende Nullwachstum der Bevölkerungszahl der Regionalplanung auch im Regionalverband Unterer Neckar zu dem Instrument der auf Einwohner bezogenen Richtwerte der Flächenausweisung, um wenigsten ansatzweise die diffuse Suburbanisierung auf die (noch zu zahlreichen) Siedlungsachsen umzulenken (FRICKE 1976b). Ebenso hat die sehr eingeschränkte Genehmigung von Einkaufszentren außerhalb städtischer Zentren sowohl die aus den Vereinigten Staaten von Amerika bekannte Bildung suburbaner Zentren - bei gleichzeitigem Ausbluten der Innenstädte - in den Altländern der Bundesrepublik Deutschland beschränken können. Wie gefährlich das Fehlen regionalplanerischer Instrumente sein kann, wird durch die ungebremste Konkurrenz der Einkaufszentren für die Innenstädte in den neuen Bundesländern demonstriert. Der im Westen wirksame Schutz der innenstädtischen Geschäftsfunktionen bedeutet aber nicht den Schutz der mittelständischen Geschäftsstruktur, denn den Vorteil des Standorts nutzt der am besten, der ökonomisch der potenteste Akteur ist.
Um nicht in einer rückwärtsgewandten Betrachtung stehen zu bleiben muß der fundamentale Umschwung in der gegenwärtigen Bevölkerungsentwicklung angesprochen werden: Seit der Öffnung der westlichen Grenzen des östlichen Mitteleuropas und dem Zusammenbruch der dortigen Wirtschafts- und Sozialsysteme ist eine starke Zuwanderung aus der früheren DDR und Osteuropa in die Bundesrepublik erfolgt. Sie war wegen der gravitativen Anziehungskraft auf die

westdeutschen Verdichtungsräume konzentriert, was dort ein nicht vorhersehbares deutliches Bevölkerungswachstum bewirkte. Alle gegenwärtigen Prognosen sagen eine weitere starke Zunahme der Bevölkerung der westdeutschen Agglomerationen voraus. Waren es in den Jahren von 1989 bis 1992 bereits 3 Millionen Zuwanderer, so rechnet man für die Zeit von 1990 bis zum Jahre 2000 zusätzlich mit 6 Millionen Menschen. Es ist also die Bevölkerung eines mittelgroßen Bundeslandes zusätzlich anzusiedeln, was grundsätzliche Überlegungen zur aktuellen, nicht erst in weiter Ferne liegenden Siedlungspolitik nötig macht (GATZWEILER 1994, 489ff.). Dies läßt auch die Frage nach den zukünftigen Trends in der Standortentwicklung des Einzelhandels erneut aufkommen.

Die Forderung nach einer Erneuerung des territorialen Bezuges

Die zurückliegende Epoche war von einer Einkommensverbesserung aber auch eines sozialen und politischen Wertewandel gewaltigen Ausmaßes gekennzeichnet. Hiermit wurde die ökonomische Basis und der Lebensstil weiter Bevölkerungskreise tiefgreifend verändert. Die städtischen Agglomerationen wurden bis in ihre Peripherie attraktiv gemacht. Während das agglomerative Wachstum der Bevölkerung wegen des gegenüber Osteuropa bestehenden Wohlstandsgefälles anhalten dürfte, sind weitere Einkommensverbesserungen nicht so sicher; sie werden auf Grund der weltweiten Ausweitung der wirtschaftlichen konkurrierenden Räume mit einiger Wahrscheinlichkeit bezweifelt, denn "der räumliche Kristallisationskern der neuen Welle (von wirtschaftlichen Zyklen, d. Verfasser) lag in der Regel fernab von jenem des alten Zentrums" (SCHÄTZL 1993, 205).
Der in der zurückliegende Epoche gewonnene neue Lebensstil beruht auf der Devise der individuellen Selbstverwirklichung unter Verfügbarkeit von mehr Zeit und Geld. Ermöglicht wurde dieser Wandel durch den effektiveren Einsatz der Arbeitskraft und des Kapitals in der Wirtschaft, abgesichert durch ein Netz öffentlicher Wohlfahrt.
Die Änderungen des Wohnstandortes, die Mobilität der Arbeitskraft, das diffuse Versorgungsverhalten wurden angesprochen, weil dabei sowohl der lokale als auch der regionale Raumbezug deutlich aufzuzeigen ist, und damit auch das bisherige Leitbild des mittelständigen Einzelhandels starken Änderungen unterworfen wird. Weiter ist es bekannt, daß die wirtschaftliche Voraussetzung für die Prosperität die Konzentration und der Ertrag des Kapitals an diesem Standort ist. Grundsätzliche Überlegungen sowie mögliche Engpässe in der Erdölversorgung, aber stärker noch die ökologisch zu fordernde Priorität eines schonenden Umgangs mit dem Naturpotential führen zur Forderung nach der Reduzierung vermeidbarer Wege, wobei auf Grund bisheriger Erfahrungen anzunehmen ist, daß die individuelle Mobilität zu einem speziell zu bezahlenden Luxus wird und dem entsprechend sich die Nachfrage nach luxuriösen Waren und Dienstleistungen auf eine zahlungskräftige Einkommensschicht verengen wird. Da diese klein ist, wird sich das Angebot für diese Schicht im Einzelhandel auch verkleinern soweit nicht Vorsorge durch

alternative Beförderungsmittel rasch getroffen wird. Voraussichtlich ist ihr Standort nicht auf die Fußgängerzone konzentriert, sondern an ihrer Peripherie oder gar als "Geheimtip" in Orten mit kombinierter Erreichbarkeit und besonderem Ambiente gelegen. Materiell nachvollziehbare Imagepflege bekommt in dieser neuen Phase des Stadtmarketings eine wichtige Aufgabe.

Heidelbergs Image und Nachfrage als Touristenstadt auf der einen Seite verhindert ebenso wie seine individuelle, naturräumlich stark eingeschränkte Lage auf der anderen eine einfache Lösung nach dem Modell anderer Städte, die durch einfache Maßnahmen, wie einem Kreisverkehr, den Stadtkern ruhig stellen können und dabei - wie Mannheim oder Karlsruhe - dazu noch den Vorzug einer zentralen Verkehrserschließung durch ein leistungsfähiges Verkehrsmittel besitzen, das auch von der Gruppe der Autofahrer akzepztiert wird. Dies sind nun einmal - wie das Beispiel des Vorreiters Karlsruhe zeigt - weltweit Schienenfahrzeuge.

Ein zentraler Kritikpunkt, von dem die Frage nach dem Standort des Einzelhandels im abgeleiteten Sinne über die Gemeindefinanzen abhängig ist, stellt die Steuer-Territorialität dar. Gegenwärtig zahlen die großen Unternehmen nicht die dem Ort ihres erzielten Umsatzes und Gewinns die entsprechende Steuer. Sie können sogar die für die Gemeinde entscheidenden Steuereinnahmen durch die nominelle Verlegung des juristischen Geschäftssitzes an einen für sie günstigeren Ort umlenken. Aber auch dem Bürger wird, durch das Grundgesetz gewährleistet, keine Residenzpflicht abverlangt. Somit ist die Verwaltung eines Territorium, wie die Gemeinde, in einem schwerwiegenden Dilemma: Es werden Forderungen bezüglich der finanziellen und materiellen Ausstattung gestellt, ohne das die vielfältigen, diese oft nur gelegentlich nachfragenden Nutzer zur Finanzierung herangezogen werden können.

Abhilfe gelänge nur durch das Prinzip einer strikten Territorialität, in diesem Falle maßstabsbezogen eine Regionalität des Leistungentgeltes für die Bereitstellung regional relevanter öffentlicher Leistungen, dazu gehört auch die Bereitstellung von Natur einschließlich der Abluft . Somit müßte ein Steuerverbund der Wohn- und Arbeitsgemeinden hergestellt werden. Ebenso müßten alle Wirtschaftsbetriebe ihre Steueranteile für ihren Umsatz in der Region des Standortes ihrer Aktivität entrichten, damit diese auch ihren sozialen Verpflichtungen nachkommen könnten[10].

Dagegen spricht die Konkurrenz der interregionalen und internationalen mit einander in Wettbewerb stehenden Standortangebote. Sie verhindern, solch weitgehende Forderungen gerecht und damit undifferenziert zu verwirklichen. Daraus folgt widerum daß man dem, den man braucht, seine Umweltbelastungen oder Finanztransfers nachsehen muß, um wenigsten die Lohnsummensteuer einzunehmen und keine Sozialleistungen für die in diesem Betrieb Beschäftigten zu zahlen. Außerdem würden solche Maßnahmen an die Grundfesten der herrschenden nationalen und internationalen verfassungsmäßig und vertraglich festgelegten

---

[10] Im Sinne einer neuen regionalpolitischen Konzeption wurden bereits die Entwicklungen in den Großstadtregionen München, Stuttgart, Frankfurt, Hamburg und dem Ruhrgebiet analysiert und eine kommunalisierte Regionalplanung und Verwaltungsreform mit dem Ziel von "selbstorganisierten, ökonomisch potenten Verdichtungsräumen" von AIGNER & MIOSGA (1994) umrissen.

gesetzlichen Rahmenbedingungen rühren. So bleibt nur übrig, den bisherigen Weg der kleinen administrativen Maßnahmen weiter zu gehen. Dies sind Angebote in Form der Entwicklung öffentlicher Verkehrsmittel und Restriktionen in der Benutzung oder auch Ausweisung von Flächen für die erwünschten Nutzungen. Dem individuellen Einzelhändler Versprechungen für eine bessere Zukunft zu machen erscheint nur realistisch, wenn es gelingt dem vom Trend zur Konzentration bestimmten Kapital durch einen regionalen Bezug in die Verantwortung einzubinden und zugleich in den Prozeß der Dekonzentration der aktiven Bevölkerung modifizierend einzugreifen.

Literatur

AIGNER, B. & M. MIOSGA (1994): Stadtregionale Kooperationsstrategien. Neue Herausforderungen und Initiativen deutscher Großstadtregionen. Münchener Geographische Hefte 71.
ADRIAN, H. (1985): Das "Ausbluten" der Städte mit behutsamer Planung verhindern. In: BAG-Nachrichten 3/1985, 4-7.
AGERGÅRD, E., OLSEN, P. A. & J. ALLPASS (1985): Die Beziehungen zwischen Einzelhandel und städtischer Zentrenstruktur. Die Theorie der Spiralbewegung. In: HEINRITZ, G. (Hrsg): Standorte und Einzugsbereiche tertiärer Einrichtungen, 55-85. Darmstadt.
BUNDESMINISTERIUM FÜR RAUMORDNUNG, BAUWESEN UND STÄDTEBAU (1993): Städtebauliche Auswirkungen veränderter Ladenschlußzeiten (Dienstleistungsabend). Berlin.
BUTZIN, B. (1987): Zur These eines regionalen Lebenszyklus im Ruhrgebiet. In: MAYR, A. & P. WEBER (Hrsg.): 100 Jahre Geographie an der Westfälischen Wilhelms-Universität, 191-210. Paderborn (= Münstersche Geographische Arbeiten 26).
CHRISTALLER, W. (1933): Die zentralen Orte in Süddeutschland. Eine ökonomisch-geographische Untersuchung über die Gesetzmäßigkeit der Verbreitung und Entwicklung der Siedlungen mit städtischen Funktionen. Jena.
ECON-CONSULT (1988): Strukturuntersuchung Heidelberg. Köln.
FICHT, D. (1994): Typisierung der Pendlergemeinden in den Landkreisen Rhein-Neckar und Karlsruhe und Analyse einer mehrfachorientierten Gemeinde. Diplomarbeit am Geographischen Institut, Universität Heidelberg.
FRICKE, W. (1976a): Bevölkerung und Raum eines Ballungsgebietes seit der Industrialisierung. Eine geographische Analyse des Modellgebietes Rhein-Neckar. Veröffentlichungen der Akademie für Raumforschung und Landesplanung, Forschungs- und Sitzungsberichte 111, 1-68. Hannover.

FRICKE, W. (1976b): Räumliche Bevölkerungsbewegung im Rhein-Neckar-Raum im Industriezeitalter (Thesenpapier). In: Veröffentlichungen der Akademie für Raumforschung und Landesplanung, Forschungs- und Sitzungsberichte 117, 32-37. Hannover.

FRICKE, W. (1981): Regional population development within the Federal Republic of Germany. In: Federalism and Regional Develpoment. Edit. by G. W. HOFMANN, 254-292. Austin.

FRICKE, W. (1993³): Der Rhein-Neckar-Raum. In: BORCHERDT, Ch. (Hrsg.): Geographische Landeskunde von Baden-Württemberg, 144-168. Stuttgart (= Schriften zur politischen Landeskunde Baden-Württembergs 8).

GAEBE, W. (1987): Verdichtungsräume. Strukturen und Prozesse in weltweiten Vergleichen. Stuttgart.

GATZWEILER, H.-P. (1994): Dezentrale Konzentration. Eine Strategie zur Bewältigung des demographisch bedingten Siedlungsdrucks in Agglomerationsräumen. In: Informationen zur Raumentwicklung 7/8, 489-501.

GSCHWIND, F. & D. HENKEL (1984): Die Innovationszyklen der Industrie - Lebenszyklen der Städte. In: Stadtbauwelt 82, 992-995.

GRADMANN, R. (1926): Die städtischen Siedlungen des Königreichs Württemberg. In: Forschungen zur deutschen Landes- und Volkskunde 21/2. Stuttgart (1. Aufl. 1913).

HAGGETT, P. (1979³):Geography: A Modern Synthesis. New York.

HERDEN, W. (1983): Die rezente Bevölkerungs- und Bausubstanzentwicklung des westlichen Rhein-Neckar-Raumes. Eine quantitative und qualitative Analyse. Heidelberger Geographische Arbeiten 60.

INSTITUT DER DEUTSCHEN WIRTSCHAFT (1989): Zahlen zur wirtschaftlichen Entwicklung der Bundesrepublik Deutschland. Köln.

IPSEN, G. (1933): Bevölkerung. In: Handwörterbuch des Grenz- und Auslanddeutschtums 1, 425-463.

KIEHN, W. (1995): Der Einzelhandelsstandort famila-center im Süden von Heidelberg. Heidelberger Geographische Arbeiten 97.

NEUBAUER, T. (1981): Der Suburbanisierungsprozeß an der Nördlichen Badischen Bergstraße. Heidelberger Geographische Arbeiten 61.

OVERBECK, H. (1963): Die Stadt Heidelberg und ihre Gemarkung im Spiegel der Wandlungen ihrer Funktionen, insbesondere seit dem 19. Jahrhundert. In: PFEIFER, G., GRAUL, H. & H. OVERBECK (Hrsg.): Heidelberg und die Rhein-Neckar-Lande, 74-111. Heidelberg (= Festschrift zum 34. Deutschen Geographentag in Heidelberg).

RÜTER, F. (1993): Einkaufszentralität im Gebiet Rhein-Neckar. Das Famila-Center. Eine Raum-Zeit-Analyse. Staatsexamensarbeit am Geographischen Institut, Universität Heidelberg.

SAILER-FLIEGE, U. (1995): Jüngere Veränderungen im Einzelhandel in der Heidelberger Hauptstraße. In: Heidelberger Geographische Arbeiten 97, 49-82.

SCHÄTZL, L. (Hrsg.)(1993): Wirtschaftsgeographie der Europäischen Gemeinschaft. Paderborn.

SCHMUDE, J. (1983): Das Rathauscenter Ludwigshafen. Eine empirische Studie zur Problematik eines innerstädtischen, integrierten Einkaufszentrums. Staatsexamensarbeit am Geographischen Institut, Universität Heidelberg.

SCHOLLE, A. (1990): Aspekte des strukturellen Wandels im Einzelhandel. Die Entwicklung des Heidelberger Einzelhandels im überregionalen und regionalen Vergleich. Diplomarbeit am Geographischen Institut, Universität Heidelberg.

SCHWAB, J. (1995): Die Veränderung der Raumstrukturen im östlichen Rhein-Neckar-Raum zwischen 1970 und 1987. Staatsexamensarbeit am Geographischen Institut, Universität Heidelberg.

STADT HEIDELBERG / STATISTISCHES AMT (Hrsg.)(1954): Heidelberger Statistik 1-4. Heidelberg.

STADT HEIDELBERG / STATISTISCHES AMT (Hrsg.)(1974): Ergebnisse der Volks-, Berufs- und Arbeitsstättenzählung 1970. Heidelberg.

STADT HEIDELBERG / STADTPLANUNGS- UND VERMESSUNGSAMT (Hrsg.)(1974): Der Heidelberger Einzelhandel 1976/77 und seine voraussichtliche Entwicklung bis 1990. Heidelberg.

VOSCHERAU, H. (1994): Die Großstadt als sozialer Brennpunkt - am Beispiel Hamburg. In: KRONAWITTER, G. (Hrsg.): Rettet unsere Städte jetzt. Das Manifest der Oberbürgermeister, 77-106. Düsseldorf.

Kundeneinzugsbereiche des Einzelhandels im Heidelberger Hauptgeschäftszentrum

Ulrike Sailer-Fliege

1. Einleitung und Problemstellung

Klagen über Kundenschwund und damit über Attraktivitäts- und Umsatzverluste des Einzelhandels im Heidelberger Hauptgeschäftszentrum prägten in den 80er Jahren die Diskussion über die Entwicklung des Einzelhandels in Heidelberg. Die hierdurch angesprochene Entwicklung im Oberzentrum Heidelberg stellt keine singuläre Erscheinung dar. Sie ist vielmehr zu sehen vor dem Hintergrund der in der gesamten Bundesrepublik Deutschland in den letzten Jahrzehnten erfolgten erheblichen Umstrukturierungsprozesse im Einzelhandel.

Zur Kurzcharakteristik dieses vielzitierten Wandels im Handel können schlagwortartig die Begriffe Unternehmensrückgang und -konzentration, Verkaufsflächenexpansion und stagnierende bzw. rückläufige Flächenumsätze, Zunahme großbetrieblich organisierter Betriebsformen und Filialisierung herangezogen werden. In der räumlichen Dimension waren diese Prozesse verbunden mit der Konzentration großflächiger Einzelhandelsbetriebe außerhalb oder am Rand bestehender Zentren, mit der Bedeutungszunahme von Mittelzentren und damit insgesamt mit erheblichen Entzugseffekten an Kaufkraft zu Lasten der Hauptgeschäftsgebiete von Oberzentren (vgl. u.a. HATZFELD 1987, GRABOW/LÖHR 1991, GIESE 1991). Von diesen Umstrukturierungen zuerst betroffen war der Lebensmitteleinzelhandel - inzwischen gilt dies auch für andere Einzelhandelsgruppen.

Zentrale Ursachen für diese Umstrukturierungen waren und sind eine Vielzahl eng miteinander verknüpfter einzelhandelsendogener und einzelhandelsexogener Faktoren. An einzelhandelsendogenen Faktoren zu nennen sind vor allem die veränderten Preisrelationen der einzelhandelsrelevanten Faktoren wie Beschaf-fungs-, Arbeits- und Flächenkosten, die erhebliche Rationalisierungsmaßnahmen erforderlich machten und sich z.B. in der Substitution von Personal durch Fläche niedergeschlagen haben. Wesentliche einzelhandelsexogene Faktoren sind neben der allgemeinen Einkommensentwicklung und dem Wandel im Verbraucherverhalten die Veränderung der räumlichen Bevölkerungsverteilung im Zuge der Suburbanisierungsbewegung und die Individualmotorisierung.

Die strukturellen und räumlichen Veränderungen mit ihren negativen Auswirkungen gerade für Oberzentren bedeuten eine Schwächung des in der Raumplanung der Bundesrepublik bisher verankerten Grundgedankens der räumlichen Ordnung in punktaxialen Siedlungs- und Flächennutzungssystemen, in denen Oberzentren im Zuge der hierarchischen räumlich-funktionalen Arbeitsteilung die zentrale Bedeutung der regionalen Versorgung gerade im Bereich des mittel- und langfristigen Bedarfs übernehmen sollten.

Diese Entwicklungen im Einzelhandel sind vielfach auf allgemeiner Ebene im letzten Jahrzehnt thematisiert worden und es sind auch viele Vorschläge zur Gegensteuerung wie z.B. die Förderung des Erlebniseinkaufs im höherwertigen Angebotssortiment gemacht worden. Um aber tatsächlich vor Ort gegensteuern zu können, sind systematische Strukturuntersuchungen mit empirischen Analysen zur Inanspruchnahme und damit zur differenzierten Raumwirksamkeit des Einzelhandels erforderlich. Die von der ECON-CONSULT (1986) für Heidelberg durchgeführte Strukturuntersuchung erbrachte bezüglich der Kundenstrukturen wichtige Ergebnisse - basierend auf einer Kundenbefragung in Heidelberg und in Umlandgemeinden. Allerdings wurden mit dieser Untersuchung nicht die Kundeneinzugsbereiche differenziert nach Einzelhandelsgruppen, -klassen oder -geschäften[1] erfaßt. Hiervon ausgehend war es das Ziel der Untersuchung, die Kundeneinzugsbereiche des Heidelberger Hauptgeschäftszentrums in stärkerer sachlicher Differenzierung zu ermitteln. Den Ergebnissen der hierzu durchgeführten Untersuchung vorangestellt wird ein Überblick über die jüngere Bedeutungsentwicklung des Heidelberger Einzelhandels im überregionalen und regionalen Vergleich.

2. Entwicklung des Heidelberger Einzelhandels im überregionalen und regionalen Vergleich

Im jüngsten Landesentwicklungsplan von Baden-Württemberg ist Heidelberg neben Mannheim als Oberzentrum in der Region Unterer Neckar ausgewiesen. Die Region gehört zum mehrkernigen Verdichtungsraum Rhein-Neckar, der sich Ländergrenzen überschreitend aus Teilen von Baden-Württemberg, Rheinland-Pfalz und Hessen zusammensetzt. Der Verdichtungsraum Rhein-Neckar ist derzeit mit rund 1.3 Mio. Einwohner (1991) der siebtgrößte Verdichtungsraum in der Bundesrepublik Deutschland. Die größten Städte in diesem Verdichtungsraum sind Mannheim mit 1991 rund 310.000 Einwohnern, gefolgt von Ludwigshafen mit rund 163.000 Einwohnern und Heidelberg mit rund 137.000 Einwohnern.

Für die Ausgestaltung der Einzugsbereiche des City-Einzelhandels in Heidelberg wichtig ist zum einen die direkte Nachbarschaftslage zu Mannheim (Abb. 1). Weiterhin ist von Bedeutung, daß Heidelberg im Norden, Westen und Süden im Abstand von nur 10-20 km von mehreren Mittelzentren, Einkaufszentren und großflächigen SB-Warenhäusern mit über 10.000 qm Verkaufsfläche umgeben ist

---

[1] Zu berücksichtigen ist, daß die isolierte Auswertung für einzelne Einzelhandelssegmente vor allem wegen Koppelungsaspekten mit den notwendigen Einschränkungen betrachtet werden muß.

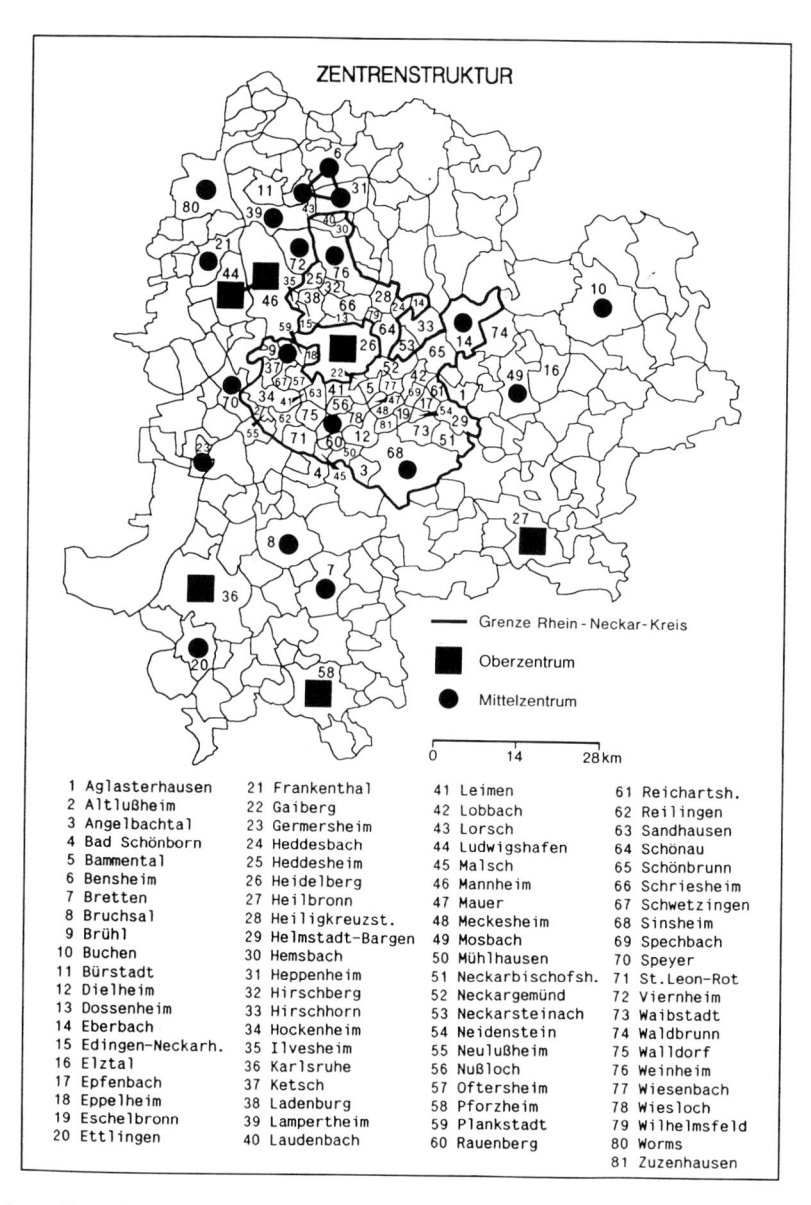

Abb. 1: Gemeindegrenzenkarte der Umgebung von Heidelberg (Postleitzahlbasis)

(Rhein-Neckar-Zentrum in Viernheim, Massa in Hockenheim etc.) (BORCHERDT 1991, S. 246, GAEBE 1989).

Legt man die Zahlen der Handels- und Gaststättenzählungen von 1979 und 1985[2] zugrunde, so zeigt sich, daß der Heidelberger Einzelhandel seinen Umsatz zwischen 1978 und 1984 nominal um insgesamt 36% steigern konnte. Unter Berücksichtigung der erfolgten Preissteigerungen bedeutete dies eine reale Umsatzsteigerung um 10%. Vergleicht man diesen Wert mit den Werten der anderen Stadtkreise in Baden-Württemberg, dann ist hiermit, wie auch immer wieder von der Heidelberger Stadtverwaltung betont (vgl. GABRIEL 1988), ein überdurchschnittlich positives Ergebnis für Heidelberg zu verzeichnen. Im Stadtkreisvergleich wird die Umsatzzunahme in Heidelberg nur durch diejenige in Karlsruhe übertroffen (Abb. 2). Die für Karlsruhe ermittelte Umsatzzunahme ist ebenso wie die positive Veränderung im Stadtkreis Pforzheim in Teilen auf den hier ansässigen Versandhandel zurückzuführen[3]. Der für die Umsatzzunahme ermittelte Durchschnittswert der Stadtkreise in Baden-Württemberg liegt mit 23% erheblich unter dem Landeswert von 34%, was bereits als Hinweis auf eine räumliche Dekonzentration im Einzelhandelsumsatz zu werten ist.

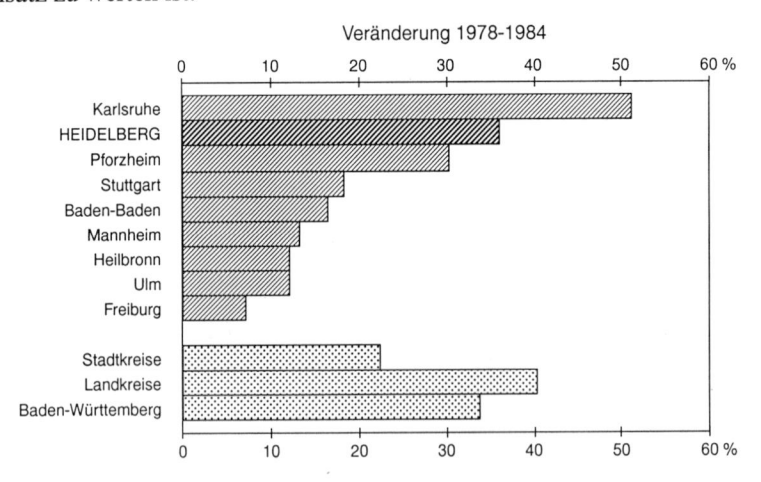

Abb. 2: Umsatzveränderung im Einzelhandel (1978-1984) in den Stadtkreisen von Baden-Württemberg

---

[2] Die Umsatzangaben der Handels- und Gaststättenzählungen von 1969, 1979 und 1985 beziehen sich jeweils auf das Vorjahr. Soweit nicht anders angegeben, basieren alle Berechnungen auf Angaben aus der Struktur- und Regionaldatenbank des Statistischen Landesamtes von Baden-Württemberg.

[3] Die Unterschiede zwischen den Stadtkreisen können nicht, wie mehrfach geschehen, lediglich auf Einzelfaktoren wie Bevölkerungsentwicklung des Stadtkreises oder Kaufkraftunterschiede zurückgeführt werden. Deutlich zeigt dies die Gegenüberstellung von Städten mit parallel verlaufender Bevölkerungsentwicklung oder mit hohen Kaufkraftwerten aber unterschiedlicher Umsatzentwicklung. Dem differenzierten Ursachengeflecht für diese Unterschiede kann an dieser Stelle nicht nachgegangen werden.

Betrachtet man sich die Umsatzveränderungen im Einzelhandel zwischen den Handels- und Gaststättenzählungen von 1979 und 1985 innerhalb Heidelbergs, differenziert nach der engeren City, in der rund 60% des Umsatzes des Hauptgeschäftszentrums erzielt werden, und dem restlichen Heidelberg, so übertrifft die Umsatzsteigerung in der engeren City mit 49% die Umsatzsteigerung im restlichen Bereich von Heidelberg mit 32%. Differenziert nach Einzelhandelsgruppen ist für die Gruppen Textilien, Pharma/Kosmetik und Elektrotechnik eine Zunahme der Umsatzanteile am Gesamtumsatz der jeweiligen Branche in Heidelberg festzustellen (GABRIEL 1988). Hierin und auch in der entsprechend gegenläufigen Geschäftsflächenentwicklung zwischen engerer City und restlichem Heidelberg spiegelt sich die auch aus anderen Großstädten bekannte Schwächung der stadtteilbezogenen Versorgungsstruktur wider. Insgesamt ist somit - absolut gesehen - eine Attraktivitätszunahme des Heidelberger Hauptgeschäftszentrums für bestimmte Einzelhandelsgruppen charakteristisch, da es offensichtlich trotz hoher Standortkosten für Geschäfte dieser Gruppen rentabel war, ihre Flächen in der City zu erweitern bzw. sich in der City niederzulassen.

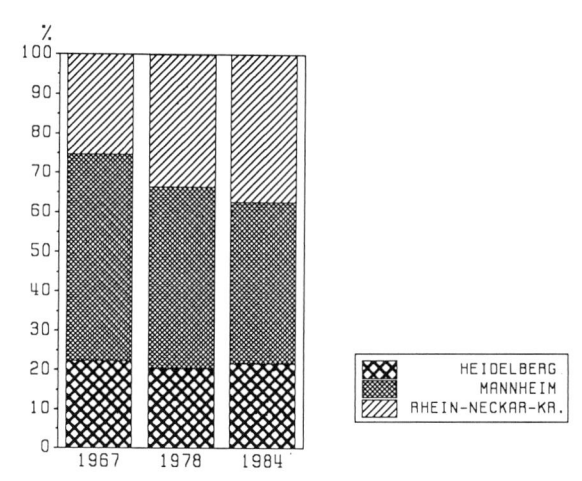

Abb. 3: Veränderungen der Umsatzanteile von Heidelberg, Mannheim und dem Rhein-Neckar-Kreis

Ein erster räumlicher Vergleich der Entwicklung nicht nur unter Einbezug des benachbarten Stadtkreises Mannheim, sondern unter Einbezug des an die beiden Oberzentren angrenzenden Rhein-Neckar-Kreises zeigt, daß in der Umsatzentwicklung der Rhein-Neckar-Kreis der große Gewinner war (Abb. 3). Zwischen 1978 und 1984 ist für diesen Landkreis eine Umsatzzunahme um 41,9% zu verzeichnen. Gemessen am Gesamtumsatz von Heidelberg, Mannheim und dem Rhein-Neckar-Kreis ist für den Landkreis eine Zunahme von 25% 1967 auf 37% 1984 festzustellen. Im selben Zeitraum verringerte sich der Umsatzanteil von

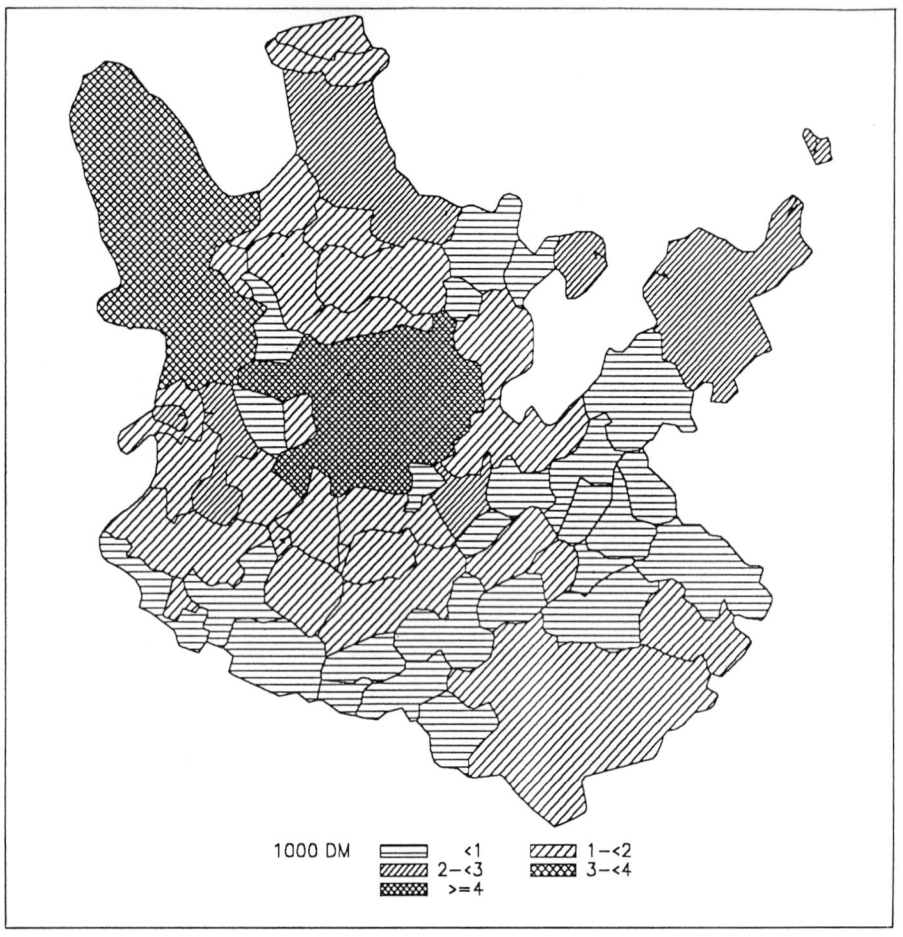

Abb. 4: Umsatz pro Einwohner 1967 in Heidelberg, Mannheim und in den Gemeinden des Rhein-Neckar-Kreises

Mannheim von 52% 1967 auf 41% 1984. Nach einem leichten Rückgang des Umsatzanteiles zwischen 1967 und 1978 von 22% auf 20% ist für Heidelberg bis 1984 wieder eine Zunahme auf 22% des Gesamtumsatzes zu vermerken (vgl. auch FISCHER 1988, SCHOLLE 1990). Der sich hierin andeutende relative Bedeutungsverlust von Heidelberg wird klarer erkennbar durch die Gegenüberstellung des im Einzelhandel erzielten Umsatzes im Rhein-Neckar-Kreis und in Heidelberg. 1967 betrug das Verhältnis erst 1,1:1, bis 1984 hat sich dieses auf 1,7:1 erhöht.

Differenziert man bei der regionalen Vergleichsbetrachtung weiter auf Gemeindeebene, so zeigen sich innerhalb des Rhein-Neckar-Kreises erhebliche Unterschiede (Abb. 4). Um den Basiseffekt bei kleinen Gemeinden ausschließen zu können, wurde als Indikator nicht die prozentuale Veränderung des Einzelhandelsumsatzes, sondern der Quotient Einzelhandelsumsatz pro Einwohner herangezogen. Dieser spiegelt die lokale Kaufkraft und die räumlichen Kaufkraftströme wider. Ganz im Sinne einer hierarchisch-funktionalen Raumgliederung sind noch 1967 über-

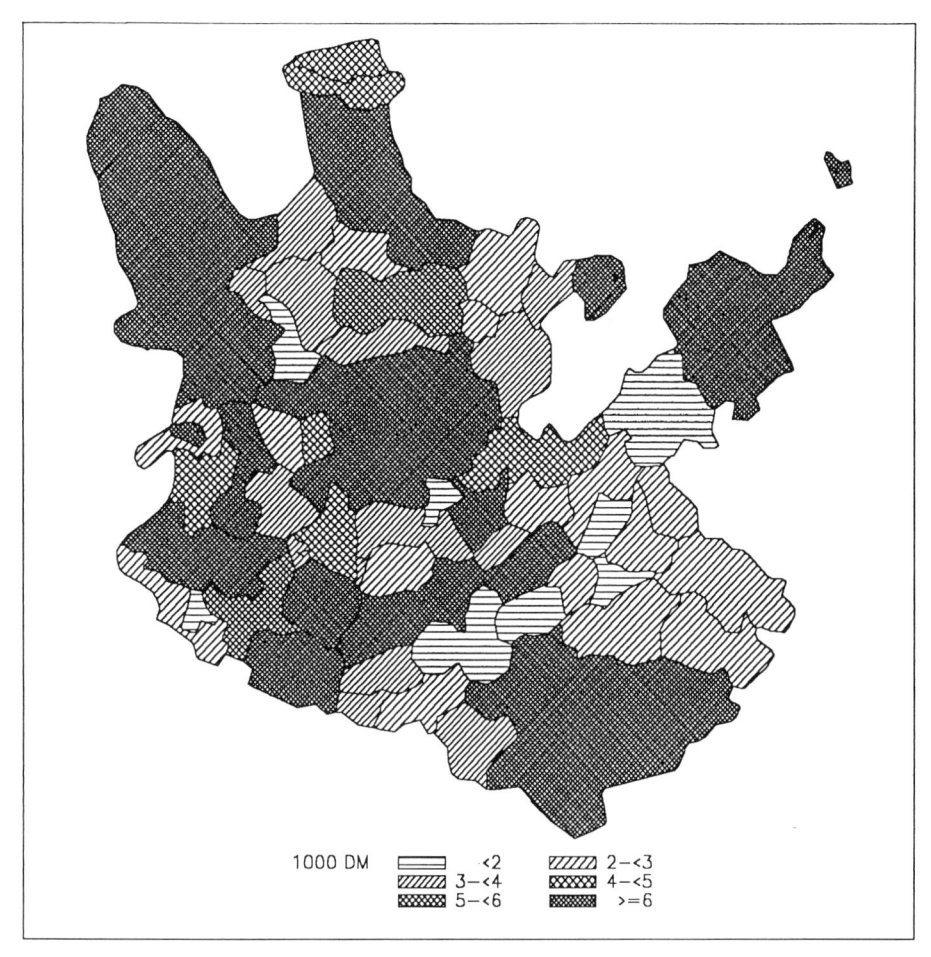

Abb. 5: Umsatz pro Einwohner 1984 in Heidelberg, Mannheim und in den Gemeinden des Rhein-Neckar-Kreises

durchschnittlich hohe Umsätze pro Einwohner nahezu ausschließlich in Ober- und Mittelzentren (Mannheim, Heidelberg, Weinheim, Eberbach, Schwetzingen) erzielt worden (Abb. 4). Der Mittelwert für den betrachteten Raumausschnitt, bestehend aus Heidelberg, Mannheim und den Gemeinden des Rhein-Neckar-Kreises, lag 1967 bei 1.240 DM/Einwohner. Heidelberg und Mannheim nahmen mit 4.140 DM bzw. 3.670 DM/Einwohner die Spitzenpositionen ein. Hiervon ausgehend ist anzunehmen, daß damals der Einzugsbereich von Heidelberg die meisten Gemeinden des Rhein-Neckar-Kreises umfaßt haben wird. Zu berücksichtigen sind bei diesen auf die zentralen Orte ausgerichteten Umsatzstrukturen allerdings auch die zum damaligen Zeitpunkt deutlich niedrigeren Realeinkommen als nicht ausreichende Basis für eine stärkere räumlich dezentrale Ausprägung der Angebotsseite.

Stellt man dieser Karte diejenige von 1984 (Abb. 5) gegenüber, so läßt sich die erfolgte räumliche Umlenkung der Kaufkraftströme deutlich erkennen. 1984 lag der Mittelwert in dem betrachteten Gebiet bei 4.390 DM Umsatz pro Einwohner. Den höchsten Wert wies das Unterzentrum Hockenheim mit rund 18.860 DM Umsatz/ Einwohner auf, resultierend aus dem seit 1976 hier ansässigen Massa-Markt, der als Kristallisationskern für weitere großflächige Betriebe wirkte. Darauf folgen Heidelberg mit 11.440 DM/Einwohner, Walldorf mit 11.410 DM (Ikea) und Mannheim mit 9.840 DM/Einwohner. Überdurchschnittlich hohe Werte von über 6.000 DM/ Einwohner sind auch für alle Mittelzentren im Umfeld von Heidelberg charakteristisch. Wenngleich nicht direkt aus der Statistik ablesbar, so ist doch davon auszugehen, daß diese Dezentralisierung der Kaufkraftströme mit einer Verkleinerung der Kundeneinzugsbereiche des Heidelberger City-Einzelhandels verbunden war - sowohl räumlich als auch in bezug auf die Intensität. Ähnliche Dezentralisierungen von Kaufkraftströmen hin zu Mittelzentren und nicht zentralen Orten sind auch in anderen Untersuchungsräumen nachgewiesen worden (vgl. u.a. HEINEBERG/ de LANGE 1985, MESCHEDE 1985, BRANDENBURG 1985, GIESE 1991).

3. Ergebnisse der Untersuchung zu den Kundeneinzugsbereichen auf Gemeindeebene

3.1 Datengrundlage

Als Datengrundlage für die Ermittlung der Kundeneinzugsbereiche wurden die als "Sterntaler" bezeichneten Papierlose herangezogen. Diese Verlosungsaktion wird seit vielen Jahren in der Vorweihnachtszeit in Heidelberg durchgeführt. Beim Einkauf in den sich an dieser Aktion beteiligenden Geschäfte werden den Kunden ein oder mehrere Papierlose ausgehändigt. Die Papierlose können durch einen Aufdruck der jeweils ausgebenden Stelle zugeordnet werden. Mit Name und Adresse der Kunden versehen, nehmen die Lose an der nach Beendigung der Kampagne erfolgenden Auslosung teil. Die Teilnahme an dieser Verlosungsaktion erfordert von den Kunden nur die Angabe der Adresse. Sie ist mit keinen weiteren Verpflichtungen verbunden und ermöglicht ohne zusätzliche Kosten die Teilnahme an der Verlosung der Gewinne. Hiervon ausgehend ist von einer hohen Repräsentativität bei den Teilnehmern dieser Aktion bezüglich des abzubildenden Kundenpotentials auszugehen. Bestätigt wird dies durch die Rücklaufquoten. Diese schwanken zwar zwischen den einzelnen Geschäften zwischen 10% und 96%. Hierin lassen sich aber keine Abhängigkeiten von der Einzelhandelsgruppenzugehörigkeit des Geschäftes oder vom Preisniveau der angebotenen Waren feststellen. Daher ist nicht davon auszugehen, daß beispielsweise sozioökonomisch besser gestellte Bevölkerungsgruppen im Sterntalerrücklauf unterrepräsentiert sind. Günstig unter Repräsentativitätsaspekten ist weiterhin, daß sich die Sterntaleraktion über mehrere Wochen erstreckte. Hierdurch werden Verzerrungen bezüglich der Kundenstruktur, resultierend aus Unterschieden in Abhängigkeit vom Wochentag bzw. von der Tageszeit, vermieden. Zu sehen ist allerdings, daß wegen der Vorweihnachtszeit sicherlich der Maximalstand in der Ausprägung der Kundeneinzugsbereiche ermittelt worden ist. Die an der Sterntaleraktion beteiligten Geschäfte liegen nahezu ausnahmslos im Bereich des Heidelberger Hauptgeschäftszentrums und hier schwerpunktmäßig in der "engeren City" (GABRIEL 1988).

In der Vorweihnachtszeit 1990 wurden knapp 110.000 Sterntaler an die beteiligten Geschäfte und Dienstleistungseinrichtungen ausgegeben. Der gesamte Rücklauf von 63.324 Sterntaler-Losen wurde von der Interessengemeinschaft Heidelberger Einzelhandel dankenswerterweise zur Verfügung gestellt. Vom Rücklauf entfallen 50.263 Lose auf Einzelhandelsgeschäfte. Nach Abzug der "Vielfachausfüller" und der 79 Sterntaler mit einer Adresse im Ausland verblieben 46.837 Lose als verwertbarer, den weiteren Auswertungen zugrundeliegender Rücklauf. Die Sterntaler wurden einer Vollauswertung unterzogen, was zwar sehr arbeitsintensiv war, aber erst wegen der hohen Fallzahlen des Rücklaufs eine sachlich tiefe Untergliederung nach Untergruppen der Systematik der Handels- und Gaststättenzählung und somit eine differenzierte Darstellung der Kundeneinzugsbereiche ermöglichte. Weiterhin ist erst durch die Vollauswertung der Ausschluß von Vielfachausfüllern möglich gewesen[4].

Im Rücklauf war eine Ungleichverteilung in der Aufteilung nach Einzelhandelsgruppen innerhalb der Wirtschaftsunterabteilung Einzelhandel (43) festzustellen. Die Ungleichverteilung im Anteil der beteiligten Einzelhandelsgruppen spiegelt gut die bestehende Ungleichverteilung der Geschäfte und auch der Umsatzanteile im Hauptgeschäftszentrum wider (SAILER-FLIEGE 1992). Lediglich die Gruppe pharmazeutische/kosmetische Waren ist im Rücklauf nicht vertreten, die Gruppe der elektrotechnischen Waren ist ebenfalls unterrepräsentiert; leicht überrepräsentiert sind dagegen die Gruppen Textilien etc. und Sonstige Waren. Damit können die durch den Sterntalerrücklauf ermittelten Kundeneinzugsbereiche als weitgehend repräsentativ für das Hauptgeschäftsgebiet des Oberzentrums Heidelberg angesehen werden[5].

---

[4] Die Vollauswertung wurde mit Studierenden des Geographischen Instituts der Universität Heidelberg im Rahmen eines anthropogeographischen Geländepraktikums durchgeführt. Mein herzlicher Dank gilt diesen Studierenden, die sich mit großer Akribie - besonders im Hinblick auf Vielfachausfüller - an dem bergeweisen Abarbeiten der Lose beteiligt haben; zur Gewichtung von Vielfachausfüllern vgl. SAILER-FLIEGE 1992.

[5] Zu sehen ist allerdings, daß insbesondere kleine Läden, auch von einigen überregional agierenden Ketten, nicht an der Sterntaleraktion beteiligt waren. Dies bedeutet sicherlich eine gewisse Einschränkung der Repräsentativität der Untersuchungsergebnisse; diese Minderung der Repäsentativität wird aber als relativ gering eingeschätzt, da die überwiegende Mehrzahl der größeren und großen Geschäfte des Hauptgeschäftszentrums an der Aktion beteiligt waren und gerade die kleinen Geschäfte von Koppelungskäufen im Zusammenhang mit dem Aufsuchen der Innenstadtleitbetriebe profitieren. Unter methodischen Aspekten stellt die Abgrenzung von Einzugsbereichen, verstanden als flächenhafte Realisation der Reichweite, im Rahmen der empirischen Zentralitätsforschung ein Dauerproblem dar, resultierend vor allem aus Koppelungsvorgängen, differenzierter Zentrenausrichtung bzw. Polyorientierung, sozial-

3.2 Überblick über die Herkunftsorte der Kunden nach räumlichen Grobkategorien

Ein erster Überblick über die Herkunftsorte der Kunden zeigt, daß insgesamt, ohne Differenzierung nach Einzelhandelsgruppen, 52,5% der Kunden aus Heidelberg und 47,5% aus anderen Wohnorten in der Bundesrepublik stammen (Abb. 6).

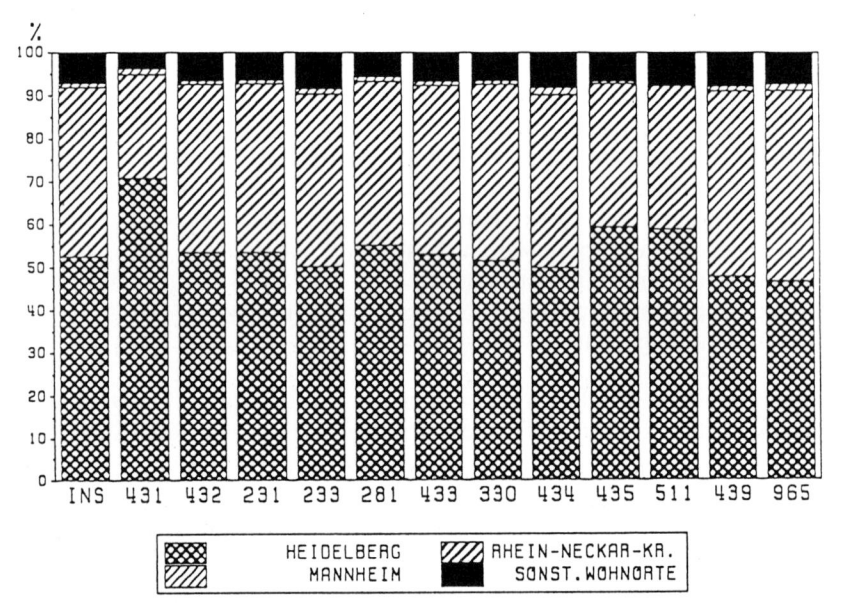

431=NAHRUNGSMITTEL, 432=TEXTILIEN ETC., 43231=OBERBEKLEIDUNG
43233=HERRENOBERBEKLEIDUNG, 43281=SCHUHE, 433=EINRICHTUNGSGEGENST.
43330=GLAS/FEINKERAMIK, 434=ELEKTROTECHN.ERZEUGNISSE ETC.
435=PAPIERW. ETC., 43511=SCHREIBW., 439=SONST.WAREN, 43965=SPORTART.

Abb. 6: Überblick über die Kundenherkunftsorte differenziert nach Einzelhandelsgruppen bzw. -klassen

Für die Umlandbedeutung des Heidelberger Einzelhandels liegen Aussagen für 1976, 1984 und 1986 vor (BAG 1978, BAG 1985, ECON-CONSULT 1986). Für 1976 wurde eine Kundenanteil von 54,1% für Heidelberg angegeben, für 1984 lautete der entsprechende Wert 53% und für 1986 55,7%. Bei der Gegenüberstellung der Werte ist zu berücksichtigen, daß diese durch unterschiedliche me-

---

gruppenspezifischen Unterschieden etc. (vgl. zusammenfassend HEINRITZ 1977). Ein wesentlicher Vorteil von Erhebungen am Funktionsstandort ist - und dies gilt auch für die Heidelberger Untersuchung -, daß damit über den Einkaufsvorgang als Erhebungseinheit auch eine Intensitätserfassung möglich ist. Hiervon ausgehend werden im folgenden vereinfachend die Sterntaler Einzelhandelskunden gleichgesetzt.

thodische Ansätze ermittelt wurden. Die Werte von 1976 und 1984 basieren auf Befragungen im Heidelberger Hauptgeschäftszentrum. Sie können daher noch am ehesten methodisch mit den Auswertungsergebnissen des Sterntalerrücklaufes verglichen werden. Im Rahmen der Strukturuntersuchung der ECON-CONSULT wurden über einen längeren Zeitraum in Geschäften in der Heidelberger Innenstadt Listen ausgelegt, in die sich die Kunden bei Betreten des Geschäftes eintragen konnten. Aus dem Vergleich der Werte von 1976 und 1984 mit dem Wert des Sterntalerrücklaufs läßt sich als Tendenz eine Stagnation des Kundenanteils aus Heidelberg ableiten.

In der Umlandbedeutung bestehen zwischen den Einzelhandelsgruppen auffallende Unterschiede. So ist das Kundenaufkommen aus dem Umland bei der zum kurzfristigen Bedarfsbereich zählenden Einzelhandelsgruppe Nahrungsmittel etc. am geringsten (Abb. 6). Ebenfalls eine deutlich unterdurchschnittliche Umlandbedeutung ist auch für die Gruppe 435 Papierwaren etc. festzustellen, zu der ebenfalls viele Waren des kurzfristigen Bedarfs gehören. Im mittelfristigen und langfristigen Bedarfsbereich weisen die Gruppen 432 (Textilien etc.) und 433 (Einrichtungsgegenstände) eine leicht unterdurchschnittliche Umlandbedeutung auf. Leicht überdurchschnittlich ist die Umlandbedeutung der Einzelhandelsgruppen 439 (Sonstige Waren) und 434 (Elektrotechnische Erzeugnisse).

Vergleiche zwischen den ausgliederbaren Klassen[6] und die geschäftsweise vorgenommene Analyse innerhalb der Einzelhandelsgruppe der Textilien etc. ergaben in der Umlandbedeutung ebenfalls auffallende Unterschiede. Primär sind diese auf Unterschiede im Preisniveau der angebotenen Waren zurückzuführen. Unabhängig von der Zuordnung zu den Einzelhandelsklassen 43231, 43233 oder 43281 liegt das auswärtige Kundenaufkommen bei Geschäften mit preisgünstigerem Angebot zwischen 50% und 60%; für Geschäfte mit gehobenem bzw. höherem Preisniveau lauten die entsprechenden Werte 35%-45%. Ein sekundär struktureller Unterschied ist für die Klasse 43281 (Schuhe) festzustellen. Hier zeigt sich zwar auch in Abhängigkeit vom Preisniveau der Unterschied in der Umlandbedeutung. Die Umlandbedeutung ist allerdings jeweils geringer als beim vom Preisniveau vergleichbaren Geschäften der anderen Klassen der Gruppe 432. Ebenfalls sekundär strukturell bedingt ist die insgesamt höhere Umlandbedeutung der Klasse Herrenoberbekleidung. Bedingt ist dies durch das Angebotsspektrum mit einer schwerpunktmäßigen Ausrichtung auf klassische Herrenoberbekleidung in den in der Sterntaleraktion einbezogenen Herrenbekleidungsgeschäften, die daher - vor dem Hintergrund des heutigen Nachfrageverhaltens - als spezialisierte Geschäfte einzuordnen sind.

Der Vergleich innerhalb der Gruppe 439 ergab eine überdurchschnittliche Umlandbedeutung für die Klasse Sport- und Campingartikel (43965), wobei auch hier das

---

[6] Gesondert betrachtet wurden Einzelhandelsgruppen bzw. -klassen nur, wenn mindestens 2 Geschäfte in diesen Segmenten vorhanden waren.

Geschäft mit dem vergleichsweise höchsten Preisniveau eine geringere Umlandbedeutung als die beiden anderen Sportgeschäfte aufwies. Für das in die Untersuchung einbezogene Warenhaus war im Vergleich zu fast allen anderen Geschäften die größte Umlandbedeutung festzustellen. Hierbei handelt es sich um ein Warenhaus der Hortengruppe, in dem 1988 der Umbau nach dem Galeria-Konzept abgeschlossen worden ist und das mit rund 10.000 qm Verkaufsfläche das größte Einzelhandelsgeschäft im Hauptgeschäftsbereich von Heidelberg darstellt.

Die für jedes Geschäft durchgeführte Einzelanalyse ergab weiterhin, daß die wenigen in der Sterntaleraktion enthaltenen Geschäfte, die durch ein hochspezialisiertes, nur von einem kleinen Kundensegment nachgefragten Warenangebot gekennzeichnet sind und die daher aus betriebswirtschaftlichen Gründen nur an wenigen Standorten lokalisiert sein können (z.B. eine Musikalienhandlung), ebenfalls eine überdurchschnittliche Umlandbedeutung aufweisen.

Die weitere räumliche Differenzierung der nicht aus Heidelberg kommenden Kunden zeigte (Abb. 6), daß der Anteil der Kunden, die außerhalb des Rhein-Neckar-Kreises und auch nicht in Mannheim wohnen, relativ unabhängig von der Einzelhandelsgruppe bzw. -klasse ist. Die jeweiligen Anteile liegen in der Größenordnung von 6-7%. Auffallend ist allerdings auch hier, daß in der Klasse 43233 (Herrenoberbekleidung) und in der Gruppe 434 (elektrotechnische Gegenstände - hierzu gehört die Musikalienhandlung) die über das engere Umfeld hinausgehende Bedeutung überdurchschnittlich ist. Die über das engere Umfeld hinausgehende Bedeutung der Gruppe Nahrungsmittel und der Klasse 43281 Schuhe ist dagegen unterdurchschnittlich.

3.3   Kundeneinzugsbereiche auf Gemeindeebene

Abb. 7 zeigt die räumliche Ausdehnung des Einzugsbereichs des Einzelhandels insgesamt. Zur besseren Vergleichbarkeit der räumlichen Ausdehnung wurden bei der kartographischen Darstellung die jeweils auf eine Gemeinde entfallende Sterntaleranzahl am Gesamtwert relativiert. 27 Gemeinden weisen einen Kundenanteil von mindestens 0,5% und damit in der Summe bereits 88,6% auf. Außer Heidelberg und den unmittelbar bzw. nahezu direkt an Heidelberg anschließenden Gemeinden Mannheim und Neckarsteinach sind dies Gemeinden, die innerhalb des Rhein-Neckar-Kreises liegen.

Im Kundenanteil ist für die Gemeinden im Umfeld von Heidelberg bereits in kurzer Distanz ein sich deutlich verringerndes Gefälle charakteristisch. Dieses zeigt ein näherungsweise konzentrisches Muster mit Lücken bzw. geringeren Kundenanteilen westlich, nordwestlich, südwestlich und östlich von Heidelberg. Für die Lücken im räumlichen Gefälle im östlichen Umfeld von Heidelberg ist zur Erklärung auf niedrigere Einwohnerwerte und damit auf ein insgesamt geringeres Kundenpotential in benachbart liegenden Odenwald- und Neckartalgemeinden (Wilhelmsfeld, Schönau u.a.) zu verweisen. Die Gemeinden des Rhein-Neckar-Kreises, die nordwestlich, westlich und südwestlich von Heidelberg liegen, gehören mit nahezu jeweils mehr als 10.000 Einwohnern zu den bevölkerungsreichsten, im Zuge des Suburbanisierungsprozesses der letzten Jahrzehnte stark gewachsenen Gemeinden dieses Kreises. Die Lücken im Gefälle in diesen Bereichen zeigen, daß das Oberzentrum Mannheim, die hier größere Dichte an Mittel- und Unterzentren und großflächigen Einzelhandelsbetrieben und auch die - bedingt durch die höheren Bevölkerungswerte in diesen Gemeinden - inzwischen bessere Ausstattung mit Einzelhandelsgeschäften vor Ort die Reduzierung des räumlichen Einzugsbereiches von Heidelberg bewirkt haben. Die höchsten Kundenanteile sind insgesamt kennzeichnend für nördlich und südlich von Heidelberg gelegene Gemeinden. Dies sind verkehrsmäßig gut an Heidelberg angebundene, im Zuge des Suburbanisierungsprozesses ebenfalls stark gewachsene, zum engsten suburbanen Bereich von Heidelberg gehörende Gemeinden.

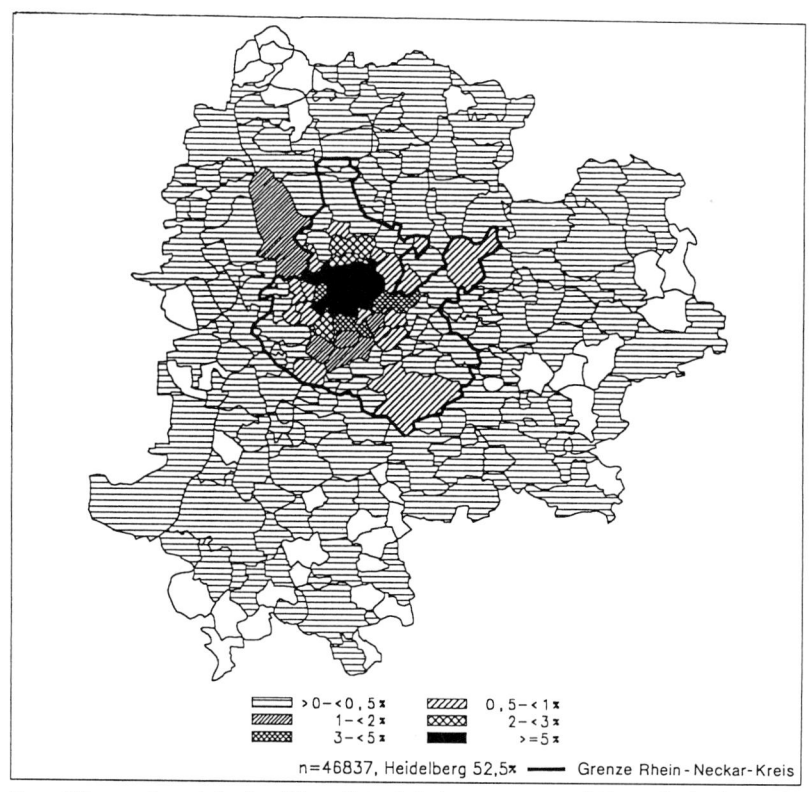

Abb. 7: Einzugsbereich des Einzelhandels insgesamt auf Gemeindeebene (Anteil der Sterntaler pro Gemeinde an der Gesamtzahl der Sterntaler)

Ausgehend von den für die ausgliederbaren Einzelhandelsgruppen und -klassen und den geschäftsweise vorgenommenen Einzelauswertungen sind teilweise erhebliche Unterschiede in der Ausprägung der jeweiligen räumlichen Einzugsbereiche festzustellen. Erwartungsgemäß weisen die Einzugsbereiche des kurzfristigen Warensortiments (Nahrungsmittel etc.) die geringste räumliche Ausdehnung auf mit höheren Anteilswerten nur in wenigen direkt an Heidelberg anschließenden Gemeinden. Die größte räumliche Ausdehnung ist für die Einzelhandelsgruppe der Textilien etc. und der Sonstigen Waren und hier insbesondere für das einbezogene Warenhaus zu vermerken mit jeweils einer überdurchschnittlich weit ausgeprägten räumlichen Ausdehnung in Nordostrichtung. Die in dieser Richtung größere Entfernung zum nächsten Oberzentrum ist hierfür als wesentliche Ursache zu berücksichtigen (vgl. u.a. MESCHEDE 1971). Ausgehend von den Unterschieden in der räumlichen Ausprägung innerhalb dieser derzeit zentrenprägenden Einzelhandelsgruppen und unter Berücksichtigung der unterschiedlichen Gesamtzahl der Sterntaler ist auffallend, daß gegenwärtig für die Klasse Sport/Campingartikel etc. im Vergleich zur Klasse der Schuhe von einer höheren Zentrenbedeutung von Sportgeschäften auszugehen ist - resultierend aus dem derzeitigen Nachfrageverhalten der Verbraucher und der bisher noch nicht so ausgeprägten räumlichen Konkurrenzsituation von Mittelzentren und großflächigen Einzelhandelsgeschäften, da diese bisher noch nicht ein nach Sportarten so differenziertes Angebot aufweisen.

Für nur von einem kleineren Kundenkreis nachgefragte Produkte (klassische Herrenoberbekleidung, Musikalienartikel etc.) sind - ähnlich wie auch in anderen Untersuchungen (u.a. MESCHEDE 1971, zusammenfassend HEINRITZ 1977) - Einzugsbereiche festzustellen, die auch in die Randbereiche des in Abb. 7 dargestellten Gebietes reichen. Allerdings sind diese Einzugsbereiche räumlich nicht flächenhaft ausgebildet, da bei diesem spezialisierten Warenangebot pro Gemeinde nur ein vergleichsweise geringeres Kundenpotential vorhanden ist.

Geschäfte mit Waren im oberen Preissegment sind, da auch nur von einem kleineren Kundensegment nachgefragt, ebenfalls als 'spezialisiert' einzuordnen. Die Einzugsbereiche solcher Geschäfte sind ebenfalls nicht räumlich geschlossen ausgebildet, für diese sind ein Überspringen vieler nichtzentraler Gemeinden einerseits und höhere Kundenanteilswerte für Mittel- und Oberzentren andererseits charakteristisch. Hierin spiegeln sich letztlich sozialgruppenspezifische Unterschiede im Aktionsraum und das größere Kundenpotential von sozioökonomisch besser gestellten Haushalten in zentralen Orten wider (vgl. hierzu auch u.a. KLÖPPER 1953, LINDE 1977 und GÜTTLER 1985). Flächenhafter ausgeprägt sind dagegen die räumlichen Einzugsbereiche von Geschäften mit preisgünstigeren Waren (vgl. als Beispiel Abb. 8 und 9).

☰ >0-<0,5%		▨ 0,5-<1%	
▨ 1-<2%		▨ 2-<3%	
▨ 3-<5%		■ >=5%	

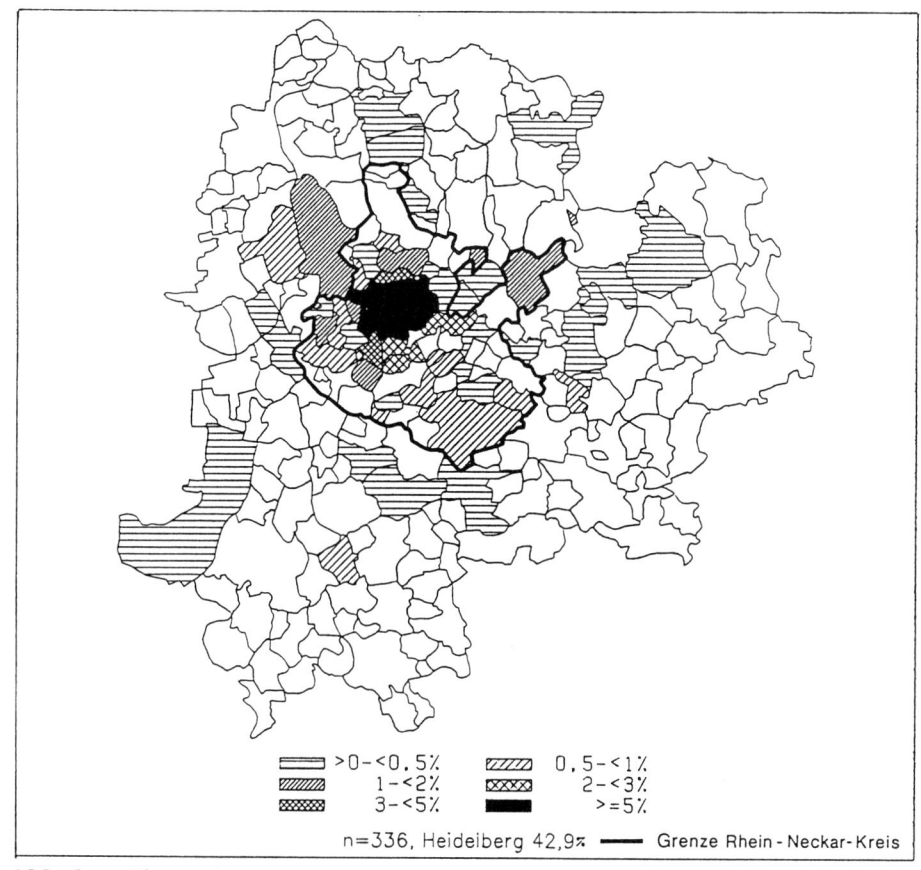

n=336, Heidelberg 42,9%   ▬▬ Grenze Rhein-Neckar-Kreis

Abb. 8: Einzugsbereich eines Bekleidungsgeschäftes mit preisgünstigeren Waren auf Gemeindeebene (Anteil der Sterntaler pro Gemeinde an der Gesamtzahl der Sterntaler)

Um unabhängig vom Bevölkerungspotential zusätzlich die Intensität in der Einkaufsbeziehung zum Heidelberger Hauptgeschäftszentrum ermitteln zu können, wurden als Indikator hierfür "Bindungsquoten" berechnet durch Relativierung der auf eine Gemeinde entfallenden Anzahl der Sterntaler an der Einwohnerzahl der jeweiligen Gemeinde. Eine Quote von mindestens 1% weisen neben Heidelberg weitere 48 Gemeinden auf (Abb. 10). Von diesen gehören 42 zum Rhein-Neckar-Kreis, drei Gemeinden zum östlich anschließenden Neckar-Odenwald-Kreis und eine Gemeinde zum südlich anschließenden Kreis Karlsruhe. Zwei Gemeinden (Hirschhorn und Neckarsteinach) gehören zwar zum Bundesland Hessen, liegen aber in direkter Nachbarschaft zu Heidelberg. 12 Gemeinden des Rhein-Neckar-

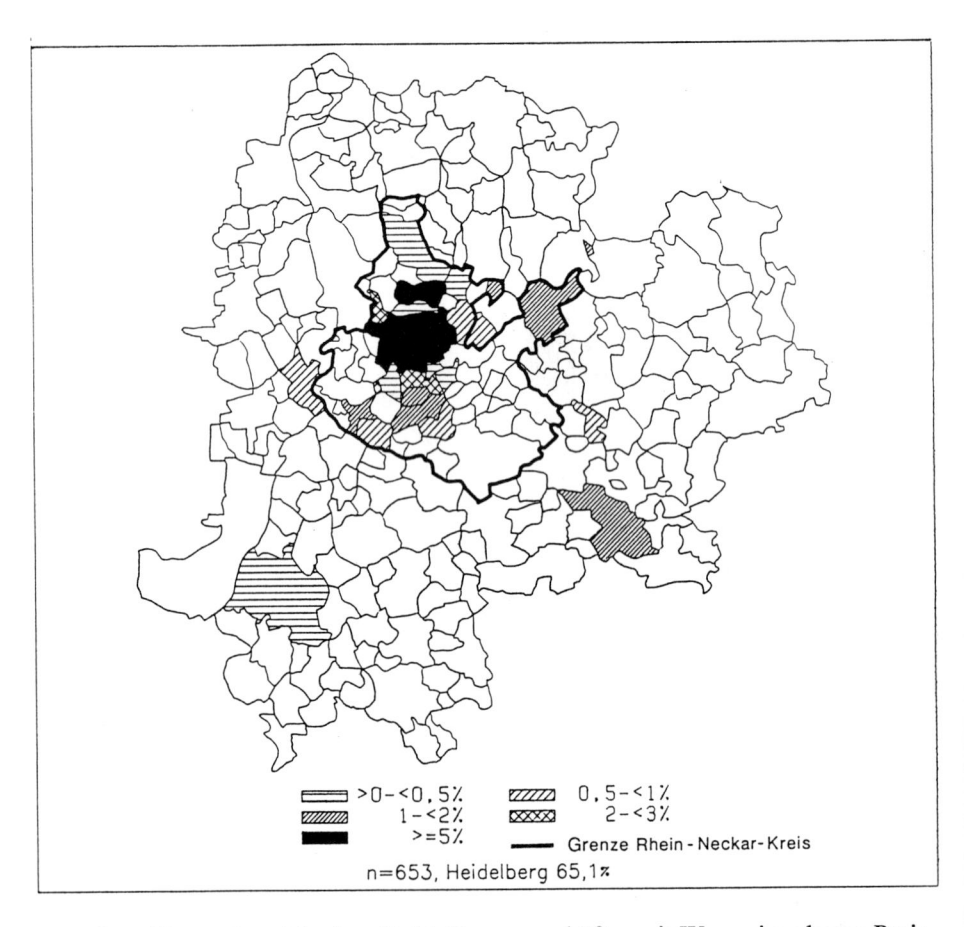

Abb. 9: Einzugsbereich eines Bekleidungsgeschäftes mit Waren im oberen Preissegment auf Gemeindeebene (Anteil der Sterntaler pro Gemeinde an der Gesamtzahl der Sterntaler)

Kreises weisen keine wesentliche Bindung an Heidelberg bezüglich der Inanspruchnahme des Angebots des innerstädtischen Einzelhandels auf. Dies sind fast ausschließlich Gemeinden im westlichen, nordwestlichen und südwestlichen Bereich des Rhein-Neckar-Kreises. Auf die Ursachen für diese fehlenden Einkaufsbeziehungen zu Heidelberg wurde bereits verwiesen. Bei den am östlichen Rand des Kreises gelegenen Gemeinden ist von einer starken Orientierung zum Oberzentrum Heilbronn auszugehen.

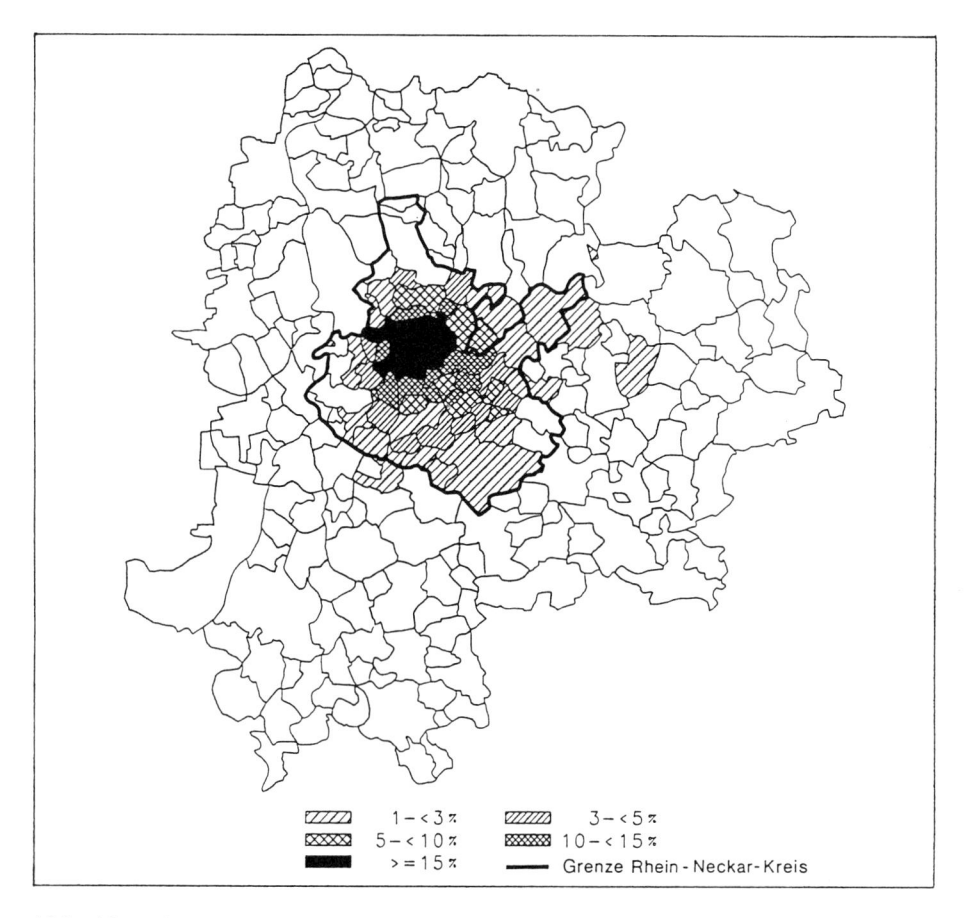

Abb. 10: Bindungsquoten auf Gemeindeebene (Anteil der Sterntaler an der Einwohnerzahl)

Die räumliche Ausprägung der Bindungsquoten zeigt - anders als die räumliche Ausprägung der absoluten Einzugsbereiche - eine sehr stark distanzabhängige zentral-periphere Variation. Die stärkste Bindung mit Quoten über 10% weisen fast nur Gemeinden in unmittelbarer räumlicher Nachbarschaft zu Heidelberg auf. Bindungsquoten zwischen 5-10% sind nahezu ausschließlich charakteristisch für Gemeinden, die räumlich direkt wiederum an diese Gemeinden anschließen. Darauf folgen Gemeinden mit Bindungsquoten unter 5%. Dieses konzentrische Muster in der Intensität der Beziehungen ist westlich von Heidelberg aus den genannten Gründen nicht ausgeprägt. Im Bereich des unteren Elsenztales südöstlich von Heidelberg sind Bindungsquoten mit über 5% bzw. über 10% auch für Gemeinden in relativ weiterer Entfernung charakteristisch. Für diese räumliche Ausweitung im konzentrischen Abfallen der Bindungsquote ist das Fehlen eines Mittelzentrums in diesem Gebiet wesentlich (vgl. Abb. 1)[7].

4. Zusammenfassung und Wertung

Im Vergleich zu den meisten anderen Stadtkreisen in Baden-Württemberg ist für Heidelberg in bezug auf den Einzelhandelsumsatz eine überdurchschnittlich positive Entwicklung festzustellen. Die räumlich differenzierte Betrachtung unter Einbezug der Gemeinden des Heidelberg umgebenden Rhein-Neckar-Kreises zeigt allerdings die beträchtlichen relativen Verluste im Einzelhandelsumsatz der letzten Jahrzehnte in Heidelberg. Die Kundeneinzugsbereiche des Heidelberger Einzelhandels, die die tatsächliche zentralörtliche, über die Versorgung der Heidelberger Bevölkerung hinausgehende Bedeutung widerspiegeln, sind im Zeitablauf in räumlicher Ausprägung und im Intensitätsausmaß offensichtlich kleiner geworden.

Die differenzierte Analyse zu den Kundeneinzugsbereichen ergab, daß gegenwärtig nur ein sehr kleiner Raumausschnitt im direkten Umfeld von Heidelberg in seinen Einkaufsbeziehungen auf das Heidelberger Hauptgeschäftszentrum ausgerichtet ist. Bereits ab einer Entfernung von rund 10 km zu Heidelberg stellen die hier gelegenen Gemeinden bei fast allen Einzelhandelsgruppen bzw. -klassen weniger als 0.5% der erfaßten Kunden. Westlich, südwestlich und nordwestlich von Heidelberg schmilzt diese Entfernung sogar auf nur 5 km, bedingt durch das benachbarte Oberzentrum Mannheim und die benachbart gelegenen Einkaufszentren.

Die nach Gruppen, Klassen und Geschäften differenzierte Analyse der Kundeneinzugsbereiche läßt weiterhin erkennen, daß gegenwärtig überdurchschnittlich *räumlich* weiter reichende Einzugsbereiche nur vorhanden sind in bestimmten, dem mittel- bzw. langfristigen Bedarfsbereich zuzuordnenden Einzelhandelssegmenten des Heidelberger Hauptgeschäftszentrums. Zum einen gehören hierzu Geschäfte der Einzelhandelsklassen Oberbekleidung und Sportwaren vorzugsweise mit einem Warenangebot im mittleren bzw. unteren Preissegment und Warenhäuser. Zum anderen gehören hierzu Geschäfte mit einem spezialisierten Warenangebot oder mit einem Warenangebot im oberen Preissegment. Allerdings weisen die Einzugsbereiche dieser Geschäfte - anders als bei denjenigen der vorgenannten Gruppe - deutlich umfangreichere Lücken in der räumlichen Ausprägung der Einzugsbereiche auf; für die Geschäfte mit Waren im oberen Preissegment gilt zudem, daß deren nicht aus Heidelberg stammender Kundenanteil und damit deren Umlandbedeutung erheblich unter dem Durchschnitt liegt.

---

[7] Bindungsquoten wurden auch im Rahmen der Strukturuntersuchung von ECON-CONSULT (1986) berechnet, basierend auf der Wohnorterhebung in Geschäften in der Heidelberger Innenstadt. Im Ergebnis sind bezüglich der räumlichen Ausdehung deutliche Übereinstimmungen mit den auf der Sterntalerauswertung basierenden Bindungsquoten festzustellen.

Betrachtet man sich die Ergebnisse für diese beiden Gruppen vor dem Hintergrund des stadtplanerischen Ziels der Stabilisierung und Stärkung der Umlandbedeutung der Heidelberger City, dann ist daraus abzuleiten, daß die zweite genannte Gruppe hierfür nicht ausreichend sein kann. Möglich wäre dies derzeit nur über Geschäfte der erst genannten Gruppe. Verbunden wäre dies allerdings mit einem Fortschreiten der 'Textilisierung' und der weiteren Zunahme von Großbetrieben und Betrieben von Fachgeschäftsketten mit mittlerem bzw. preisgünstigerem Angebot, da in den offensichtlich besonders umlandrelevanten Preissegmenten dies heute betriebswirtschaftlich nur in solchen Betriebsformen möglich ist.

Im Falle von Heidelberg bedeutet dies auch, daß die allgemein von stadtplanerischer Seite in den 80er Jahren geäußerten Vorstellungen, daß insbesondere der Erlebniseinkauf in gehobeneren bzw. oberen Sortiments- und Preisbereichen die zentralörtliche Bedeutung von Oberzentren stärken könne, so in den 90er Jahren nicht (mehr) zutreffend ist. Unter Berücksichtigung der Kaufkraftstagnation und des in den nächsten Jahren zu erwartenden Kaufkraftrückgangs ist vielmehr davon auszugehen, daß für eine Stärkung des Oberzentrums Heidelberg in der Einzelhandelsfunktion die Förderung des Erlebniseinkaufs in an der Breitennachfrage orientierten Preissegmenten viel wesentlicher ist. Bezieht man zusätzlich die Ergebnisse der Befragung von Umlandbewohnern (ECON-Consult 1986) und der Befragung in den Einzelhandelsgeschäften in der Heidelberger Hauptstraße (SAILER-FLIEGE 1995) mit ein, so müßte auch die Verbesserung der Zugänglichkeit der City und der Aufenthaltsqualität im Hauptgeschäftsgebiet und damit insgesamt die Attraktivitätserhöhung der Offerte 'Einkaufen in Heidelberg' im Sinne von LINDE (1977) verbunden sein. Zudem müßte sowohl von stadt- als auch von regionalplanerischer Seite unter Ausschöpfung der planungsrechtlichen Möglichkeiten restriktiver gegen Neuansiedlungen oder Erweiterungen von großflächigeren Einzelhandelsgeschäften mit einem Warenangebot in den für Heidelberg als besonders umlandrelevant ermittelten Einzelhandelssegmenten in Stadtrandlage oder im Nahbereich von Heidelberg vorgegangen werden. Bei mittelfristig nicht mehr zunehmender Kaufkraft werden in den nächsten Jahren nur noch Kaufkraftumverteilungen möglich sein. Daher würden solche randlagenorientierten Einzelhandelseinrichtungen, die zunehmend auch eine verbesserte Aufenthaltsqualität und ein hohes Koppelungspotential aufweisen und nicht mit der Verkehrszugänglichkeitsproblematik belastet sind, in noch viel stärkerem Umfang als bisher zu Entzugseffekten zu Lasten des Innenstadteinzelhandels führen.

Literatur

BAG (Hrsg.)(1978): Untersuchung Kundenverkehr 1976. - Schriftenreihe der Bundesarbeitsgemeinschaft der Mittel- und Großbetriebe des Einzelhandels e.V. Köln.

BAG (Hrsg.)(1985): Gefahr für die Innenstädte wächst. Ergebnisse der Untersuchung Kundenverkehr 1984. - Schriftenreihe der Bundesarbeitsgemeinschaft der Mittel- und Großbetriebe des Einzelhandels e.V. Köln.

BORCHERDT, Ch. (1991): Baden-Württemberg: eine geographische Landeskunde. Darmstadt.

BRANDENBURG, H. (1985): Standorte von Shopping-Centern und Verbrauchermärkten im Kölner Raum. - Kölner Forschungen zur Wirtschafts- und Sozialgeographie 32.

DEPENBROCK-NAUMANN, E.-M. (1982): Einzelhandel und Stadtentwicklung. Diss. Köln.

ECON-CONSULT (Hrsg.)(1986): Strukturuntersuchung Heidelberg. Köln.

FISCHER, H.P. (1988): Die Entwicklung des Einzelhandels im Kammerbezirk. - Die Wirtschaft: Nachrichten der IHK Rhein-Neckar 9, 577-585.

FISCHER, H.P. (1991): Hat der Einzelhandel in Heidelberg Zukunft? - Die Wirtschaft: Nachrichten der IHK Rhein-Neckar 7, 788-792.

GAEBE, W. (1989): Verschiebungen im Zentrensystem des Rhein-Neckar-Raumes durch Einzelhandelsgroßprojekte. - Duisburger Geographische Arbeiten 5, 121-141.

GABRIEL, J. (1988): Entwicklung des Handels- und Gaststättengewerbes zwischen 1979 und 1985 in Heidelberg im regionalen Vergleich. Stadt Heidelberg, Stadtplanungsamt. Heidelberg.

GIESE, E. (1991): Entwicklung der Einzelhandelszentralität Zentraler Orte in Mittelhessen. - Erdkunde 45, 108-118.

GRABOW, B. & R.-P. LÖHR (Hrsg.)(1991): Einzelhandel und Stadtentwicklung: Vorträge und Ergebnisse einer Fachtagung. - Difu-Beiträge zur Stadtforschung 1. Berlin.

GÜTTLER, H. (1985): Aktionsraum und Stadtstruktur. - Angewandte Sozialgeographie Beiträge 11. Augsburg.

HATZFELD, U. (1987): Städtebau und Einzelhandel. - Schriftenreihe 03 "Städtebauliche Forschung" des Bundesministers für Raumordnung, Bauwesen und Städtebau 119. Bonn.

HEINEBERG, H. & N. de LANGE (1985): Gefährdung des Oberzentrums Bremen durch Umlandzentren? - Westfälische Geographische Studien 41, 1-75.

HEINRITZ, G. (1977): Einzugsgebiete und zentralörtliche Bereiche - Methodische Aspekte der empirischen Zentralitätsforschung. - Münchner Geographische Hefte 39, 9-43.

HOMMEL, M. (1974): Zentrenausrichtung in mehrkernigen Verdichtungsräumen an Beispielen aus dem rheinisch-westfälischen Industriegebiet. - Bochumer Geographische Arbeiten 17.

ITTERMANN, R. (1975): Die Versorgungsbereichsgrenze - wirklichkeitsfremdes Konstrukt oder Darstellung realer Sachverhalte? - Erdkunde 29, 189-194.

KLÖPPER, R. (1953): Der Einzugsbereich einer Kreisstadt. - Raumforschung und Raumordnung 11, 73-81.

LINDE, H. (1977): Standortorientierung tertiärer Betriebsstätten im großstädtischen Verdichtungsraum (Stadtregion Karlsruhe). - Akademie für Raumforschung und Landesplanung, Beiträge 8. Hannover.

MESCHEDE, W. (1971): Grenzen, Größenordnung und Intensitätsgefälle kommerziell-zentraler Einzugsgebiete. - Erdkunde 25, 264-278.

MESCHEDE, W. (1985): Entfernungs- und schichtengebundenes Einkaufsverhalten im kleinstädtisch-ländlichen Bereich - Raummuster und ihre Veränderungen 1976-1983, dargestellt am Beispiel der Gemeinde Exterfeld/Lippe. - Westfälische Geographische Studien 41, 113-147.

SAILER-FLIEGE, U. (1992): Kundeneinzugsbereiche des Einzelhandels in Heidelberg. - Projektbericht für die Stadt Heidelberg.

SAILER-FLIEGE, U. (1995): Jüngere Veränderungen im Einzelhandel in der Heidelberger Hauptstraße. - Heidelberger Geographische Arbeiten 97, 49-82.

SCHOLLE, A. (1990): Aspekte des strukturellen Wandels im Einzelhandel: Die Entwicklung des Heidelberger Einzelhandels im überregionalen und regionalen Vergleich. - Diplomarbeit am Geographischen Institut der Universität Heidelberg.

SINNER-BARTELS, B. (1987): Zur Struktur des Einzelhandels: Ergebnisse der Handels- und Gaststättenzählung 1985. - Baden-Württemberg in Wort und Zahl 35, 277-282.

STATISTISCHES LANDESAMT BADEN-WÜRTTEMBERG (1987): Die Handels- und Gaststättenzählung 1985. - Statistik von Baden-Württemberg 377.

TIETZ, B. & P. ROTHHAAR (1991): City-Studie: Marktbeobachtung und Management für die Stadt. Landsberg.

Jüngere Veränderungen im Einzelhandel in der Heidelberger Hauptstraße

Ulrike Sailer-Fliege

1. Einleitung und Problemstellung

Die Umstrukturierungsprozesse im Einzelhandel in den Hauptgeschäftsgebieten von Oberzentren haben seit den 70er Jahren erheblich an Dynamik gewonnen. Auffälligste Merkmale hierfür sind umfangreiche Verschiebungen im Branchenspektrum hin zur "Textilisierung" einerseits und eine "Filialisierung" im Fachgeschäftsbereich andererseits als Folge der inzwischen auch im Nichtlebensmitteleinzelhandel weit fortgeschrittenen Konzentrationsprozesse. Mit den Konzentrationsprozessen verbunden ist eine Auflösung des bis dahin überwiegend bipolaren Betriebsformengefüges mit mittelständischem, nicht organisierten kleinbetrieblichen Facheinzelhandel und mit filialisierten großflächigen Unternehmen in Form von Kauf- und Warenhäusern als traditionellen Innenstadtleitbetrieben.

Die aus diesen Prozessen resultierende "Uniformisierung" und "Banalisierung" im Einzelhandelsangebot und damit der Verlust an Individualität und Identität wird aus stadtplanerischer Sicht als problematisch bewertet (vgl. u.a. HATZFELD 1987, GRABOW/LÖHR 1991), da hierdurch - im Zusammenspiel mit den raumstrukturellen Dekonzentrationsprozessen im Einzelhandel - der "Kern städtischen Lebens" (SCHEUCH 1972) in Oberzentren massiv gefährdet sei.

Im Oberzentrum Heidelberg stellt die Hauptstraße, die Altstadt in West-Ost-Richtung in einer Länge von rund 1800 m durchziehend, traditionell die bedeutendste Geschäftsstraße dar. Ausgelöst durch den Bau des Hauptbahnhofes vor der westlichen Altstadt erfolgt seit der Mitte des 19. Jahrhunderts innerhalb der Hauptstraße eine Westwanderung des höchstrangigen Einzelhandelsbereiches (OVERBECK 1963, GORMSEN 1963). Versuche von seiten der Stadtverwaltung im Zusammenhang mit der 1955 erfolgten Verlegung des Hauptbahnhofes aus der Innenstadt den Schwerpunkt des Einzelhandels aus der Altstadt und damit aus der Hauptstraße nach Westen zu lenken, sind nur in Ansätzen erfolgreich gewesen (KRÜGER/RÖSEL 1981, SCHOLLE 1990). Stadtplanerische Konzepte der 70er und 80er Jahre orientierten sich daher wieder an der Beharrungstendenz des Einzelhandels in der Hauptstraße. So wurden durch städtebauliche Sanierungsmaßnahmen Einzelhandelsflächen in erheblichem Umfang in der Hauptstraße geschaffen, was die Ansiedlung großflächiger Einzelhandelsbetriebe im westlichen Teil der Hauptstraße am Bismarckplatz im neuen Darmstädter-Hof-Centrum (Dyckhoff etc.) und im mittleren Teil der Hauptstraße auf dem Gelände der früheren Engelbrauerei (C&A) ermöglichte. Zusammen mit der zwischen 1978-1980 erfolgten Umgestaltung der Hauptstraße zur Fußgängerzone fast in ihrer gesamten Länge und dem Bau von Tiefgaragen als weiterer verkehrsinfrastruktureller Maßnahme führte dies zu einer Stabilisierung und Verstärkung der Hauptstraßenfunktion als wichtigster Einkaufsstraße von Heidelberg zumindest in ihrem westlichen und mittleren Teil.

Untersuchungen mit schwerpunktmäßiger Ausrichtung auf den Nutzungswandel und die Zonierung liegen für die Heidelberger Hauptstraße für den Zeitraum bis Ende der 70er Jahre vor (KRÜGER/RÖSEL 1981, SIEGMANN 1978, MAHN 1981). Noch nicht berücksichtigt wurde in diesen Studien der damals erst in Ansätzen erkennbare Filialisierungsprozeß im Nichtlebensmitteleinzelhandel. Hiervon ausgehend war es das Ziel, die jüngere Entwicklung im Einzelhandel in der Hauptstraße unter besonderer Berücksichtigung des Filialisierungsprozesses zu untersuchen, um hierdurch auch Hinweise liefern zu können für etwaige Ansätze zu der aus stadtplanerischer Sicht wichtigen Stabilisierung der Einzelhandelsfunktion im Citybereich von Heidelberg. Besonders berücksichtigt werden sollten in der Untersuchung strukturelle Unterschiede in Abhängigkeit von der Betriebsform (Ein- oder Mehrbetriebsunternehmen) und in Abhängigkeit von der Lage innerhalb der Hauptstraße. Beschränkt wurde die Untersuchung auf den zwischen Bismarckplatz im Westen und Oberbadgasse am Rathaus im Osten liegenden Teilbereich der Hauptstraße (rund 1300 m), der derzeit noch eine größere Anzahl von Einzelhandelsgeschäften aufweist.

Neben einem Überblick über die wichtigsten Veränderungen in der Branchenzusammensetzung des Einzelhandels in der Hauptstraße in den letzten Jahrzehnten werden im folgenden wesentliche Strukturmerkmale, Bewertungen bzw. Prognosen zur Geschäftsentwicklung und einzelhandelsrelevante Probleme am Standort Heidelberger Hauptstraße aus der Sicht des Einzelhandels vorgestellt. Als Datengrundlage wurden Angaben in Adreßbüchern, Kartierungen und eine im Sommer 1993 in allen Einzelhandelsgeschäften in der Heidelberger Hauptstraße durchgeführte Befragung herangezogen. Den Ergebnissen dieser Auswertungen vorangestellt wird eine Zoneneinteilung der Heidelberger Hauptstraße, die deren gegenwärtige Funktions- und Attraktivitätsunterschiede im Einzelhandel widerspiegelt und die für die räumlich differenzierte Analyse die Grundlage bildet.

2. Zonierung der Heidelberger Hauptstraße

Für die Zoneneinteilung wurden Ergebnisse von Passantenzählungen herangezogen (vgl. u.a. HEIDEMANN 1967, WOLF 1969, MONHEIM 1980, FRISCH/MEYER 1986). Durchgeführt wurden die Zählungen am 11.-13.4.1991 ganztägig während der Geschäftsöffnungszeiten an 10 Zählstellen zwischen dem Anfang der Hauptstraße am Bismarckplatz im Westen und der Oberbadgasse am Rathaus im

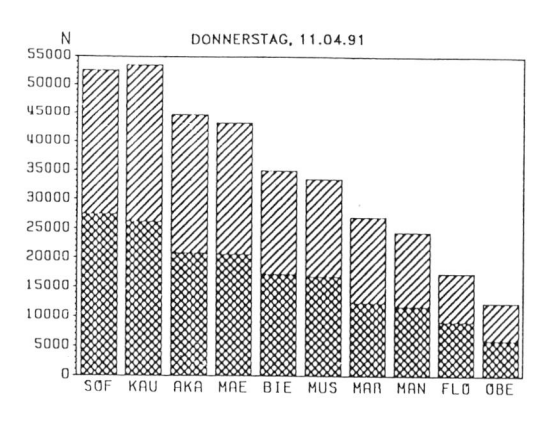

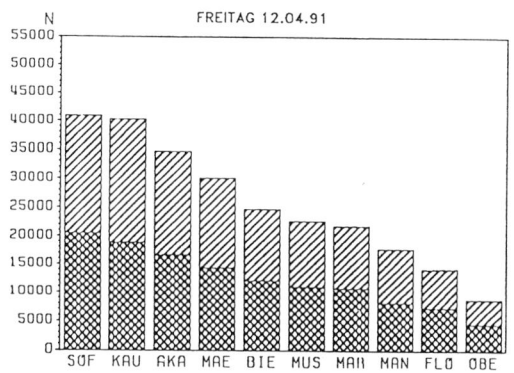

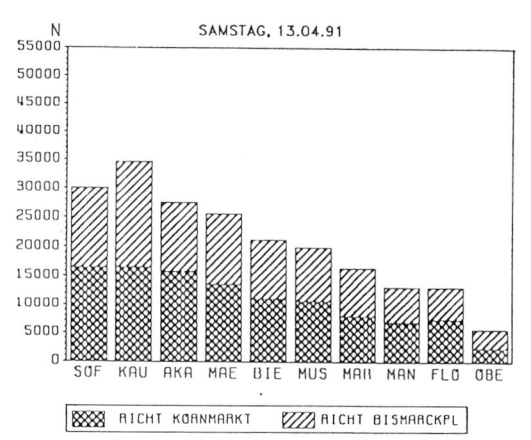

Abb. 1: Summe des Passantenaufkommens differenziert nach Zählstellen (Zählstellen: Sofienstraße, Kaufhof, Akademiestraße, Märzgasse, Bienenstraße, Kurpfälzisches Museum, Marstallstraße, Große Mantelgasse, Floringasse, Oberbadgasse)

Osten (rund 1300 m). Dies ist der Teilbereich der Hauptstraße, der derzeit noch eine funktionale Ausrichtung auf den Einzelhandel aufweist[1]. Die Auswahl der Zählstellen erfolgte in Anlehnung an frühere in der Hauptstraße durchgeführte Zählungen (MAHN 1981, SCHOLLE 1990).

Das Passantenaufkommen läßt im Verlauf des Zählbereiches ein ausgeprägtes West-Ost-Gefälle erkennen (Abb. 1). Am Donnerstag, 11.4., wurden zwischen 9.30-20.30 Uhr durchschnittlich 34.383 Passanten pro Zählstelle ermittelt, am Freitag, 12.4., betrug der vergleichbare Wert 25.597 (Zählzeitraum 9.30-18.30 Uhr), am Samstag 20.735 (Zählzeitraum 9.00-14.00 Uhr).

Weit überdurchschnittliche Werte weisen an allen drei Tagen die Zählstellen Sofienstraße, Kaufhof, Akademiestraße und Märzgasse auf. Die Zählstellen Bienenstraße und Kurpfälzisches Museum sind durch Tagessummen in Höhe der Mittelwerte gekennzeichnet, die Zählstellen Marstallstraße, Große Mantelgasse und Floringasse durch unterdurchschnittliche Werte. Werte jeweils nur in Höhe von rund 30% der Mittelwerte sind für die östlichste Zählstelle Oberbadgasse charakteristisch.

Am Samstag ist das West-Ost-Gefälle im Passantenaufkommen am stärksten ausgeprägt. Arbeitspassanten, beschäftigt vor allem in den im Umfeld der östlichen Hauptstraße gelegenen Verwaltungseinrichtungen von Stadt und Universität, verringern am Donnerstag und am Freitag den räumlichen Unterschied. Das sich auch in den durchschnittlichen Passantenfrequenzen niederschlagende West-Ost-Gefälle (vgl. Tab. 1) und die charakteristischen Unterschiede im Tagesverlauf mit von West nach Ost abnehmenden Amplituden (SAILER-FLIEGE 1992) sind als weitere wichtige Anhaltspunkte für die abgestufte Bedeutung der Einzelhandelsfunktion in der Hauptstraße zu werten.

Hiervon ausgehend wurde der Hauptstraßenbereich zwischen Sofienstraße/Bismarckplatz im Westen und Oberbadgasse/Rathaus im Osten in drei Zonen unterteilt:

- *Zone West:* Sofienstraße bis Märzgasse (rund 450 m). Innerhalb dieser Zone ist noch eine Abstufung zu erkennen mit höchsten Werten und damit höchster Kundenattraktivität an den westlichsten Zählstellen Sofienstraße und Kaufhof.
- *Zone Mitte:* Märzgasse bis Marstallstraße (rund 450 m). Die Zählstelle Marstallstraße mit ihren insbesondere am Donnerstag und Samstag niedrigeren Werten stellt bereits den Übergang zur nächsten Zone dar.
- *Zone Ost:* Marstallstraße bis Oberbadgasse (rund 400 m).

---

[1] Zur Auswahl der Zähltage und zur Problematik der Erfassung der Einkaufspassanten vgl. SAILER-FLIEGE 1992. Die Zählungen wurden mit Studierenden des Geographischen Instituts Heidelberg im Rahmen eines anthropogeographischen Geländepraktikums durchgeführt.

Tab. 1: Mittlere Passantenfrequenzen differenziert nach Zählstellen

	Passantenfrequenz pro ½ Stunde		
	Donnerstag 11.04.91 ($\bar{x}$)	Freitag 12.04.91 ($\bar{x}$)	Samstag 13.04.91 ($\bar{x}$)
Sofienstraße	2389	2267	3005
Kaufhof	2435	2240	3455
Akademiestraße	2034	1925	2750
Märzgasse	1969	1677	2562
Bienenstraße	1589	1371	2122
Kurpf. Museum	1522	1261	1994
Marstallstraße	1227	1215	1649
Große Mantelgasse	1110	988	1321
Floringasse	792	786	1315
Oberbadgasse	562	489	561
Mittelwert	1563	1422	2047

Zur Abschätzung jüngerer Attraktivitätsveränderungen im Einzelhandel und damit von Veränderungen in der Zonierung der Hauptstraße wurden die Ergebnisse der Zählung von 1991 mit denjenigen früherer Zählungen verglichen. Herangezogen werden konnten für den Donnerstag Zählungen, die am 22.06.1978 zwischen 11-13 Uhr und 16-18 Uhr durchgeführt wurden, für den Samstag die Ergebnisse der jeweils zwischen 11-13 Uhr vorgenommenen Zählungen vom 17.12.1977, vom 11.11.1978 und vom 19.12.1988 (MAHN 1981, SCHOLLE 1990). Auch unter Berücksichtigung der jahreszeitlich bedingt eingeschränkten Vergleichbarkeit der Zählungen sind anhand von Abb. 2 und 3 deutliche Umstrukturierungen erkennbar.

Insgesamt hat das Passantenaufkommen in der Hauptstraße in den 80er Jahren zugenommen, die Hauptstraße hat in ihrer Funktion als Hauptgeschäftsstraße Heidelbergs absolut an Bedeutung gewonnen. Die Werte vom April 1991 übertreffen selbst die Vorweihnachtswerte von 1977 und 1978. Die Veränderungen im Passantenaufkommen in den 80er Jahren weisen allerdings innerhalb der Hauptstraße erhebliche Unterschiede auf, die im untersuchten Hauptstraßenbereich das West-Ost-Gefälle im Passantenaufkommen verstärkt haben. Eine unterdurchschnittliche Zunahme bzw. eine Abnahme des Passantenaufkommens ist für die östliche Hauptstraße ab dem Bereich Marstallstraße/Große Mantelgasse zu verzeichnen. Der Rückgang der Bevölkerungs- und Arbeitsplatzzahl in der östlichen Altstadt, verschlechterte Erreichbarkeitsbedingungen und die Zunahme des sich schwerpunktmäßig in der östlichen Altstadt konzentrierenden Touristenaufkommens sind wesentliche Faktoren für hier erfolgte Umstrukturierungen im Einzelhandelsbesatz hin zu einem mehr touristisch ausgerichteten Angebot.

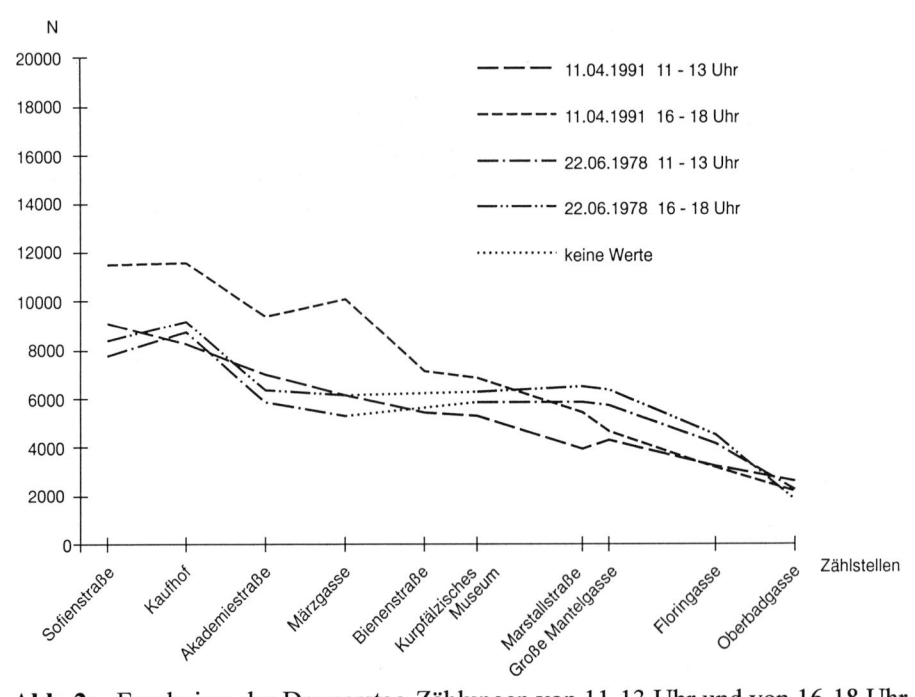

Abb. 2: Ergebnisse der Donnerstag-Zählungen von 11-13 Uhr und von 16-18 Uhr

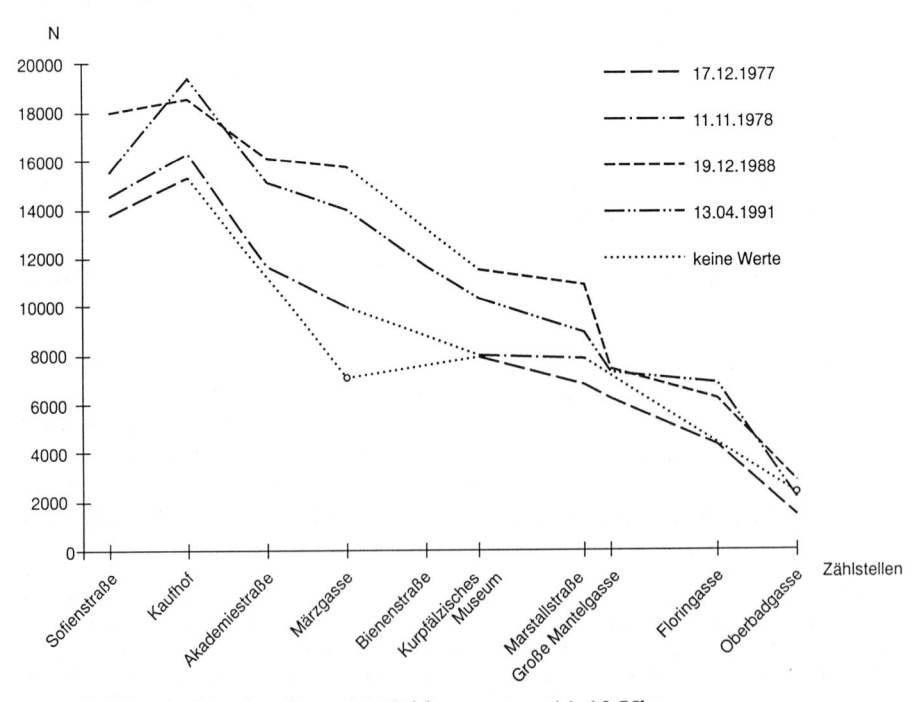

Abb. 3: Ergebnisse der Samstag-Zählungen von 11-13 Uhr

Im mittleren und im westlichen Teil - und hier insbesondere an der Zählstelle Märzgasse - hat das Passantenaufkommen dagegen überdurchschnittlich zugenommen. Die Zone West, die in der Hauptstraße das höchstwertigste Einzelhandelsgebiet darstellt, hat sich in den 80er Jahren nach Osten ausgedehnt und reicht gegenwärtig bis in den Bereich der Märzgasse.

Noch KRÜGER (1970) und MAHN (1981) ordneten den Bereich um die Zählstelle Märzgasse der Zone Mitte bzw. der Zwischenzone zu; allerdings wies bereits MAHN (1981) für diesen Bereich auf Ansätze zu einer Aufwertung in den 70er Jahren hin. Die auf dem Gelände der früheren Engelbrauerei (vgl. 1.) erfolgte Niederlassung einer C&A-Filiale und die Eröffnung einer großen Tiefgarage als Kristallisationspunkte haben zur Aufwertung und Umstrukturierung des Einzelhandels in diesem Hauptstraßenbereich geführt, was sich in der Zunahme des Passantenaufkommens niedergeschlagen hat.

Weiterhin zeigt die Gegenüberstellung der Donnerstag-Zählungen die Umverteilung des Passantenaufkommens im Tagesverlauf durch den Dienstleistungsabend mit gegenwärtig maximalen Passantenfrequenzen am späten Nachmittag bzw. frühen Abend. Unter Einbezug der weiteren Analysenergebnisse zu den Passantenfrequenzen (vgl. SAILER-FLIEGE 1992) ist festzuhalten, daß der Dienstleistungsabend zu einer Zunahme des Passantenaufkommens am Donnerstag und einer Bedeutungsabnahme des Freitags geführt hat, der Donnerstag aber den Samstag als den wöchentlichen Einkaufsschwerpunkt, sichtbar an den höchsten Passantenfrequenzen, nicht abgelöst hat (vgl. auch GEBAUER/WERZ 1990).

3. Strukturelle Veränderungen und Merkmale des Einzelhandels in der Heidelberger Hauptstraße

3.1 Veränderungen in Anzahl und Branchenzugehörigkeit der Einzelhandelsgeschäfte

Im untersuchten Abschnitt der Hauptstraße zwischen Sofienstraße und Oberbadgasse hat sich zwischen 1931 und 1991 die Anzahl der Einzelhandelsgeschäfte um 16% verringert[2]. Am geringsten war die Abnahme in der Zone West mit 6%, in der Zone Mitte lag die Abnahme bei 10%, in der Zone Ost dagegen war mit 35% der umfangreichste Rückgang zu verzeichnen. Als Ergebnis dieser unterschiedlichen Abnahmeraten, hinter denen sich ein Geflecht von Prozessen wie

---

[2] Die Branchenstruktur des Einzelhandels in der Heidelberger Hauptstraße wurde für den Zeitraum 1931 bis 1991 in 10-Jahresschritten zusammengestellt. Die Zusammenfassung der Einzelhandelsgeschäfte im funktionalen Sinne erfolgte entsprechend der Untergliederung der Handels- und Gaststättenzählung von 1985; andere Aspekte wie Angebotsform, Spezialisierungsgrad etc. konnten wegen der für die früheren Zeitschnitte verwendeten Datengrundlage (Adreßbuch) nicht berücksichtigt werden. Für 1981 und 1991 wurden neben Adreßbuchauswertungen eigene Kartierungen herangezogen.

Westwärts-Verlagerungen, Aufgaben oder Neugründungen von Einzelhandelsgeschäften verbirgt (vgl. zu Einzelbeispielen KRÜGER 1970, SCHOLLE 1990), hat sich im Zeitablauf der Einzelhandelsschwerpunkt in der Hauptstraße weiter nach Westen verlagert. 1931 waren 37% aller Einzelhandelsgeschäfte in der heutigen Zone West lokalisiert, dieser Anteil erhöhte sich bis 1991 auf 42%. In der Zone Ost verringerte sich der entsprechende Anteil von 30% auf 23%, für die Zone Mitte ist eine leichte Anteilszunahme von 33% auf 35% in diesem Zeitraum zu vermerken.

In den Zonen West und Mitte hat die Geschäftszahl schwerpunktmäßig durch Geschäftsflächenvergrößerungen in Form von Zusammenlegungen benachbarter Geschäfte abgenommen, forciert durch den betriebswirtschaftlich und durch veränderte Kundenpräferenzen bedingten Übergang zum verkaufsflächenintensiven Selbstbedienungsprinzip. In der Zone Ost dagegen resultierte die Abnahme der Geschäftszahl in den meisten Fällen aus einer Funktionsveränderung mit Übergang zur Folgenutzung im Gaststättenbereich. Das Einzelhandels-Gaststätten-Verhältnis in der Zone Ost lag 1931 bei 4,9:1, 1961 bei 3,4:1 und 1991 nur noch bei 1,6:1[3]. Dieser funktionsräumliche Ausdifferenzierungsprozeß, der schwerpunktmäßig das Ergebnis der Sogwirkung der als Kundenschwerpunkte wirkenden großflächigeren Einzelhandelsformen im Westteil der Hauptstraße und um den Bismarckplatz darstellt, führte zur gegenwärtigen Zweiteilung der Hauptstraße in der Handels- und Gaststättenfunktion mit einem Vorherrschen des Einzelhandels in den Zonen West und Mitte und einem gehäuften Vorkommen von Gaststätten in der Zone Ost.

In der Zusammensetzung nach Einzelhandelsgruppen haben sich zwischen 1931 und 1991 deutliche Verschiebungen zu Geschäften mit Waren des mittel- bzw. langfristigen Bedarfsbereiches vollzogen. Charakteristisch ist hierfür die auch in anderen Großstädten beobachtete "Textilisierung" und die Zunahme der anteilsmäßigen Bedeutung von Einzelhandelsgeschäften der Mischgruppe "Sonstige Waren" bei gleichzeitigem drastischen Rückgang der Geschäfte der Einzelhandelsgruppe Nahrungsmittel. Rund zwei Drittel aller Einzelhandelsgeschäfte waren 1991 den Gruppen Textilien und Sonstige Waren zuzuordnen. Gemessen an der 1931 vorhandenen Anzahl von Einzelhandelsgeschäften der Gruppe Nahrungsmittel, Getränke, Tabakwaren war 1991 nur noch jedes dritte vorhanden, die Abnahmerate von 66% ist die höchste im Vergleich zu allen anderen Einzelhandelsgruppen. Eine Stabilisierung der Geschäftsanzahl im Nahrungsmittelbereich ist erst seit den 80er Jahren zu verzeichnen, bedingt durch die Niederlassung von Filialgeschäften von Fachgeschäftsketten des Lebensmitteleinzelhandels (Schlemmermeyer, Stefansbäck u.a.). Auch in der Gruppe der Geschäfte mit pharmazeutischen/kosmetischen Erzeugnissen, die insgesamt nur von nachgeordneter Bedeutung im Einzelhandelsbesatz in der Hauptstraße sind, erfolgte eine Stabilisierung der Geschäftszahl erst

---

[3] Grundlage für die Berechnung der Einzelhandels-Gaststätten-Verhältnisse waren die Angaben in Adreßbüchern.

durch Filialunternehmen (Douglas, Schlecker, DM). Vergleichsweise geringe relative Bedeutungsveränderungen sind für die anderen Einzelhandelsgruppen charakteristisch (Abb. 4).

Zurückzuführen sind diese Umstrukturierungen, die sich in verstärktem Maße seit 1961 vollzogen haben, auf die in den 60er Jahren einsetzende Wohlstandszunahme breiter Bevölkerungsschichten, die höheren Nachfrageelastizitäten bei Gütern des mittel- bzw. langfristigen Bedarfssegmentes und hier speziell im hohe Flächenumsätze ermöglichenden Textilbereich, die räumliche Umverteilung von Bevölkerung und Einzelhandelseinrichtungen im Zuge des Suburbanisierungsprozesses, Veränderungen der Verbrauchergewohnheiten und auf betriebswirtschaftlich bedingte einzelhandelsendogene Faktoren, die zu neuen Angebotsformen geführt haben (zusammenfassend u.a. HATZFELD 1987).

Die Analyse der Veränderungen innerhalb der in der Handels- und Gaststättenzählung ausgegliederten Einzelhandelsgruppen zeigt auch für Heidelberg die vielfach thematisierte Angebotsverengung (u.a. HATZFELD 1987, GRABOW/LÖHR 1991, HEINRITZ 1989). Am stärksten ausgeprägt ist diese in der dominanten Einzelhandelsgruppe der Textilien, Bekleidung, Schuhe, Lederwaren.

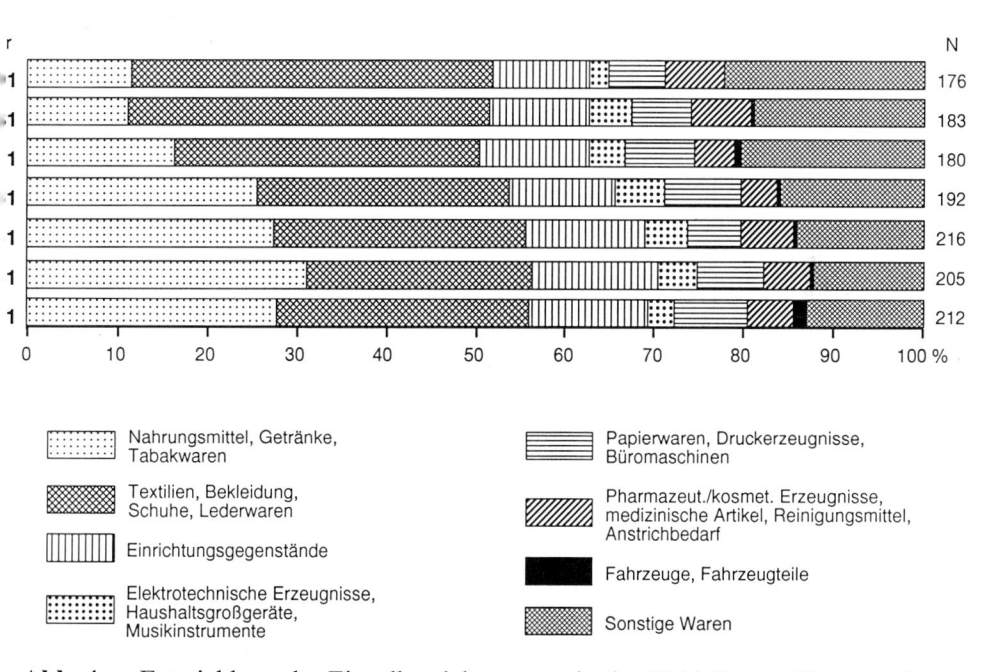

Abb. 4: Entwicklung der Einzelhandelsgruppen in der Heidelberger Hauptstraße 1931-1991

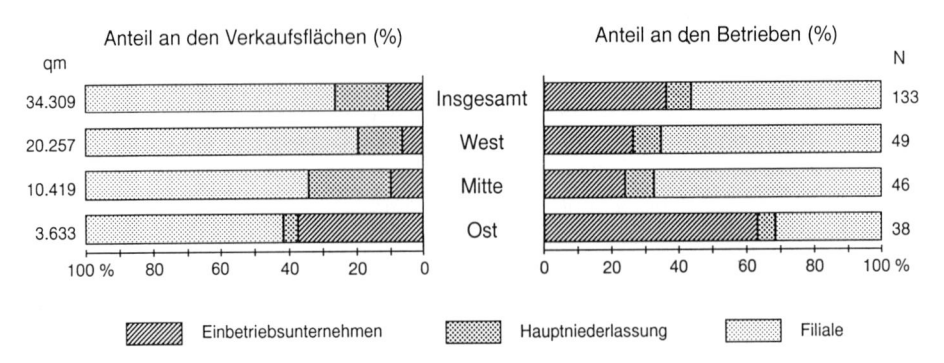

```
         Anteil an den Verkaufsflächen (%)              Anteil an den Betrieben (%)
  qm                                                                                    N
34.309  ▨▨▨▨▨▨▨▨▨▨▨▨▨▨▨▨▨  Insgesamt  ▨▨▨▨▨▨▨▨▨▨▨▨▨▨▨▨▨  133
20.257  ▨▨▨▨▨▨▨▨▨▨▨▨▨▨▨▨▨  West       ▨▨▨▨▨▨▨▨▨▨▨▨▨▨▨▨▨   49
10.419  ▨▨▨▨▨▨▨▨▨▨▨▨▨▨▨▨▨  Mitte      ▨▨▨▨▨▨▨▨▨▨▨▨▨▨▨▨▨   46
 3.633  ▨▨▨▨▨▨▨▨▨▨▨▨▨▨▨▨▨  Ost        ▨▨▨▨▨▨▨▨▨▨▨▨▨▨▨▨▨   38
      100%  80   60   40   20   0           0   20   40   60   80  100%

           ▨▨▨ Einbetriebsunternehmen    ▨▨▨ Hauptniederlassung    ▨▨▨ Filiale
```

Abb. 5: Filialisierungsgrad des Einzelhandels in der Heidelberger Hauptstraße 1993

1931 entfielen auf die zu dieser Gruppe gehörenden Klassen Oberbekleidung ohne Schwerpunkt, Herren- und Damenoberbekleidung, Schuhe und Lederwaren 41% aller Geschäfte dieser Gruppe, 1991 bereits 84%. Einerseits haben Geschäfte von umsatzschwächeren Einzelhandelsklassen der Gruppe Textilien mit inzwischen weniger gefragten Produkten (u.a. Kurzwaren, Kopfbedeckungen, Bettwaren) im Standort Hauptstraße an Konkurrenzfähigkeit verloren (vgl. bereits LICHTENBERGER 1963). Andererseits spiegelt diese Schwerpunktbildung innerhalb des Textileinzelhandels die erhebliche Sortimentsverbreiterung insbesondere im Bereich der Oberbekleidung wider, und hier vor allem im Bereich der schnellen Modewechseln unterworfenen Damenoberbekleidung. Entsprechend der Ausdifferenzierung der Ansprüche im Zuge der zunehmenden Individualisierung der Lebens- und Konsumstile und der Zunahme der "demonstrativen Individualität" mit der damit verbundenen Nachfrage nach Markenprodukten (HANSEN 1990, RAFFÉE/WIEDMANN 1987) weist die überwiegende Mehrzahl der Oberbekleidungsgeschäfte in der Hauptstraße derzeit in Warenangebot und Geschäftsaufmachung eine klare Zielgruppenorientierung auf ein jeweils relativ kleines Kundensegment auf.

Im Bereich der Einzelhandelsgruppe Nahrungsmittel, Getränke, Tabakwaren ist für die jüngere Entwicklung charakteristisch, daß die Wettbewerbsfähigkeit von Spezialgeschäften wie Obst-, Gemüse-, Feinkost-, Tabakwaren- und Süßwarengeschäfte, die noch bis Ende der 60er Jahre als typisch für die Hauptstraße angesehen wurden (KRÜGER/RÖSEL 1981), erheblich abgenommen hat, was sich in deren überproportionalem Rückgang innerhalb der Gruppe Nahrungsmittel niedergeschlagen hat.

Verstärkt durch neue Angebotsformen (Baumärkte) und durch großflächige Möbelhäuser außerhalb des traditionellen Einkaufsschwerpunktes Innenstadt sind innerhalb der Einzelhandelsgruppe der Einrichtungsgegenstände in der Heidelberger Hauptstraße Geschäfte z.B. der Klassen Hausrat aus Eisen/Metall oder Eisen-, Metall-, Kunststoffwaren, Schrauben/Kleineisen, Möbel, Tapeten fast nahezu verschwunden. Eine erhebliche Bedeutungszunahme ist dagegen für Geschäfte der Klasse kunstgewerbliche Artikel und insbesondere der Klasse Geschenke zu verzeichnen; 1931 war jedes 9. Geschäft der Gruppe der Einrichtungsgegenstände ein Geschäft mit Geschenkartikeln, 1991 bereits jedes dritte. Neben generellen Nachfrageveränderungen mit zunehmender Bedeutung der Erfüllung von Sekundärbedürfnissen ist hierfür als spezifischer Faktor in Heidelberg auf die zunehmende touristische Nachfrage zu verweisen.

3.2 Filialisierungsgrad

Der Filialisierungsprozeß im innerstädtischen Einzelhandel hat in der Heidelberger Hauptstraße inzwischen ein erhebliches Ausmaß erreicht. Knapp zwei Drittel aller Einzelhandelsgeschäfte in der Hauptstraße sind Mehrbetriebsunternehmen (Hauptniederlassung oder Filiale), nur noch in 36% der befragten Betriebe wurde angegeben, daß es sich bei dem Geschäft um ein Einbetriebsunternehmen handele[4] (Abb. 5). Die nach Betriebsformen differenzierte Betrachtung der Verkaufsflächen zeigt, daß gegenwärtig in der Hauptstraße sogar nur noch 10% der Verkaufsflächen von Einbetriebsunternehmen bewirtschaftet werden. Berücksichtigt man unter den Mehrbetriebsunternehmen nur die Filialunternehmen ("Kettenläden") als diejenigen Geschäfte, die am meisten zur negativ bewerteten Uniformität beitragen, so entfallen auf diese bereits knapp drei Viertel der gesamten Verkaufsfläche und 56% der Betriebe.

Hohe Verkaufsflächenanteile von mindestens 50% und mehr sind auch für andere Innenstädte bzw. Hauptgeschäftsstraßen festgestellt worden (vgl. GIESE/SEIFERT 1989, HEINRITZ 1989, MEYER 1978, HÖDEBECK 1986). Die in diesen Studien

---

[4] Datengrundlage für die nachfolgenden Aussagen stellen die Ergebnisse einer Befragung dar, die bei den Geschäftsleitungen aller Einzelhandelsgeschäfte im Juni/Juli 1993 im untersuchten Hauptstraßenabschnitt durchgeführt wurde. Für die engagierte Mithilfe bei der Befragung danke ich meinen Mitarbeiterinnen Sabine Hurst, Katrin Lügger und Karin Teister. In 137 Geschäften erfolgte eine bereitwillige Beantwortung des Fragebogens, vielfach wurden darüber hinaus noch wertvolle weitere Informationen gegeben; in 30 Geschäften (18%) wurde die Beantwortung verweigert. Die verweigernden Geschäfte weisen bezüglich Flächengröße, Branchenzugehörigkeit und Filialisierungsgrad keine spezifischen Gemeinsamkeiten auf. Bei den Ergebnissen ist daher nicht von einer einseitigen Verzerrung durch die Befragungsausfälle, sondern von einer hohen Repräsentativität auszugehen. Zu berücksichtigen ist, daß eine weitere Differenzierung nach Einzelhandelsgruppen bzw. -klassen wegen der Fallzahlen nicht immer, wo es wünschenswert gewesen wäre, möglich war. Von allen befragten Betriebe gaben nur 3% an, Mitglied einer Einkaufskooperation zu sein, 4,5% gaben an, als franchise-Unternehmen tätig zu sein. Wegen der geringen Fallzahlen wurden diese Fälle in den weiteren Auswertungen nicht gesondert betrachtet.

ermittelten Werte sind allerdings insbesondere in bezug auf die Anteilswerte an der Geschäftszahl deutlich niedriger als der für die Heidelberger Hauptstraße ermittelte Wert. Zum einen ist dies darauf zurückzuführen, daß in der Heidelberger Studie nicht die gesamte Innenstadt, sondern nur die zentrale Einkaufsstraße einbezogen wurde. Die in Heidelberg höheren Werte veranschaulichen deutlich den räumlichen Diffusionsprozeß der Filialisierung ausgehend von den kundenattraktivsten Innenstadtlagen. Zum anderen ist hier der Zeitfaktor und damit das inzwischen erfolgte starke Übergreifen des Konzentrationsprozesses auch auf den flächenkleineren Fachgeschäftsbereich im Nichtlebensmitteleinzelhandel zu berücksichtigen.

Für den Filialisierungsgrad innerhalb der Hauptstraße ist ein deutliches West-Ost-Gefälle charakteristisch (Abb. 5). In der Zone West mit dem größten Kundenaufkommen beträgt der Anteil von Mehrbetriebsunternehmen an den Betrieben 73%, deren Anteil an den Verkaufsflächen liegt hier sogar bei 94%. In der Zone Ost, die durch eine Abnahme des Kundenpotentials in den letzten 15 Jahren gekennzeichnet ist (vgl. 2), sind mit 37% bzw. 63% deutlich niedrigere Anteilswerte zu verzeichnen. Dieses West-Ost-Gefälle zeigt sich auch bei Betrachtung der Verbreitungsgebiete der Mehrbetriebsunternehmen (Abb. 6). Rund jedes zweite Mehrbetriebsunternehmen in der Heidelberger Hauptstraße gehört einer Einzelhandelskette an, deren Filialen bundes- bzw. europaweit verbreitet sind, jedes fünfte einer Kette mit einem Filialnetz im süddeutschen Raum, jedes neunte einer Kette mit Filialen nur in der Region. Die niedrigsten Anteilswerte von Mehrbetriebsunternehmen, die Bestandteil bundes- bzw. europaweit operierender Einzelhandelsketten sind, weist allerdings nicht die Zone Ost, sondern die Zone Mitte, auf. In diesem Hauptstraßenbereich haben sich noch bis heute überdurchschnittlich viele solcher Heidelberger Einzelhandelsunternehmen halten können, die inzwischen selbst den Aufbau eines Filialnetzes im "Kleinen" vorgenommen haben mit Filialen in verschiedenen Heidelberger Stadtteilen.

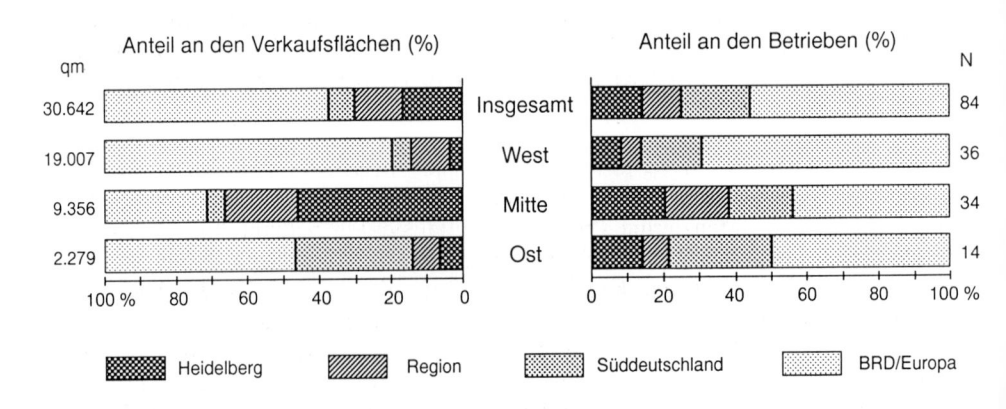

Abb. 6: Verbreitungsgebiet der Mehrbetriebsunternehmen 1993

Die nach Einzelhandelsgruppen und -klassen differenzierte Betrachtung des Filialisierungsgrades ergab, daß dieser in den Einzelhandelsklassen Lederwaren, Schmuck, Damenoberbekleidung unterdurchschnittlich, in den Einzelhandelsgruppen bzw. -klassen Nahrungsmittel, Oberbekleidung ohne Schwerpunkt, Schuhe dagegen überdurchschnittlich ist. Auch wenn wegen der teilweise niedrigen Fallzahlen eine weitere Differenzierung nach Zonen nur tendenzielle Aussagen erlaubt, ist hier zu vermerken, daß unabhängig von der Gruppen- bzw. Klassenzugehörigkeit der Filialisierungsgrad generell in der Zone West überdurchschnittlich hoch ist.

3.3 Altersstruktur der Einzelhandelsgeschäfte

Wenngleich die Abgänge an Einzelhandelsgeschäften durch die Befragung direkt nicht erfaßt werden können, so lassen die Altersstrukturen der Einzelhandelsgeschäfte in der Heidelberger Hauptstraße Rückschlüsse auf den Umfang der Fluktuation zu. Nahezu zwei von drei Einzelhandelsgeschäften befinden sich erst seit 1970 an ihrem jetzigen Standort, fast jedes zweite Einzelhandelsgeschäft in der Hauptstraße ist erst nach 1980, knapp jedes 5. Geschäft sogar erst nach 1990 eröffnet worden (Abb. 7). Die nach Betriebsformen sehr unterschiedlichen Altersstrukturen zeigen hierbei, daß die Filialisierungswelle in der Hauptstraße in den 70er Jahren eingesetzt und - teilweise über die Mietzahlungsfähigkeit von Filialunternehmen sich selbst verstärkend - in den 80er Jahren erheblich an Dynamik gewonnen hat. Überdurchschnittliche Mietenzunahmen, in vielen Einzelhandelsbereichen sinkende Flächenproduktivität und die Kaufkraftabnahme in der ersten Hälfte der 80er Jahre führten zu einer Verschärfung im Verdrängungswettbewerb zugunsten der umsatz- und renditestärkeren Betriebsformen. Bei 71% der Mehrbetriebsunternehmen ist die Geschäftseröffnung erst seit 1970 erfolgt, bei Einbetriebsunternehmen liegt der vergleichbare Anteilswert bei 42%. Die in den letzten 3,5 Jahren erfolgten Neueröffnungen von Mehrbetriebsunternehmen, die anzahlmäßig bereits mehr als 50% der in den 10 Jahren vor 1990 erfolgten Eröffnungen von Mehrbetriebsunternehmen umfassen, lassen darauf schließen, daß die Filialisierungswelle auch in den 90er Jahren weitergehen wird.

Die für die Einzelhandelsbetriebe insgesamt erkennbaren Unterschiede in der Altersstruktur zwischen den Zonen West, Mitte und Ost sind im wesentlichen durch den raumzeitlich differenzierten Prozeß der Filialisierung bedingt. Im Zeitablauf erfolgte die Diffusion der Mehrbetriebsunternehmen von West nach Ost, einerseits den Standorten der höchsten Kundendichte folgend, andererseits die Kundenattraktivität aber auch erhöhend (vgl. 2.). Von den Mehrbetriebsunternehmen, die in den 70er Jahren eröffnet haben, entfallen 44% auf die Zone West, 38% auf die Zone Mitte und 19% auf die Zone Ost; für diejenigen der Mehrbetriebsunternehmen, die in den 80er Jahren neu eröffnet haben, lauten die entsprechenden Werte 53%, 29%, 18%, für diejenigen, die sich seit 1990 an ihrem jetzigen Standort befinden, 13%, 63% und 25%. In den 80er Jahren lag der Fluktuationsschwerpunkt in der Zone West. Mit der hierdurch nahezu vollständig erfolgten Etablierung von Mehrbetriebsunternehmen ist in den letzten 3,5 Jahre die Fluktuation in der Zone West weitgehend zum Stillstand gekommen, die Zonen Mitte und Ost stellen bisher in den 90er Jahren die räumlichen Schwerpunkte der Fluktuation dar. In diesen Zonen ist jeweils rund jedes vierte Einzelhandelsgeschäft erst seit 1990 eröffnet worden.

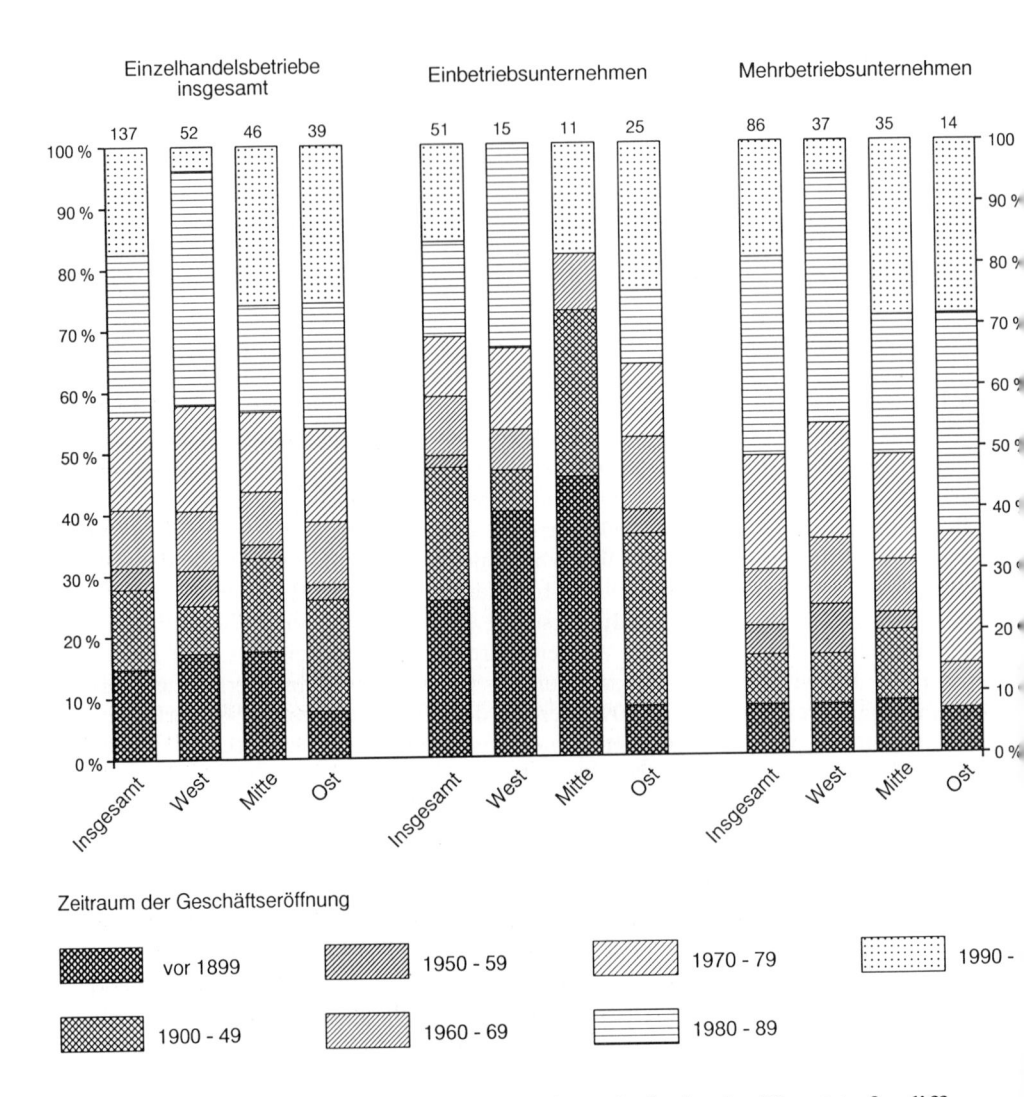

Abb. 7: Altersstruktur der Einzelhandelsgeschäfte in der Hauptstraße differenziert nach Zonen und Betriebsformen

Eine nach Warenbereichen differenzierte Betrachtung der Altersstruktur war wegen der Fallzahlen nur für einige Einzelhandelsklassen möglich. Zumindest in der Tendenz ist einerseits eine überdurchschnittliche Persistenz für die bisher noch nicht so stark von der Filialisierung betroffenen Einzelhandelsklassen der Apotheken, Lederwaren (vgl. auch HEINRITZ 1989), Haushaltswaren zu erkennen. Andererseits führte die schon in den 60er und 70er Jahren weitgehend vollzogene Filialisierung in der Klasse der Schuhe zu einer erheblichen Stabilisierung; der Anteil der Schuhgeschäfte, die nach 1980 eröffnet haben, liegt wesentlich unter demjenigen der anderen Klassen. Überdurchschnittlich hohe Anteile an erst seit 1980 bestehenden Geschäften dagegen sind für Nahrungsmittelgeschäfte und für die Klassen Damenoberbekleidung und Oberbekleidung ohne Schwerpunkt charakteristisch. Im Zusammenhang zu sehen ist dies mit der später einsetzenden Filialisierungswelle von auf bestimmte Kundensegmente ausgerichteten Fachgeschäften im Textil- und Nahrungsmittelbereich (u.a. Andrea Anders, BIBA pariscop, Jeans-Kettenläden, Schlemmermeyer, Stefansbäck).

3.4 Größen- und Besitzstruktur der Betriebe

Wie beim Merkmal Altersstruktur lassen sich für die befragten Betriebe erhebliche Unterschiede in der Größen- und Besitzstruktur in Abhängigkeit primär von der Betriebsform und sekundär von der Lage in der Hauptstraße feststellen. Die durchschnittliche Verkaufsfläche der befragten Betriebe liegt bei 258 qm, der entsprechende Wert für Einbetriebsunternehmen beträgt 75 qm, derjenige für Hauptniederlassungen 53 qm, derjenige für Filialbetriebe 338 qm. Für die ausgegliederten Zonen der Hauptstraße wurden folgende Durchschnittswerte ermittelt: 356 qm für die Zone West, 227 qm für die Zone Mitte und 96 qm für die Zone Ost.

Knapp ein Drittel aller befragten Betriebe weist eine Verkaufsfläche über 150 qm auf (Abb. 8). Zwischen den Zonen West und Mitte sind hierin keine größeren Unterschiede zu verzeichnen. In der Zone Ost dagegen entfallen auf Betriebe mit einer Verkaufsfläche von mindestens 150 qm nur 16%. Das Vorherrschen in der Zone Ost von Betrieben mit einer Verkaufsflächenausstattung unter 100 qm ist im Zusammenhang mit den räumlichen Unterschieden im Passantenaufkommen (vgl. 2.) als deutlicher Hinweis auf die noch immer bestehende Wechselwirkung zwischen Kundenattraktivität und großflächigeren Einzelhandelsbetrieben mit einem auf Massenkonsum ausgerichteten Angebot zu werten. Bei Betrachtung der Flächenanteile wird dieses West-Ost-Gefälle in der Betriebsgrößenstruktur noch deutlicher. In den Zonen West und Mitte entfallen 87% bzw. 80% der gesamten Verkaufsflächen auf Betriebe mit einer Flächenausstattung von mindestens 150 qm, der vergleichbare Anteil liegt in der Zone Ost nur bei 49%.

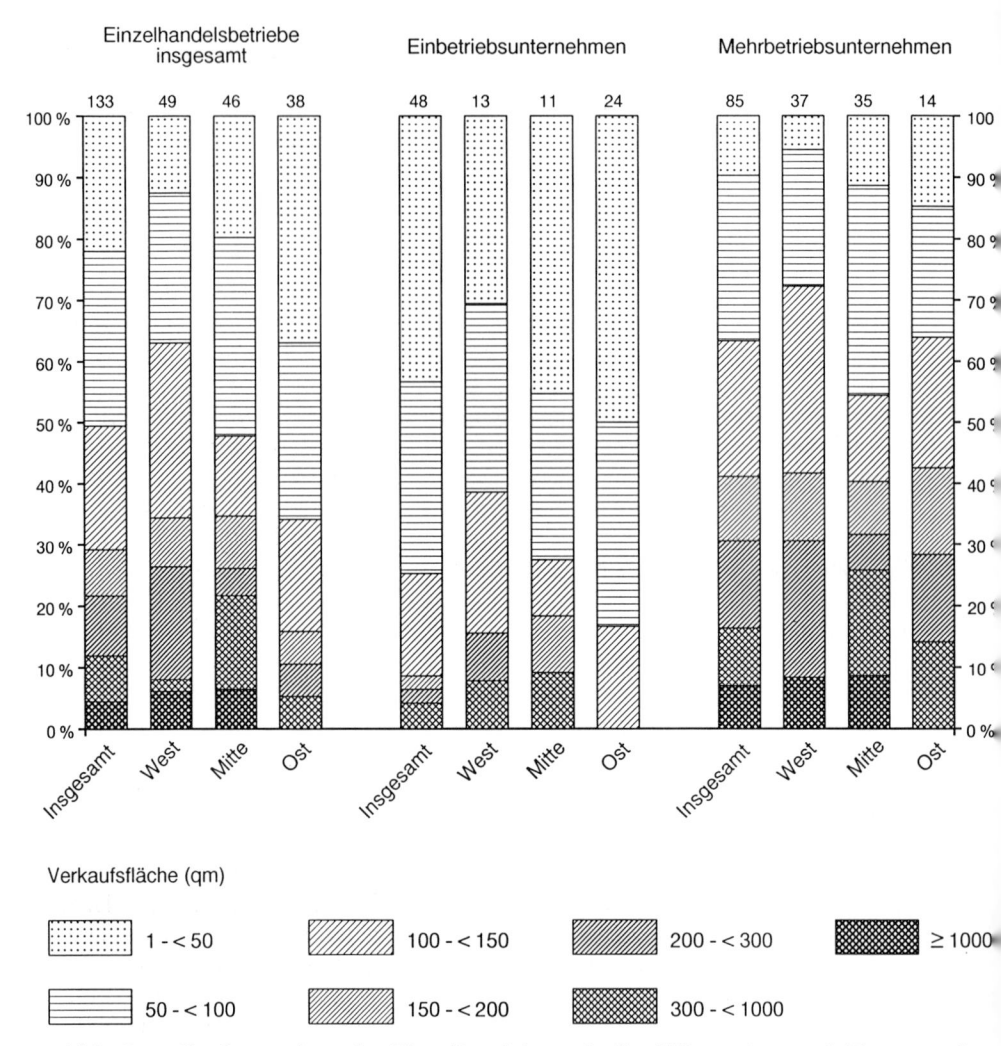

Abb. 8: Größenstruktur der Einzelhandelsgeschäfte differenziert nach Zonen und Betriebsformen

Vor allem Mehrbetriebsunternehmen sind durch größere Verkaufsflächen gekennzeichnet. 41% der Mehrbetriebsunternehmen weisen eine Verkaufsfläche von mindestens 150 qm auf, bei den Einbetriebsunternehmen liegt dieser Anteil lediglich bei 8% (Abb. 8). Wenngleich hierin wegen unterschiedlicher Flächenansprüche branchenspezifische Unterschiede zu verzeichnen sind, sind unabhängig von der Branchenzugehörigkeit Mehrbetriebsunternehmen die flächen-größeren Betriebe. Zwar ist das West-Ost-Gefälle in der Größenstruktur sowohl für Ein- als auch für Mehrbetriebsunternehmen charakteristisch. Aber unabhängig von der Zonenzugehörigkeit weisen Mehrbetriebsunternehmen in der jeweiligen Zone in den oberen Größenklassen höhere Anteilswerte im Vergleich zu den Einbetriebsunternehmen auf. In diesen Unterschieden spiegelt sich deutlich die bessere Wettbewerbsfähigkeit von Mehrbetriebsunternehmen wider, was auch die Ursache für den an der Altersstruktur ablesbaren Verdrängungsprozeß der Einbetriebsunternehmen ist.

Spezifische betriebsformenabhängige Unterschiede sind für das Merkmal Besitzstruktur zu verzeichnen. Der Anteil der im Eigentum bewirtschafteten Geschäfte beträgt bei den Einbetriebsunternehmen 18%, bei den Mehrbetriebsunternehmen 6%, die entsprechenden Flächenanteile liegen bei 16% bzw. 12%. Bereits dieser Unterschied im Verhältnis Betriebsanteil - Flächenanteil zwischen den beiden Betriebsformen läßt erkennen, daß für Einbetriebsunternehmen ein höherer Eigentümeranteil in den unteren Betriebsgrößenklassen unter 150 qm, für Mehrbetriebsunternehmen dagegen ein höherer Eigentümeranteil in den oberen Größenklassen charakteristisch ist, was erneut als Hinweis auf die für Mehrbetriebsunternehmen bessere Wettbewerbsfähigkeit zu werten ist. Da die betriebsformenabhängigen Unterschiede in der Besitzstruktur im Vergleich zu den anderen bisher vorgestellten Merkmalen aber nur relativ gering sind, lassen sich in der Besitzstruktur keine wesentlichen räumlichen Unterschiede zwischen den ausgegliederten Zonen vermerken.

4. Bewertungen und Prognosen der Geschäftsentwicklung

4.1 Bewertung der jüngeren Geschäftsentwicklung und des Dienstleistungsabends

Die Ergebnisse der Frage nach der Bewertung der seit 1990 erfolgten Umsatz- bzw. Renditeentwicklung spiegeln die seit 1991 für den Einzelhandel charakteristische Stagnation bzw. den Umsatz- bzw. Gewinnrückgang wider. In mehr als einem Drittel der befragten Geschäfte wurde als Bewertung "weniger zufrieden" angegeben, in jedem fünften Geschäft sogar "unzufrieden". Nicht einmal in jedem zweiten Geschäft wurde die Entwicklung mit "zufrieden" oder "sehr zufrieden" bewertet (Abb. 9). In vielen Geschäften wurde bei der Befragung zusätzlich darauf verwiesen, daß ein Umsatzrückgang erst nach 1991 zu verzeichnen war - nach dem überdurchschnittlichen Nachfrageschub in den Jahren 1990 und 1991, hervorgerufen durch die Faktoren Steuerreform, überdurchschnittliche Lohnerhöhungen und Wiedervereinigung (GRABOW/LÖHR 1991).

Deutliche Unterschiede in den Bewertungen zeigen sich erneut in Abhängigkeit von der Betriebsform (Abb. 9). Überdurchschnittliche Anteile positiver Bewertungen sind für Mehrbetriebsunternehmen charakteristisch, in rund jedem zweiten Mehrbetriebsunternehmen wurde als Bewertung "sehr zufrieden" oder "zufrieden"

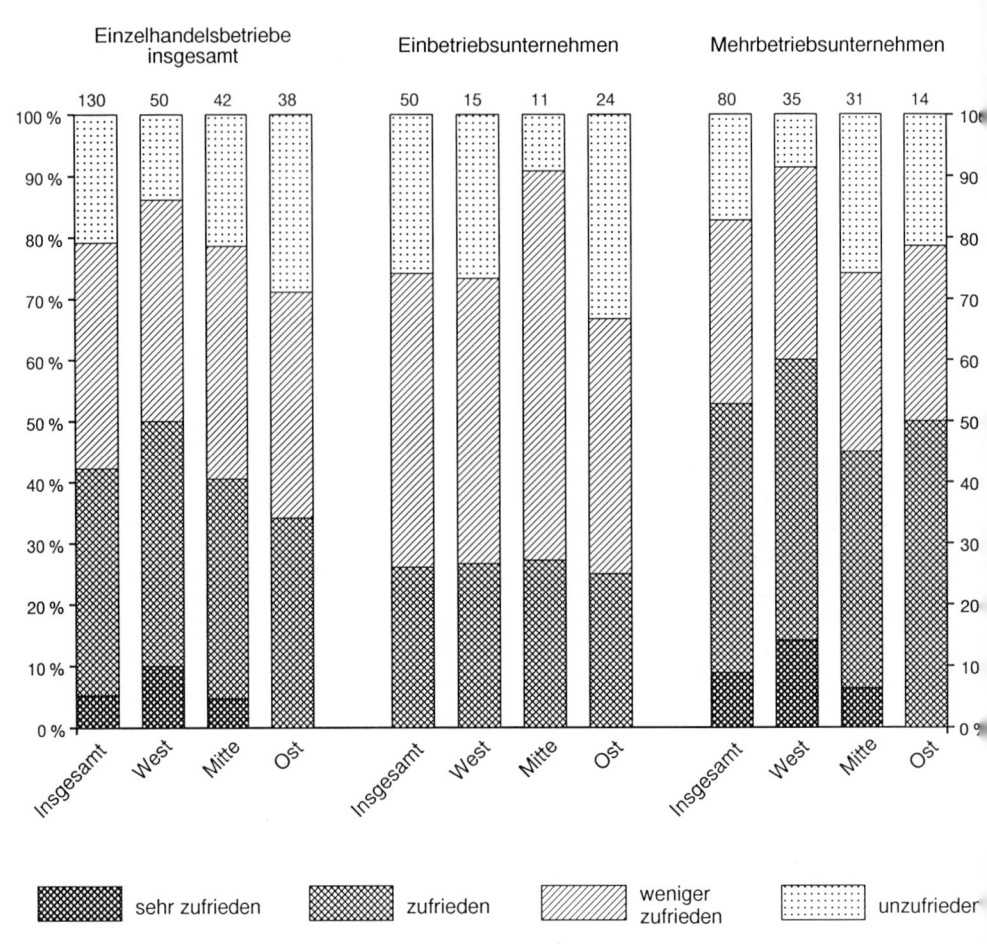

Abb. 9: Bewertung der Umsatz- und Renditesteigerung seit 1990

angegeben. Solch eine positive Bewertung erfolgte dagegen nur in jedem vierten Einbetriebsunternehmen.

Innerhalb der Gruppe der Mehrbetriebsunternehmen sind überdurchschnittliche Anteile positiver Bewertungen insbesondere für Filialunternehmen, nicht aber für Hauptniederlassungen kennzeichnend und hierbei vor allem für Filialen von Fachgeschäftsketten mit einem Sortiment im mittleren bis niedrigen Preisniveau. Für Mehrbetriebsunternehmen ist zusätzlich ein Bewertungsgefälle von West nach Ost - dem Passantengefälle folgend - zu verzeichnen. Die Bewertungen der Einbetriebsunternehmen dagegen weisen kein vergleichbares West-Ost-Gefälle auf. Und auch die nach Einzelhandelsgruppen bzw. -klassen erfolgte weiter differenzierte Betrachtung zeigte ebenfalls, daß keine wesentlichen Unterschiede zwischen, sondern innerhalb der Einzelhandelsgruppen zwischen Mehr- und Einbetriebsunternehmen vorhanden sind.

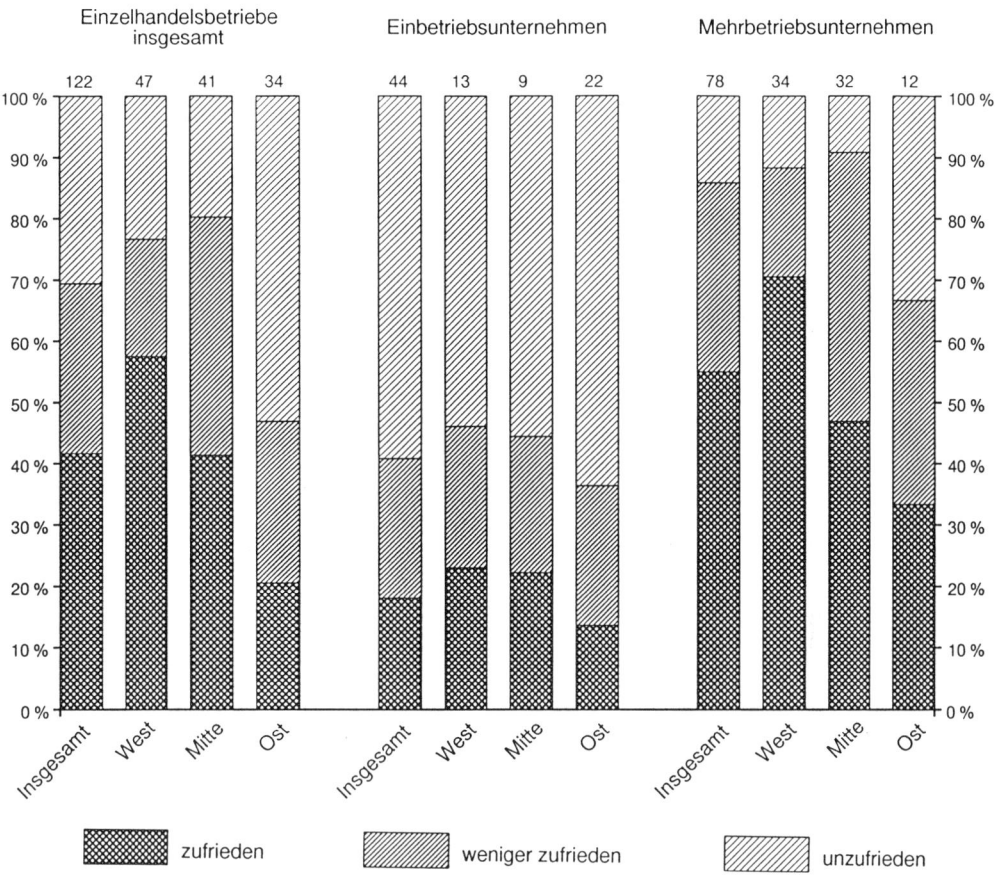

Abb. 10: Gesamtbewertung des Dienstleistungsabends

Vergleichbare Unterschiede zwischen den Betriebsformen lassen ebenfalls die Antworten auf die Frage nach der Bewertung des im Herbst 1989 eingeführten Dienstleistungsabends erkennen (Abb. 10). Negativ ("weniger zufrieden" oder "unzufrieden") bewertet wurde der Dienstleistungsabend von mehr als jedem zweiten Betrieb, bei den Einbetriebsunternehmen lag der Anteil bei 82%, bei den Mehrbetriebsunternehmen nur bei 45%. Ein West-Ost-Gefälle in der Bewertung ist bei den Einbetriebsunternehmen nur schwach ausgeprägt. Das bei den Mehrbetriebsunternehmen dagegen stark ausgeprägte West-Ost-Gefälle spiegelt das auch in der Untersuchung von WÖLK (1993) ermittelte Ergebnis wider, wonach selbst in Oberzentren der Dienstleistungsabend nur in den passantenreichsten 1a-Lagen von Fußgängerzonen lohnend ist. Die betriebsformenbedingten Unterschiede sind, wie die entsprechenden bei der Bewertung der jüngsten Umsatz- bzw. Renditesteigerung und den Einzelbewertungen zum Dienstleistungsabend, erneut als deutlicher Hinweis auf die derzeit - unabhängig von der kleinräumigen Lage - generell schlechtere Wettbewerbsfähigkeit von Einbetriebsunternehmen des mittelständischen Facheinzelhandels zu werten.

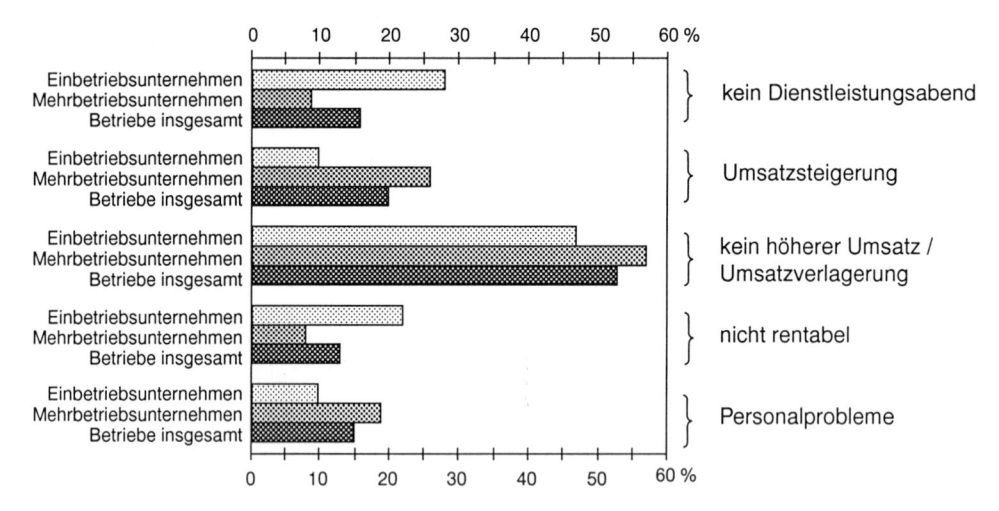

Abb. 11: Einzelbewertungen zum Dienstleistungsabend (Mehrfachnennungen waren möglich)

Die insgesamt eher negativen Bewertungen des Dienstleistungsabends sind im Zusammenhang mit Rentabilitätsproblemen zu sehen. Bei der offen gestellten Frage, was der Dienstleistungsabend gebracht habe, wurde nur von jedem vierten Mehrbetriebsunternehmen eine Umsatzsteigerung angegeben, bei den Einbetriebsunternehmen sogar nur von jedem zehnten (Abb. 11). In der Häufigkeit der Nennung "Umsatzsteigerung" war nur bei den Mehrbetriebsunternehmen ein West-Ost-Gefälle ausgeprägt. Von den Mehrbetriebsunternehmen in der Zone West gab jedes dritte eine Umsatzsteigerung an, von denjenigen in der Zone Ost nur jedes siebte.

Entsprechend diesen Rentabilitätsunterschieden in Abhängigkeit von der Betriebsform (vgl. auch WÖLK 1993) übertrifft der Anteil der nicht am Dienstleistungsabend mitmachenden Einbetriebsunternehmen mit 28% den vergleichbaren Anteil von 9% bei den Mehrbetriebsunternehmen. Überdurchschnittlich hoch bei beiden Betriebsformen sind hierbei die Anteile der nicht (mehr) mitmachenden Geschäfte in der passantenschwächsten Zone Ost.

Kein höherer Umsatz bzw. nur eine Umsatzverlagerung wurde nahezu in jedem zweiten Geschäft als Bewertung angeben, weitgehend unabhängig von Betriebsform und räumlicher Lage. Von mehreren Befragten wurde hierbei zusätzlich vermerkt, daß nur einige Dienstleistungsabende im Winter, inbesondere diejenigen vor Weihnachten, zu Umsatzsteigerungen führen würden. Die ungünstigste Bewertung "nicht rentabel" wurde überdurchschnittlich häufig in Einbetriebsunternehmen abgegeben. Mehrfach wurde in diesen vor allem in der Zone West liegenden Geschäften hierzu ausgeführt, daß man wegen der mangelnden Rentabilität zwar gerne am Dienstleistungsabend das Geschäft schließen würde; wegen den sich beteiligenden Umgebungsgeschäften und dem damit verbundenen unmittelbaren Standortwettbewerb sei dies aber nicht möglich (vgl. ähnlich WÖLK 1993).

Personalprobleme im Zusammenhang mit dem Dienstleistungsabend sind vor allem ein Problem für Mehrbetriebsunternehmen; in Einbetriebsunternehmen werden diese, worauf mehrfach hingewiesen wurde, oft aufgefangen durch Mehrarbeit der Geschäftsleitung.

4.2 Einschätzung der zukünftigen Geschäftsentwicklung

Entsprechend der sich seit 1992 abzeichnenden Kaufzurückhaltung der Konsumenten wird die Geschäftsentwicklung am Standort Heidelberger Hauptstraße für die nächsten Jahren in den befragten Einzelhandelsgeschäften zurückhaltend bewertet. Eine allgemein schlechtere Stimmungslage ist hierbei für Einbetriebsunternehmen zu vermerken. Nur von knapp jedem dritten Einzelhandelsbetrieb wurde "sehr gut" oder "gut" angegeben, wobei der entsprechende Anteil bei den Mehrbetriebsunternehmen mit 37% erheblich denjenigen bei den Einbetriebsunternehmen mit 18% übertrifft (Abb. 12). 56% der Einbetriebsunternehmen dagegen schätzten die Entwicklung als "schlecht" oder "weniger gut" ein, bei den Mehrbetriebsunternehmen lag dieser Anteil bei 42%.

Insgesamt ist der Zusammenhang zwischen Zufriedenheit mit der Umsatz- bzw. Renditesteigerung seit 1990 und der Einschätzung der weiteren Geschäftsentwicklung stark ausgeprägt. Allerdings fällt die Prognose jeweils bei Mehrbetriebsunternehmen günstiger aus. So gaben beispielsweise von den Einbetriebsunternehmen, die mit der Entwicklung seit 1990 "zufrieden" waren, 58% als Prognose "befriedigend" an; bei den entsprechenden Mehrbetriebsunternehmen dagegen gaben nur 15% "befriedigend", aber 55% "gut" als Prognose an.

Das in der Einschätzung der Geschäftsentwicklung für alle Einzelhandelsbetriebe feststellbare West-Ost-Gefälle mit überdurchschnittlich positiven Prognosen für den Standort Zone West und überdurchschnittlich negativen Prognosen für den Standort Zone Ost ist hierbei im wesentlichen auf die Mehrbetriebsunternehmen zurückzuführen (Abb. 12). Auffallend ist hierbei der Unterschied in der Prognose innerhalb der Zone Ost zwischen den ausgegliederten Betriebsformen mit niedrigeren Anteilswerten für negative Einschätzungen bei den Einbetriebsunternehmen. Im Zusammenhang zu sehen ist dies mit solchen Einbetriebsunternehmen, die ein auf Touristen ausgerichtetes Sortiment aufweisen und - von einer relativen Konstanz in Touristenaufkommen und -ausgaben ausgehend - zumindest eine befriedigende Geschäftsentwicklung erwarten. Die von ihrem Sortiment mehr auf 'normale' Laufkundschaft angewiesenen Mehrbetriebsunternehmen verwiesen mehrfach auf Befürchtungen bezüglich eines zukünftig stärkeren Rückgangs des 'normalen' Kundenaufkommens infolge weiterer Attraktivitätsabnahme resultierend aus jüngeren Geschäftsschließungen (vgl. 2.).

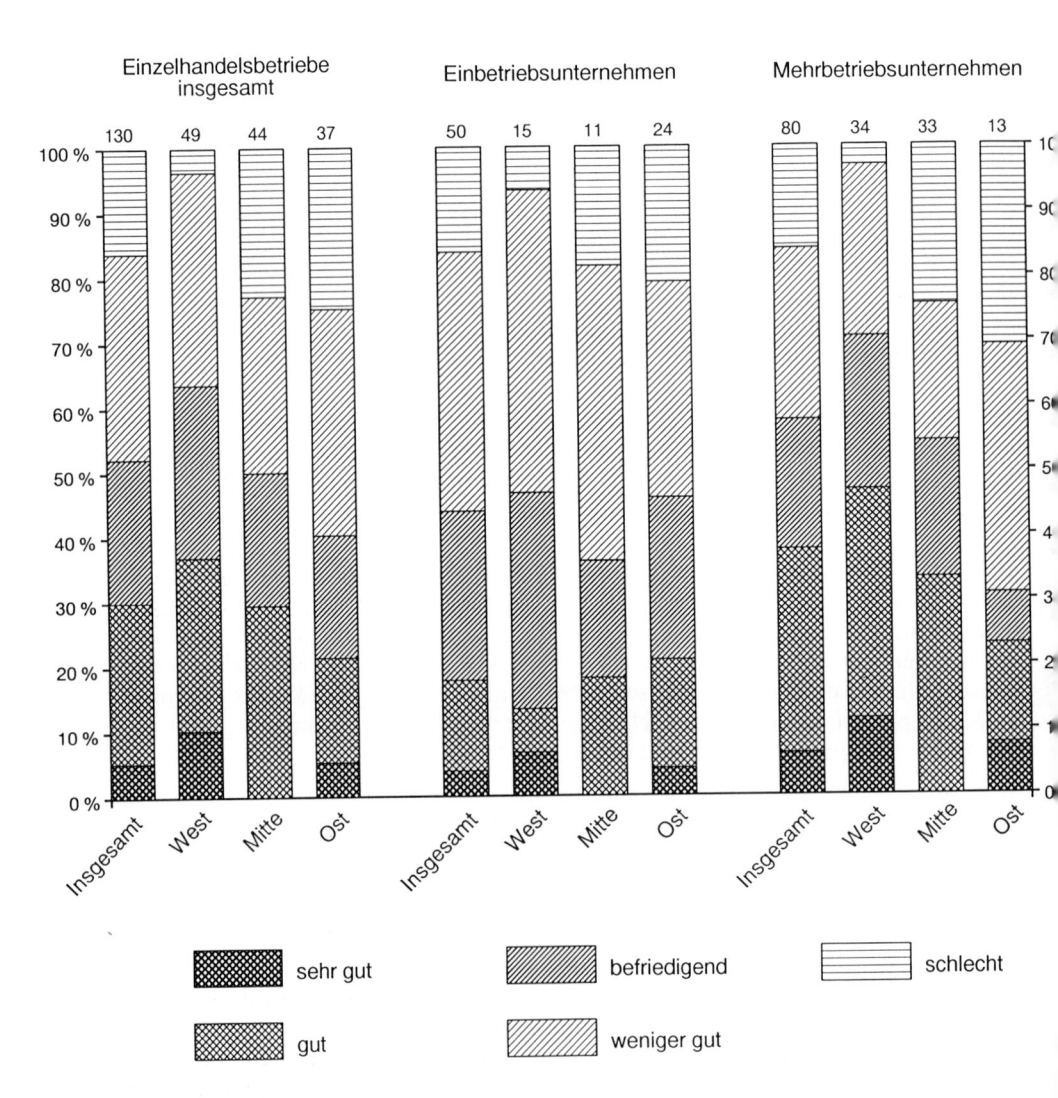

Abb. 12: Einschätzung der Geschäftsentwicklung in den nächsten Jahren differenziert nach Zonen und Betriebsformen

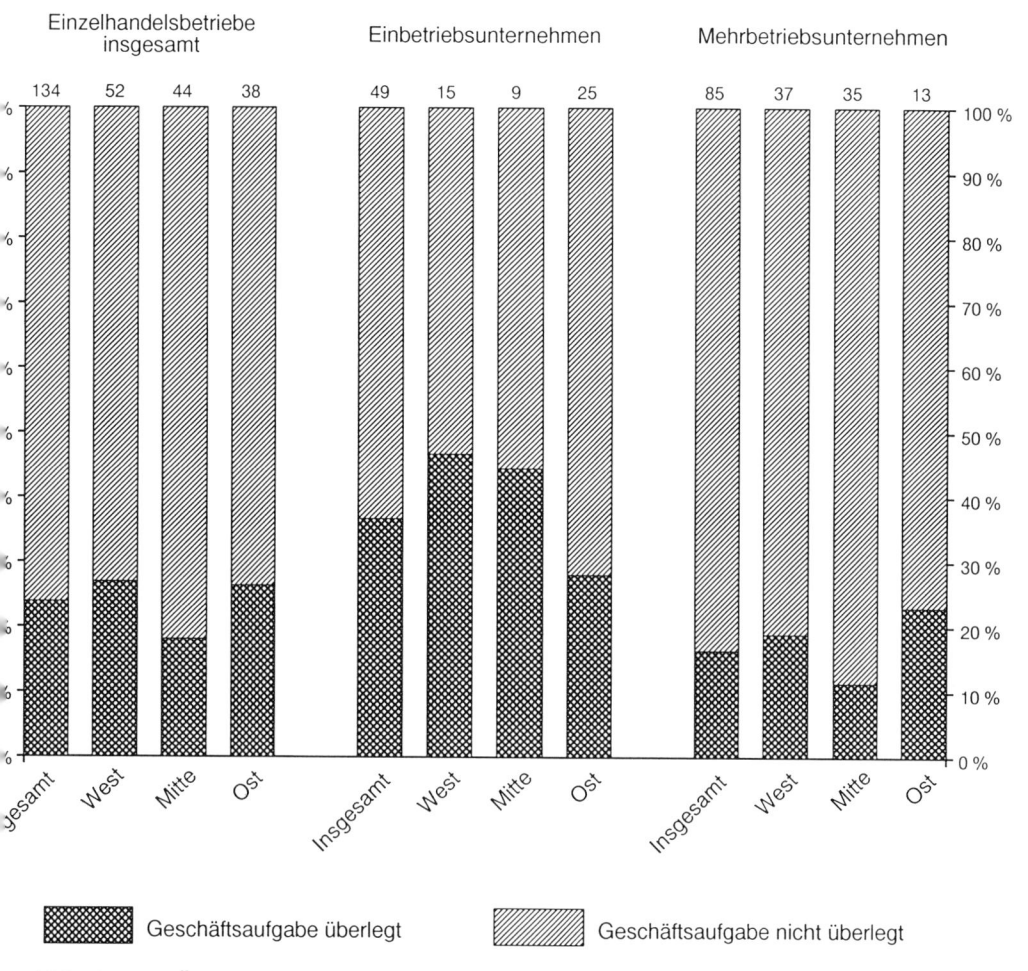

Abb. 13: Überlegungen zur Geschäftsaufgabe

In Zusammenhang mit den negativen Einschätzungen zur zukünftigen Geschäftsentwicklung insbesondere bei den Einbetriebsunternehmen sind auch die Überlegungen bezüglich einer Geschäftsaufgabe zu sehen. In jedem vierten in die Befragung einbezogenen Geschäft wurde angegeben, bereits die Geschäftsaufgabe überlegt zu haben. Unter den Einbetriebsunternehmen wurde dies in mehr als jedem dritten Geschäft überlegt, unter den Mehrbetriebsunternehmen nur in rund jedem sechsten (Abb. 13). Rund zwei Drittel der eine Geschäftsaufgabe überlegenden Mehrbetriebsunternehmen sind solche, die nur in Heidelberg bzw. in der Region Verkaufsstellen haben.

Aus diesen hohen Anteilswerten kann auf eine weitere erhebliche Fluktuation im Geschäftsbesatz in der Hauptstraße geschlossen werden. Wenngleich in der räumlichen Differenzierung in der Fluktuation keine sehr großen Unterschiede zu erwarten sind, ist in der Tendenz von einer höheren Fluktuation in den Zonen West und Ost auszugehen. Der auffallend niedrigere Anteil an eine Geschäftsaufgabe überlegenden Einbetriebsunternehmen in der Zone Ost ist - wie bei der Prognose der Geschäftsentwicklung - im Zusammenhang mit der spezifischen Sortimentsausrichtung auf touristische Nachfrage vieler hier lokalisierter Einbetriebsunternehmen zu sehen. Der relativ höhere Anteil an eine Aufgabe überlegenden Mehrbetriebsunternehmen in der Zone Ost dagegen weist erneut auf die weiter abnehmende Attraktivität der Zone Ost für einen nicht an touristischer Nachfrage orientierten Einzelhandel hin. Der in der Zone West höhere Anteil an die Aufgabe überlegenden Mehrbetriebsunternehmen im Vergleich zur Zone Mitte wird hervorgerufen vor allem durch Haupt- bzw. Filialbetriebe von alteingesessenen Heidelberger Geschäften, in denen die Umsatzentwicklung hinter der Mietenentwicklung zurückbleibt.

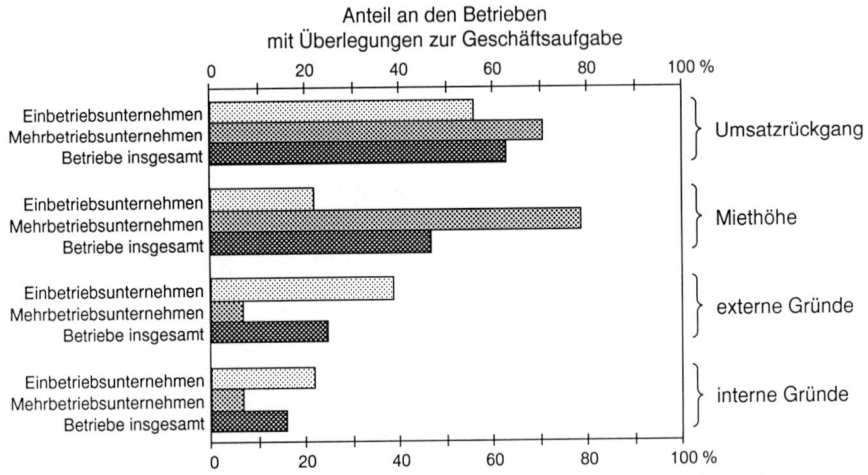

Abb. 14: Ursachen für eine etwaige Geschäftsaufgabe (Mehrfachnennungen waren möglich)

Umsatzrückgang und Miethöhe wurden insgesamt als wichtigste Ursachen für die in Erwägung gezogene Geschäftsaufgabe genannt (Abb. 14). Diese Faktoren wurden in Mehrbetriebsunternehmen deutlich häufiger angegeben als in Einbetriebsunternehmen. In Zusammenhang mit dem bereits erwähnten überproportionalen Anteil nicht überregional operierender Mehrbetriebsunternehmen unter den die Aufgabe überlegenden Mehrbetriebsunternehmen läßt dies die im wirtschaftlichen Verdrängungswettbewerb noch nicht ausreichenden Größeneffekte solcher Mehrbetriebsunternehmen erkennen.

Weniger häufig wurden die Faktoren Miethöhe und Umsatzrückgang in Einbetriebsunternehmen genannt. Einerseits ist dies beim Faktor Miethöhe auf die teilweise noch günstigeren Mieten (längere Mietdauer) bzw. einen höheren Eigentümeranteil zurückzuführen. Andererseits ist hierbei zu berücksichtigen, daß gerade in Einbetriebsunternehmen eine Vielzahl von Gründen genannt wurden, die zu geschäftsexterne Gründe zusammengefaßt wurden. Letztlich sind diese aber auch Indikatoren für eine zunehmend gegenläufige Entwicklung von Umsatz und Kosten. Genannt wurden Ursachen wie Rückgang eines kaufkräftigen Publikums, zurückgehende Attraktivität der Hauptstraße wegen Angebotsnivellierung, die städtische Verkehrspolitik und die Wegnahme von Kunden durch Kettenläden. Auffallend ist, daß offensichtlich nicht ein etwaiger intern verursachter Attraktivitätsverlust (z.B. durch nicht mehr den Kaufwünschen angepaßtes Sortiment) als Ursache in Erwägung gezogen wird. Faktoren wie eine altersbedingte Aufgabe und Personalprobleme wurden zur Ursachengruppe interne Faktoren zusammengefaßt; sie waren bei Betrachtung aller eine Aufgabe überlegenden Betriebe von nachgeordneter Bedeutung. Die nach Betriebsformen differenzierte Betrachtung zeigt, daß es sich hierbei um spezifische Probleme von Einbetriebsunternehmen handelt.

5. Probleme des Einzelhandels am Standort Heidelberger Hauptstraße

Auf die offen gestellte Frage "Welches sind aus Ihrer Sicht die wichtigsten Probleme für den Einzelhandel in der Heidelberger Hauptstraße" erfolgte eine Vielzahl von Einzelnennungen. Weder nach Betriebsformen noch nach Warenbereichen zeigten sich wesentliche Unterschiede in der Bedeutung der genannten Problemfelder. Allerdings waren Unterschiede in Abhängigkeit von der Zonenzugehörigkeit und damit vom Standort innerhalb der Hauptstraße zu vermerken.

Insgesamt wurden in 90% der befragten Geschäfte wichtige mit dem Standort Hauptstraße verbundene Probleme genannt, der vergleichbare Anteilswert lag in der Zone West bei 85%, in der Zone Mitte bei 94% und in der Zone Ost bei 92%. Die jeweils angeführten einzelhandelsrelevanten Probleme in der Hauptstraße, die zu den Bereichen Verkehr, Attraktivität, Miethöhe und Eingriffe der Stadtverwaltung zusammengefaßt wurden, stellen die derzeit generell für Oberzentren diskutierten Problembereiche dar (HATZFELD 1987, GIESE/SEIFERT 1989, GRABOW/LÖHR 1991).

Unter den genannten Problemen kommt aus der Sicht des Einzelhandels dem Komplex Verkehrsprobleme die größte Bedeutung zu (Abb. 15). Dessen große Bedeutung war auch für die Kundenseite ermittelt worden (ECON-CONSULT 1986). Unter den genannten Verkehrsproblemen nehmen Probleme im Zusammenhang mit dem ruhenden Verkehr die Spitzenposition ein. Angeführt wurden hier insbesondere das Fehlen eines funktionierenden Park-Leitsystems, der Mangel an einer ausreichenden Anzahl von Parkplätzen in einer von den Kunden akzeptierten Distanz und hohe Parkgebühren, was teilweise zu einer Kunden-

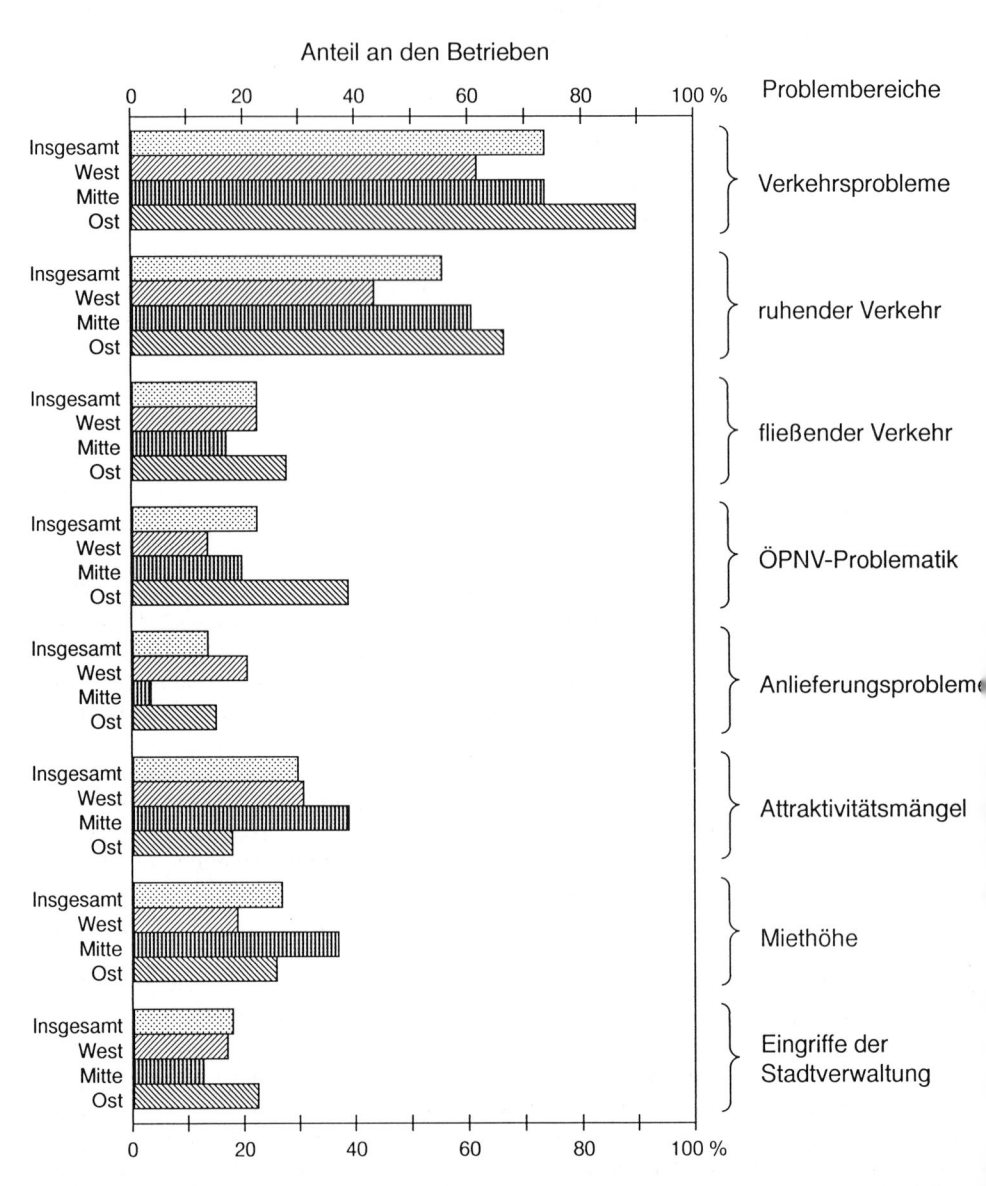

Abb. 15: Probleme für den Einzelhandel am Standort Hauptstraße aus der Sicht des Einzelhandels (Mehrfachnennungen waren möglich)

umorientierung auf Ober- und Mittelzentren mit ausreichendem Parkraumangebot und niedrigeren Gebührensätzen geführt hätte. Überdurchschnittlich häufig wurde dies als Problem in Geschäften in den Zone Mitte und Ost genannt - mit Verweis auf ein für den Einzelhandel ungünstiges Parkraummanagement mit hohem Anteil an Parkplätzen in den hier nahe der Hauptstraße gelegenen Parkhäusern bzw. Tiefgaragen, die von Berufstätigen in Anspruch genommen werden würden. Das im Umfeld der westlichen Hauptstraße größere Parkraumangebot schlägt sich in der niedrigeren Nennungshäufigkeit in der Zone West nieder.

Auch die Nennungshäufigkeiten in bezug auf ÖPNV-Probleme zeigen ein vergleichbares Ost-West-Gefälle (Abb. 15). Schwerpunktmäßig wurde hier eine schlechte Erreichbarkeit der mittleren und östlichen Hauptstraße mittels ÖPNV bemängelt, vielfach ergänzt mit Hinweisen auf die insbesondere hiervon betroffene ältere Kundschaft. Ungenügende Park&Ride-Möglichkeiten, zu hohe Kosten für den ÖPNV und schlechte bzw. ungünstige ÖPNV-Anbindung insbesondere an Elsenztal-Gemeinden (mit Folgeproblemen in der Personalrekrutierung) waren weitere häufig genannte, unter ÖPNV-Probleme zusammengefaßte Aspekte.

Zu Problemen mit dem fließenden Verkehr zusammengefaßt wurden Nennungen wie eine insgesamt schlechte Erreichbarkeit der Heidelberger Innenstadt mit dem PKW, nicht genügend ausgebaute Straßen mit der Folge von erheblichen Stauungen in Spitzenzeiten und ungünstige Ampelschaltungen. Die in den Zonen West und Ost höheren Nennungshäufigkeiten spiegeln einerseits jüngere verkehrspolitische Veränderungen in Form der Fahrstreifenreduzierung für PKW und andererseits die für den östlichen Bereich der Altstadt insgesamt schwierigeren Zufahrtsmöglichkeiten wider. Räumliche Unterschiede in den Anlieferungsmöglichkeiten haben sich auch in den höheren Nennungshäufigkeiten zu diesem Verkehrsteilproblem in den Zonen West und Ost niedergeschlagen.

Attraktivitätsmängel stellen aus der Sicht des Einzelhandels den zweitwichtigsten Problembereich dar. Am häufigsten genannt wurden hier eine schlechte Einkaufsatmosphäre wegen Fehlen von Begrünung, Verweilmöglichkeiten (Straßencafés/Sitzplatzgruppen) und Arkaden etc., wegen zu vieler Obdachloser und wegen eines niedrigen Angebotsniveaus (schlechte Geschäftsmischung/Kettenläden). In den Geschäften der Zone Ost waren solche Attraktivitätsmängel von geringerer Bedeutung wegen der hier in vielen Geschäften vorhandenen Ausrichtung auf touristische Nachfrage und nicht auf die Nachfrage von Laufkundschaft.

Die Miethöhe wurde nahezu in jedem vierten befragten Betrieb als wichtiges Problem genannt. Insbesondere für Betriebe in der Zone Mitte stellt dies ein Problem dar. Hier wurde - auch von vielen Mehrbetriebsunternehmen - darauf verwiesen, daß die Mieten überhöht wären gemessen am Kunden- und Umsatzaufkommen. In mehreren Geschäften wurden Angaben zur Miethöhe gemacht. Diese lassen darauf schließen, daß derzeit bei Neuvermietungen in der Zone West

Nettokaltmieten über 200 DM/qm bezahlt werden müssen, in der Zone Mitte Werte bis zu 140 DM/qm und in der Zone Ost bis zu 120 DM/qm[5]. Die geringeren Nennungshäufigkeiten in der Zone West zeigen, daß hier unter Rentabilitätsaspekten derzeit die geringsten Probleme vorhanden sind, was sich auch in der hier niedrigeren Fluktuationsrate der letzten Jahre niedergeschlagen hatte (vgl. 3.3.). Der in der Zone Ost im Vergleich zur Zone Mitte niedrigere Anteilswert ist erneut in Zusammenhang mit dem hier höheren Anteil an Geschäften mit Ausrichtung auf touristische Nachfrage und deren derzeit geringeren Rentabilitätsproblemen zu sehen.

Unter dem Problembereich Eingriffe der Stadtverwaltung zusammengefaßt wurden Nennungen wie Reglementierungen bezüglich Fassadengestaltung und Verkaufshilfenaufstellung und Reglementierungen des Tourismus, der zu einem Rückgang des Tourismus geführt hätte bzw. führen würde. Die kumulierende Wirkung dieser Faktoren ist die Ursache für die höheren Nennungshäufigkeiten in der Zone Ost.

Neben diesen Hauptproblembereichen wurden als weitere Faktoren genannt: zu geringe Werbung für Heidelberg als Einkaufsstadt, Personalprobleme wegen der ungenügenden ÖPNV-Anbindung des Umlandes, zu wenige Flächen für neue als Kundenmagneten wirkende Großbetriebe.

Danach gefragt, was die Stadtverwaltung zur Verbesserung der Situation des Einzelhandels am Standort Hauptstraße tun sollte, wurden immerhin in 83% der befragten Betriebe Vorschläge gemacht. In diesen Vorschlägen, die eine deutliche Anlehnung an die aufgeführten Probleme aus der Sicht des Einzelhandels erkennen lassen, zeigten sich keine wesentlichen branchen- oder betriebsformenspezifischen Unterschiede. Auffallend ist die in den befragten Geschäften weit verbreitete Unzufriedenheit über die als unzureichend bewertete Kommunikation zwischen Einzelhandelsgeschäften und Stadtverwaltung über das Problemfeld Einzelhandel.

In 59% aller befragten Geschäfte wurden Vorschläge zum Problemfeld Verkehr abgegeben. Neben sicherlich bei der Stadtverwaltung nicht auf Unterstützung stoßen werdenden Vorschlägen zu Erleichterungen für den Individualverkehr (z.B. stärkere Öffnung der Altstadt für den Individualverkehr) sind Vorschläge zur Verbesserung des Parkraummanagements (Parkleitsystem, Kurzzeitparken etc.) und zur Entschärfung des Anlieferproblems (Verlängerung bis 11 Uhr, Kontrollen zur

---

[5] Bei der Bewertung der Mietangaben ist zu berücksichtigen, daß die hier genannten Zahlen nur als Hinweise dienen können, die Auskunftsfreudigkeit der Ladenbesitzer ist bisher zu diesem Punkt selbst Vertretern des Einzelhandelsverbandes gegenüber sehr gering gewesen (ECON-CONSULT 1986); zudem ist in Abhängigkeit von Abschlußzeitpunkt und Ausgestaltung des Mietvertrages von sehr großen Schwankungen in der Miethöhe auszugehen. Der Vergleich mit den vom Ring Deutscher Makler (RDM) ermittelten Durchschnittswerten zeigt, daß die genannten Werte durchaus realistisch sind. Nach Angaben des RDM-Immobilienpreisspiegels lagen die Nettokaltmieten im ersten Quartal 1993 im Geschäftskern von Heidelberg in 1a-Lagen bei 185 DM/qm/Monat für Geschäfte unter 60qm und bei 145 DM/qm/Monat für Geschäfte über 100 qm. Stellt man den RDM-Werten von 1993 diejenigen von 1989 gegenüber (150 DM bzw. 90 DM), so verdeutlichen die hohen Steigerungsraten von 23% bzw. 61% innerhalb von 4 Jahren die hierdurch auch hervorgerufene Rentabilitätsproblematik im Einzelhandel in Innenstadtlagen.

tatsächlichen Beschränkung der Zufahrten auf den Lieferverkehr etc.) unter Berücksichtigung der Erfahrungen in anderen Städten überdenkenswert. Dies gilt auch für Vorschläge zur Entschärfung der ÖPNV-Problematik (Einsatz von Pendelkleinbussen, Park&Ride-Ausbau, Einführung von Kurzstreckentarifen, Gepäckaufbewahrungsmöglichkeiten etc.).

Vorschläge zur Attraktivitätssteigerung wurden in 32% aller befragten Geschäfte gemacht. Am häufigsten genannt wurden Aspekte der Straßenmöblierung und -ausstattung (Bäume, Bänke, öffentliche WCs etc.) und der Imagewerbung unterstützt durch Feste, Märkte etc. in der Innenstadt. Mehrfach wurde hierzu als Positivbeispiele auf andere Oberzentren wie Freiburg, Karlsruhe und Heilbronn verwiesen. Weiterhin wurde die Lockerung der Verordnungen zur Straßenraumgestaltung und vor allem eine großzügigere Erlaubnis zur Aufstellung von Verkaufshilfen vorgeschlagen. Zusammen mit Maßnahmen zur Attraktivitätssteigerung erhofft man sich, hierdurch die Kunden mehr zum "Bummeln" anregen und damit den negativen "Rennstreckencharakter" (MONHEIM 1980) der Hauptstraße mildern zu können.

6. Zusammenfassung

Die Heidelberger Hauptstraße, die bis heute im Oberzentrum Heidelberg die zentrale Hauptgeschäftsstraße darstellt, ist durch ein West-Ost-Gefälle in Passantenaufkommen und -frequenz gekennzeichnet. Hiervon ausgehend wurde der durch die Einzelhandelsfunktion geprägte Hauptstraßenbereich zwischen Bismarckplatz/Sofienstraße im Westen und Oberbadgasse/Rathaus im Osten in 3 Attraktivitätszonen eingeteilt. Die Vergleiche mit früheren Zählungsergebnissen zeigen, daß eine absolute Bedeutungszunahme für die Zonen West und Mitte kennzeichnend ist bei gleichzeitiger Ausdehnung der kundenattraktivsten Zone West inzwischen bis zur Märzgasse. Die Zone Ost (östlich der Marstallstraße) hingegen ist durch einen relativen Bedeutungsverlust gekennzeichnet. Insgesamt spiegeln sich in diesen Veränderungen in den räumlichen Unterschieden im Passantenaufkommen die im letzten Jahrzehnt erfolgte Ausdehnung des Hauptgeschäftszentrums in den mittleren Teilbereich der Hauptstraße bei gleichzeitigen Umstrukturierungen in der Geschäftsstruktur im östlichen Abschnitt hin zu einem mehr touristisch ausgerichteten Angebot wider.

Im Branchenmix ist für die Hauptstraße eine erhebliche Angebotsverengung kennzeichnend. Dieser sich seit den 60er Jahren in der Hauptstraße deutlich beschleunigende Prozeß bewirkte, daß 1991 rund zwei Drittel aller Geschäfte im untersuchten Hauptstraßenabschnitt den Einzelhandelsgruppen Textilien etc. und Sonstige Waren zuzuordnen sind. Zu Lasten ging dies insbesondere von Geschäften der Gruppe Nahrungsmittel etc. Deren Rückgang konnte immerhin - wie auch derjenige bei den Geschäften mit pharmazeutischen/kosmetischen Erzeugnissen -

durch die in den 80er Jahren erfolgte Niederlassung von Filialunternehmen gestoppt werden. Für die anderen Einzelhandelsgruppen sind geringere Veränderungen im betrachteten Zeitablauf zu verzeichnen. Hervorzuheben ist allerdings die Zunahme von an touristischer Nachfrage orientierten Geschäften. Ebenfalls hervorzuheben ist die mit der Textilisierung verbundene Sortimentsverbreiterung im Oberbekleidungsbereich (vor allem in der Damenoberbekleidung) hin zu einer eng segmentierten Zielgruppenorientierung in den angebotenen Waren, unterstützt durch eine entsprechende Geschäftsaufmachung als Resultat der Ausdifferenzierung im Nachfrageverhalten.

Der Filialisierungsprozeß als Folge der Konzentrationsdynamik im Handel hat bis 1993 in der Hauptstraße zu einem weitgehenden Verdrängen des traditionell prägenden mittelständischen Facheinzelhandels geführt. 64% der Einzelhandelsgeschäfte in der Hauptstraße sind Mehrbetriebsunternehmen, der auf Mehrbetriebsunternehmen entfallende Verkaufsflächenanteil liegt bereits bei 90%. Die Auswertung der Altersstrukturen der Geschäfte zeigt, daß der wirtschaftliche Verdrängungsprozeß insbesondere seit 1980 in Form einer räumlichen Diffusion von West nach Ost sich in der Hauptstraße ausgedehnt hat, einerseits den Standorten höchster Kundendichte folgend, andererseits die Kundenattraktivität auch erhöhend. Rund jedes zweite Einzelhandelsgeschäft in der Hauptstraße befindet sich erst seit 1980 an seinem jetzigen Standort, rund jedes fünfte sogar erst seit 1990.

Die in diesem Verdrängungsprozeß sichtbare bessere Wettbewerbsfähigkeit von Mehrbetriebsunternehmen und hier insbesondere von solchen mit einem bundes- bzw. europaweiten Verbreitungsgebiet hat sich auch in der Größen- und Besitzstruktur niedergeschlagen. Wenngleich hierin ein West-Ost-Gefälle in der Hauptstraße festzustellen ist, gilt für jede ausgegliederte Zone, daß Mehrbetriebsunternehmen durch größere Verkaufsflächen und in den oberen Größenklassen durch einen höheren Eigentümeranteil gekennzeichnet sind.

Auch die Bewertungen der jüngeren Geschäftsentwicklung, des Dienstleistungsabends und die Prognosen zur künftigen Geschäftsentwicklung lassen die derzeit generell bessere Wettbewerbsposition der Mehrbetriebsunternehmen erkennen. Dies gilt besonders für Filialunternehmen von bundes- bzw. europaweit agierenden Fachgeschäftsketten mit mittlerem und niedrigerem Preisniveau. Für Mehrbetriebsunternehmen mit lokalem oder regionalem Verbreitungsgebiet dagegen sind ungünstigere Bewertungen und Prognosen charakteristisch. Diese sind zusammen mit den noch verbliebenen Einbetriebsunternehmen auch diejenigen mit den höchsten Anteilen an eine Betriebsaufgabe überlegenden Geschäften. Neben der Betriebsformenabhängigkeit der Wettbewerbsfähigkeit läßt sich eine sekundäre Abhängigkeit von der Lage in der Hauptstraße in Form eines West-Ost-Gefälles erkennen.

Wesentliche standortbedingte Problembereiche aus der Sicht des Einzelhandels sind derzeit die Bereiche Verkehr, Attraktivität der Hauptstraße, Miethöhe und Eingriffe von seiten der Stadtverwaltung. Entsprechend diesen Problembereichen konzentrieren sich hierauf auch die an die Adresse der Stadtverwaltung gerichteten Verbesserungsvorschläge.

Insgesamt sind für Heidelberg in den Hauptleitlinien der Einzelhandelsentwicklung und den derzeitigen einzelhandelsrelevanten Problemlagen ähnliche Verhältnisse wie für andere Oberzentren - auch im internationalen Vergleich (vgl. DAWSON et al. 1988, BROMLEY/THOMAS 1993) - zu verzeichnen. Unter Übertragung der Produktlebenszykluskonzeption auf den Lebenszyklus von Betriebsformen ist auch für die Hauptstraße von einer weiteren Phase des Rückgangs von Einbetriebsunternehmen und Mehrbetriebsunternehmen mit lokalem bzw. regionalen Verbreitungsgebiet auszugehen, ein Prozeß, der sich durch die EU-Binnenmarktentwicklung noch verschärfen wird. Wie z.B. die Diskussionen um Absatzprobleme in Benetton-Filialen zeigen, wird dieser verschärfte Verdrängungswettbewerb aber auch vor solchen überregional organisierten Filialunternehmen nicht haltmachen, die sich den schnell wandelnden Kundenpräferenzen bezüglich Warenangebot und Preisniveau nicht entsprechend anpassen. In der räumlichen Dimension ist ein weiterer Rückgang des nicht an touristischer Nachfrage orientierten Einzelhandels in der östlichen Hauptstraße zu erwarten.

Wenngleich aus stadtplanerischer Sicht dieser sich derzeit auch in der Heidelberger Hauptstraße vollziehende Strukturwandel im Einzelhandel vor dem Hintergrund des städtebaulichen Leitbildes der Individualität negativ zu bewerten ist, so muß realistischerweise gesehen werden, daß städtebaurechtlich kaum Möglichkeiten einer direkten Beeinflussung der Zusammensetzung des innerstädtischen Einzelhandels gegeben sind. Zu sehen ist weiterhin, daß sich in diesem Strukturwandel in der Einzelhandelsangebotsseite nicht nur eine ökonomische einzelhandelsendogen bedingte Zwangsläufigkeit niederschlägt. Vielmehr wird dieser Strukturwandel einzelhandelsexogen erst ermöglicht bzw. verstärkt über die offensichtliche Verlagerung der Kundennachfrage zum Angebot der Filialunternehmen.

Begreift man Stadtentwicklung und Einzelhandelsentwicklung als nach wie vor durch eine ausgeprägte Wechselwirkung gekennzeichnete Prozesse, so wäre es allerdings eine wichtige Aufgabe, bei einer zunehmend ubiquitären Einzelhandelsangebotsstruktur, die Attraktivität des Einkaufsstandortes Heidelberger Innenstadt gerade vor dem Hintergrund der räumlichen Konkurrenzsituation zu Mannheim und zu mehreren Mittelzentren in bezug auf die Rahmenbedingungen des Einkaufens insgesamt zu verbessern. Wesentliche zu verbessernde Problembereiche sind - auch aus der Sicht der Kunden (vgl. ECON-CONSULT 1986) - die Zugänglichkeitsproblematik und die attraktivere Ausgestaltung des Fußgängerzonenbereiches, wichtig wären auch Flächenbereitstellungen für großflächigere attraktive Einzelhandelsunternehmen, um somit das Koppelungspotential, das bisher noch von der Kundenseite für Innenstädte von Oberzentren spricht, zu verstärken. Jüngste Ansätze zur Attraktivitätssteigerung, wie die Umbaumaßnahmen im Darmstädter-Hof-Centrum und im Menglerbaubereich, sind hier nicht als ausreichend zu bewerten - insbesondere vor dem Hintergrund der bisher noch völlig unbefriedigenden räumlichen Fußgängerverbindung Hauptstraße - Bismarckplatz - Poststraße. Sinnvoll wäre sicherlich auch in Heidelberg die Entwicklung eines integrierten Citymarketingkonzepts (vgl. GRABOW/LÖHR 1991, ILS 1991) zur Stärkung und Sicherung der Einzelhandelsfunktion unter Einbezug der privaten Akteure im Einzelhandelsbereich.

Literatur

BAG (Hrsg.)(1985): Gefahr für die Innenstädte wächst. Ergebnisse der Untersuchung Kundenverkehr 1984. - Schriftenreihe der Bundesarbeitsgemeinschaft der Mittel- und Großbetriebe des Einzelhandels e.V. Köln.
BAG (Hrsg.)(1990): Handel und stadtgerechter Verkehr. - Schriftenreihe der Bundesarbeitsgemeinschaft der Mittel- und Großbetriebe des Einzelhandels e.V. Köln.
BROMLEY, R.D.F. & C.J. THOMAS (Hrsg.)(1993): Retail change: contemporary issues. London.
DAWSON, J.A., GRANSBY, D. & R. SCHILLER (1988): The changing High Street. - The Geographical Journal 154, 1-22.
ECON-CONSULT (Hrsg.)(1986): Strukturuntersuchung Heidelberg. Köln.
EUROSTAT (1993): Der Einzelhandel im EG-Binnenmarkt. Brüssel.
FRISCH, U. & G. MEYER (1986): Passanten- und Kundenverkehr im Erlanger Geschäftsviertel. - Mitteilungen der Fränkischen Geographischen Gesellschaft 31/32, 517-543.
GEBAUER, E. & Th. WERZ (1990): Der Donnerstag holt auf, aber langer Samstag bleibt vorne. - BAG-Nachrichten 12, 15-17.
GIESE, E. & V. SEIFERT (1989): Die Entwicklung innerstädtischer Geschäftszentren in Mittelhessen unter besonderer Berücksichtigung des Einzelhandels. - Geographische Zeitschrift 77, 1-21.
GORMSEN, E. (1963): Das heutige Bild des alten Heidelberg. - Festschrift zum 34. Deutschen Geographentag Heidelberg, 112-125.
GRABOW, B. & R.-P. LÖHR (Hrsg.)(1991): Einzelhandel und Stadtentwicklung: Vorträge und Ergebnisse einer Fachtagung. - Difu-Beiträge zur Stadtforschung 1. Berlin.
HANSEN, U. (1990^2): Absatz- und Beschaffungsmarketing des Einzelhandels. Göttingen.
HATZFELD, U. (1987): Städtebau und Einzelhandel. - Schriftenreihe 03 "Städtebauliche Forschung" des Bundesministers für Raumordnung, Bauwesen und Städtebau 119. Bonn.

HEIDEMANN, C. (1967): Gesetzmäßigkeiten des städtischen Fußgängerverkehrs. - Forschungsarbeiten aus dem Straßenwesen, N.F. 68. Bad-Godesberg.

HEINRITZ, G. (1989): Der "Wandel im Handel" als raumrelevanter Prozeß. - Münchner Geographische Hefte 63, 15-128.

HÖDEBECK, H. (1986): Die Große Straße in Osnabrück. - Berichte zur deutschen Landeskunde 60, 319-355.

ILS (Hrsg.)(1991): Stadtmarketing in der Diskussion: Fallbeispiele aus Nordrhein-Westfalen. - Schriften des Instituts für Landes- und Stadtentwicklungsforschung des Landes Nordrhein-Westfalen 56.

KRÜGER, A. (1970): Funktionswandel im alten Heidelberg. - Staatsexamensarbeit am Geographischen Institut der Universität Heidelberg.

KRÜGER, A. & C. RÖSEL (1981): Funktionswandel und Citybildung in der Heidelberger Innenstadt. - Heidelberger Geographische Arbeiten 46, 170-207.

LICHTENBERGER, E. (1963): Die Geschäftsstraßen Wiens. - Mitt. d. Geogr. Gesellschaft Wien 105, 463-504.

MAHN, Ch. (1981): Die Heidelberger Hauptstraße: Eine Analyse innerstädtischer Funktionsbereiche. - Heidelberger Geographische Arbeiten 46, 208-226.

MEYER, G. (1978): Junge Wandlungen im Erlanger Geschäftsviertel. - Erlanger Geographische Arbeiten 39.

MONHEIM, R. (1980): Fußgängerbereiche und Fußgängerverkehr in Stadtzentren der Bundesrepublik Deutschland. - Bonner Geographische Abhandlungen 64.

OVERBECK, H. (1963): Die Stadt Heidelberg und ihre Gemarkung im Spiegel der Wandlungen ihrer Funktionen, insbesondere seit dem 19. Jahrhundert. - Festschrift zum 34. Deutschen Geographentag Heidelberg, 74-111.

RAFFEÉ, H. & K.-P. WIEDMANN (1987): Dialoge 2 - Der Bürger im Spannungsfeld von Öffentlichkeit und Privatleben, Band: Marketing-Analyse - Konsequenzen und Perspektiven für das gesellschaftsorientierte Marketing. Hamburg.

SAILER-FLIEGE, U. (1992): Das Passantenaufkommen in der Heidelberger Hauptstraße. - Projektbericht für die Stadt Heidelberg. Heidelberg.

SCHEUCH, E.K. (1972): Einkaufsbummel und Einkauf als Kern städtischen Lebens. - Selbstbedienung und Supermarkt, 14-25.

SCHOLLE, A. (1990): Aspekte des strukturellen Wandels im Einzelhandel: Die Entwicklung des Heidelberger Einzelhandels im überregionalen und regionalen Vergleich. - Diplomarbeit am Geographischen Institut der Universität Heidelberg.

SIEGMANN, B. (1978): Der Nutzungswandel der Hauptstraße in Heidelberg zwischen 1972 und 1978. - Staatsexamensarbeit am Geographischen Institut der Universität Heidelberg.

WOLF, K. (1969): Stadtteil-Geschäftsstraßen: Ihre geographische Einordnung, dargestellt am Beispiel der Stadt Frankfurt am Main. - Rhein-Mainische Forschungen 67.

WÖLK, A. (1993): Städtebauliche Auswirkungen veränderter Ladenschlußzeiten (Dienstleistungsabend). - Bundesministerium für Raumordnung, Bauwesen und Städtebau. Bonn.

WÜRDEMANN, G. (1990): Städtebau und Verkehr. - Informationen zur Raumentwicklung 10, 609-624.

Struktur und Inanspruchnahme des Einzelhandels in Stadtrandlagen. Dargestellt am Heidelberger Stadtteil Handschuhsheim

Jürgen Schweikart

1. Einleitung und Problemstellung

Im Einzelhandel vollzieht sich seit Jahren ein starker Strukturwandel, dessen Dynamik bis heute unvermindert anzuhalten scheint. Dabei handelt es sich um einen Prozeß, der sich in Abhängigkeit der Branchen und der Veränderungen der traditionellen Einzelhandelsstandorte sehr unterschiedlich gestaltet. Der Wandel ist einerseits die Folge eines Anpassungsprozesses an die neuen Rahmenbedingungen, die durch Einkommenszuwachs und größere Mobilität weiter Bevölkerungsschichten gekennzeichnet ist, andererseits haben die Veränderungen im Einzelhandel eine Eigendynamik entwickelt, die es zunehmend erfordert, daß sich auch der Konsument an die neuen Strukturen anpaßt (HEINRITZ 1989, 15). Einem besonders starken Wandel ist die Nahrungsmittelbranche ausgesetzt. Durch rationell arbeitende Angebotsformen, wie Supermärkte und Discountgeschäfte, ist es möglich, große Teile der Kaufkraft zu binden. In Folge des großen Platzbedarfs dieser Einrichtungen blieb diese Entwicklung nicht ohne räumliche Konsequenzen. Ein beträchtlicher Teil des Angebots hat sich an die Peripherie der urbanen Zentren verlagert.

In der vorliegenden Untersuchung wird der Aspekt der Einkaufsorientierung der Bevölkerung eines Stadtteils, der peripher zum Zentrum liegt, herausgegriffen und in seiner räumlichen Relevanz näher betrachtet. Der Schwerpunkt liegt einerseits darin, Abhängigkeiten zwischen der Art der nachgefragten Güter und der Einkaufsorientierung aufzudecken und andererseits bestehende Zusammenhänge zwischen strukturellen Haushaltsmerkmalen, Einkaufsverhalten und -orientierung zu analysieren.

Auf der Untersuchung der innerörtlichen Einkaufsaktivitäten liegt ein besonderes Gewicht, denn es hat sich gezeigt, daß zur Versorgungssituation der Bevölkerung vor allem die kleinen Zentren wichtig sind, da sie den kurzfristigen und häufig auftretenden Bedarf decken. Die lokale Situation, besonders das direkte Umfeld, beeinflußt die Bewertung der eigenen Versorgungssituation stark (BORCHERDT/SCHNEIDER 1976, 3).

Deshalb wird vor der Analyse des Verhaltens und der Orientierungen der Einkäufer die Struktur des lokalen Einzelhandels untersucht, um die Versorgungsmöglichkeiten der Haushalte innerhalb des betrachteten Stadtteils abzugrenzen. Dabei wird die Standortwahl des Einzelhandels sowie die Stellung im innerstädtischen Versorgungsgefüge miteinbezogen.

2. Determinanten des Einkaufsverhaltens

Untersuchungen, die sich mit der Struktur des Einzelhandels beschäftigen, müssen sowohl die Angebots- als auch die Nachfrageseite einbeziehen. Diese beiden Pole, der private Haushalt als Konsument und der Einzelhandel als Anbieter, sind dabei keine homogenen, sondern äußerst heterogene Gruppen. Während sich der Einzelhandel nach Warenangebot, Angebotsform, Standort etc. differenzieren läßt, unterscheiden sich die Einkäufer unter anderem in ihren demographischen und sozioökonomischen Merkmalen.

Grundsätzlich stehen zwei Wege offen, das Einkaufsverhalten zu betrachten. Zum einen können Einzugsgebiete von den Zentren ausgehend abgegrenzt werden, zum anderen besteht die Möglichkeit, den Konsumenten in den Mittelpunkt zu stellen, d.h. dessen Einkaufsorientierung zu analysieren (HEINRITZ 1977, 15). Je nach Ausgangspunkt lassen sich dabei unterschiedliche Bereiche abgrenzen. Wird vom Zentrum ausgegangen, so lassen sich unterschiedliche Einzugsgebiete, gegliedert nach Warengruppen bzw. Dienstleistungen, nachweisen. Werden die Konsumenten betrachtet, so bestehen ebenfalls deutliche Unterschiede bzgl. der Entfernung zu den in Anspruch genommenen Anbietern von Dienstleistungen. Dies ist einerseits von der Art der nachgefragten Gütern abhängig, andererseits von demographischen und sozioökonomischen Merkmalen der Konsumenten.

Eine Reihe von Untersuchungen beschäftigt sich mit dem Problem unterschiedlichen Versorgungsverhaltens aufgrund heterogener Voraussetzungen der Probanden. In einer Studie über die Einkaufsorientierung der Bevölkerung am Beispiel Stuttgarts weisen die Autoren nach, daß "das Haushaltseinkommen und im weiteren Sinne der soziale Status des Haushaltes ... zu einem wesentlichen Teil die Aktionsreichweiten beim Einkauf" (MÜLLER/NEIDHARDT 1972, 88) bestimmen. Hinter dem Begriff 'sozialer Status' verbirgt sich das Haushaltseinkommen sowie die Schul- und Berufsausbildung. Weiterhin werden Zusammenhänge mit den Variablen 'Kraftfahrzeugverfügbarkeit', 'Arbeitsort', 'Wohndauer' und 'Alter' aufgezeigt. Ähnliche Ergebnisse erzielt auch WOO-IK in der vergleichenden Untersuchung über das zentralörtliche Verhalten im ländlichen Raum. Es ergaben sich signifikante Korrelationen zwischen Haushaltseinkommen, Beruf, Bildungsniveau, Alter und Wohndauer (WOO-IK 1980, 224).

LINDE (1977) kommt in seiner Untersuchung über die Standortorientierung tertiärer Betriebsstätten in der Stadtregion Karlsruhe zu ähnlichen Ergebnissen. Er differenziert im Gegensatz zu MÜLLER/NEIDHARDT die Einkaufsorte nicht auf der Grundlage der Distanz zwischen Wohnort und Einkaufsort, sondern nach ihrem zentralörtlichen Rang. Unter anderem stellt LINDE einen Zusammenhang zwischen PKW-Verfügbarkeit und Zentrenausrichtung her. HOMMEL (1974) macht in seiner Studie Aussagen über Bewohner von Siedlungen unterschiedlichen Alters. Während die Bewohner von älteren Siedlungen wenig mobil waren und sich eher auf die Mittelzentren hin orientierten, bevorzugten die Bewohner von Neubaugebieten die Großstadtzentren. Dieses Ergebnis dürfte in erster Linie auf die unterschiedliche Struktur der Bewohner bzgl. ihrer demographischen und sozioökonomischen Zusammensetzung zurückzuführen sein. Diese Reihe läßt sich durch viele weitere Studien ergänzen (GÜSSELFELDT 1975; MESCHEDE 1978, 1985).

Die ausgewählten Beispiele zeigen deutlich, daß das Einkaufsverhalten in seiner räumlichen Differenzierung von verschiedenen Faktoren abhängig ist, die die Konsumgewohnheiten nachhaltig beeinflussen. Merkmale wie das Einkommen und der Berufsstand sowie die Distanz zu den Versorgungseinrichtungen und die Verfügbarkeit von Verkehrsmitteln tauchen vielfach als signifikante Einflußfaktoren auf. Im Blickpunkt der genannten Publikationen stehen die Zentren und ihre Beziehung zum Umland. Die Einkaufsorientierung innerhalb der Zentren selbst wird wenig beachtet. Der Einzelhandel innerhalb der Zentren ist räumlich stark differenziert und wird von unterschiedlichsten Konsumentengruppen in Anspruch genommen. Insbesondere die Stadtrandlagen von Mittel- und Großstädten verfügen oftmals über ein weitgefächertes lokales Angebot, die in unmittelbarer Konkurrenz zu den meist attraktiven Einkaufsmöglichkeiten der Fußgängerzonen der Innenstädte stehen.

Demographische Merkmale:
- Alter →
- Geschlecht →

Sozioökonomische Merkmale:
- Schulabschluß →
- Tätigkeit, Beruf →
- Einkommen →
- Kaufkraft →

Sonstige Merkmale:
- Mobilität →
- Haushaltsgröße →
- Wohndauer am Ort →

Lokale Merkmale:
- Lage der Wohnung →

Entscheidungsprozeß

→ Einkaufshäufigkeit
→ Verkehrsmittelwahl
→ Einkaufsort

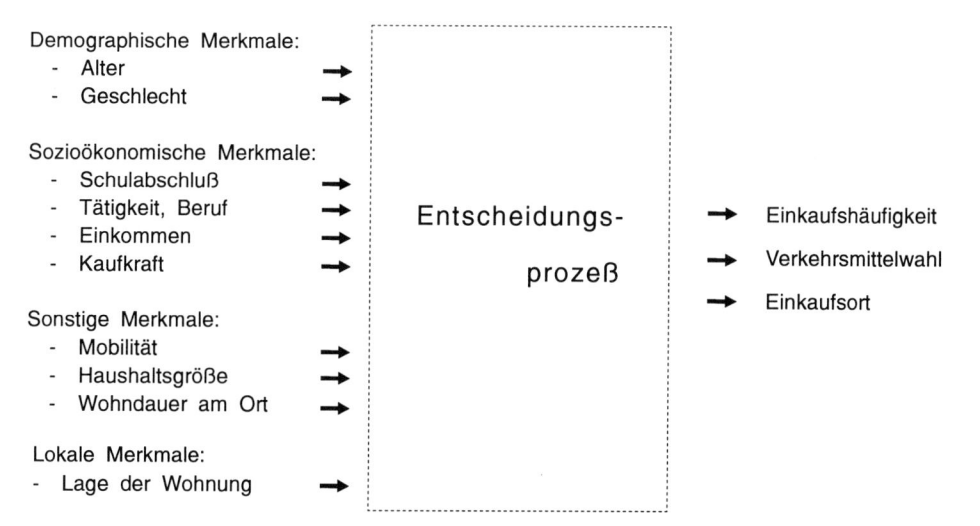

Abb. 1: Entscheidungsbeeinflussende Faktoren beim Einkauf (in Anlehnung an: BÄNSCH 1983, 4)

Abbildung 1 zeigt die Variablen, die das Einkaufsverhalten beeinflussen und in die folgende Erhebung Eingang fanden. Die Analyse stellt Zusammenhänge zwischen den Haushaltsmerkmalen und dem Einkaufsverhalten her, wobei die Wahl des Einkaufsortes den Schwerpunkt bildet.

3. Untersuchungsort und -methoden

Der Untersuchungsort Handschuhsheim liegt im Norden Heidelbergs und bildet die Grenze zur Nachbargemeinde Dossenheim. Die bis 1903 unabhängige Gemeinde hat sich seit der Eingemeindung zu einem städtischen Wohnort entwickelt (NEUREITHER 1977, 25). Die alten dörflichen Strukturen sind im Kern des Stadtteils erhalten und prägen zum Teil das Bild des heutigen Einzelhandels. Die schichtspezifische Zusammensetzung der Bevölkerung ist durch die Universität sehr stark beeinflußt. Ein großer Teil der Bevölkerung besteht aus Studenten und Hochschullehrern. Weiterhin ist es für den Untersuchungsort charakteristisch, daß ein hoher Anteil der Einwohner seit vielen Jahren in diesem Stadtteil ansässig ist. Die Erhebung zeigt, daß fast 50% aller Probanden seit mehr als 10 Jahren in Handschuhsheim leben.

Die für die Untersuchung notwendigen Daten wurden mit Hilfe eines Fragebogens erhoben, wobei die Auswahl der Haushalte auf der Grundlage einer systematischen Flächenstichprobe erfolgte. Die vorwiegend standardisierten Fragen lassen sich im wesentlichen in zwei Komplexe gliedern. Erstens in die Fragen nach dem Einkaufsverhalten, wobei Verkehrsmittelwahl, Einkaufsort und -häufigkeit, gegliedert nach unterschiedlichen Warengruppen, den Schwerpunkt bilden und zweitens in die Fragen, die die Struktur und Lebensverhältnisse der Haushalte erfassen.

Um die innerörtlichen Versorgungsaktivitäten beurteilen zu können, ist die Kenntnis der Einzelhandelsstruktur des Untersuchungsgebiets notwendig. Aus diesem Grund wurden die lokalen Einzelhandelseinrichtungen kartiert und die Merkmale Branche des Geschäfts, Schwerpunkte der verkauften Waren, Verkaufsfläche sowie Sortimentsbreite und -tiefe erfaßt.

4. Lokale Rahmenbedingungen

Die zurückgelegte Distanz, um sich mit Waren zu versorgen, und die Art dieser Waren stehen in direktem Zusammenhang (MIELENHAUSEN 1976, 28). Insbesondere bei Gütern des täglichen Bedarfs ist die Bereitschaft große Distanzen zurückzulegen gering. Für diese Waren ist die Struktur des Einzelhandels im direkten Wohnumfeld sehr bedeutend. Die Struktur des lokalen Einzelhandels kann durchaus ein Kriterium sein, wenn es darum geht die Lagequalität einer Wohnung zu beurteilen.

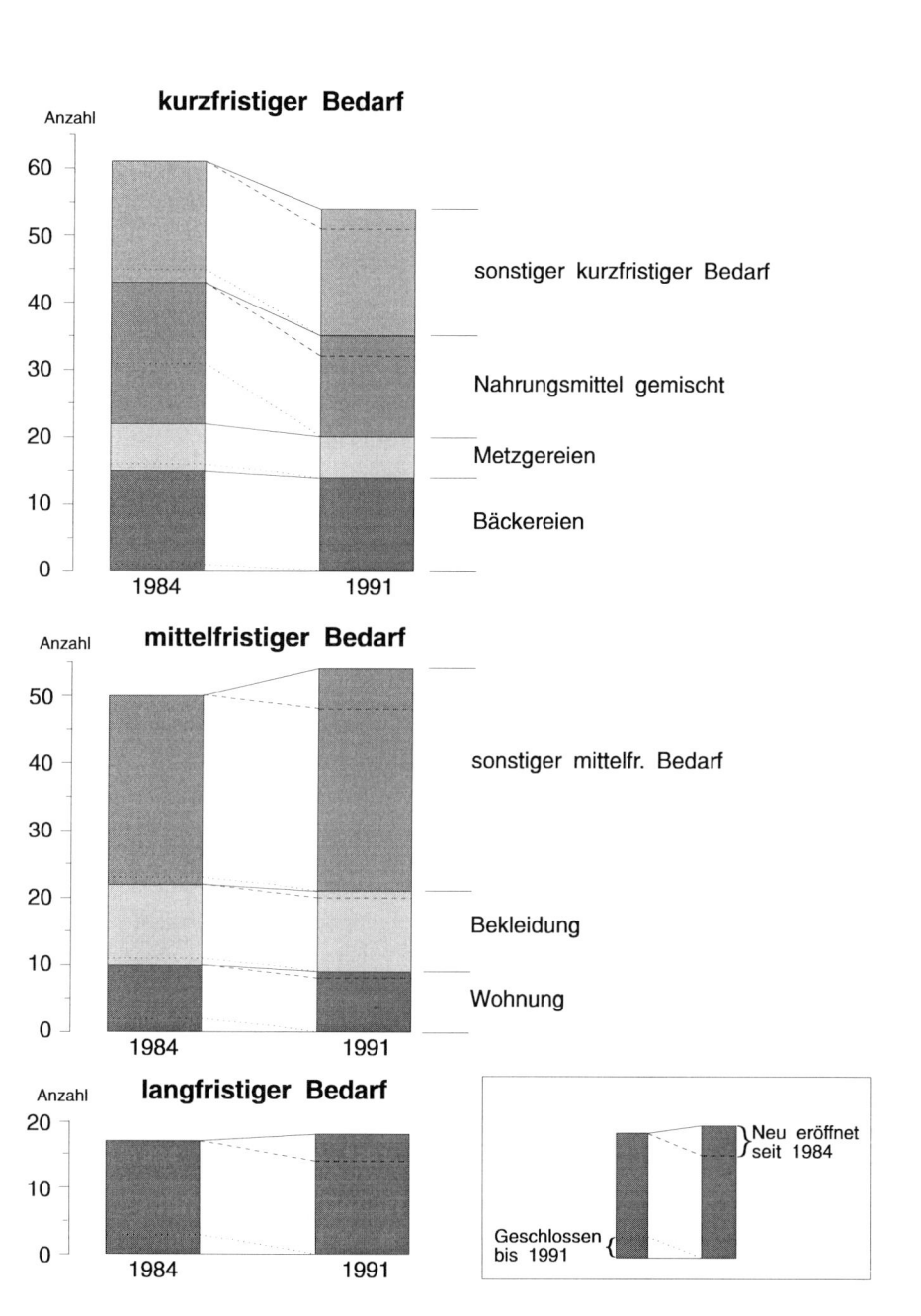

Abb. 2: Einzelhandel im Stadtteil Handschuhsheim nach Branchen gegliedert (Quelle: Eigene Erhebung 1984, 1991)

Abbildung 2 zeigt die Anzahl der Einrichtungen des Einzelhandels des Untersuchungsgebiets. Der Schwerpunkt des Angebots liegt im Bereich der Waren des kurz- und mittelfristigen Bedarfs, wobei 1984 auf den Nahrungsmittelsektor 34 % aller Einzelhandelseinrichtungen entfielen. Dieser Anteil ging bis 1991 auf 27% zurück. Als Vorteil für den Lebensmittelhandel kann die Tatsache gewertet werden, daß Handschuhsheim keinem Einzugsgebiet der im Rhein-Neckar-Raum liegenden Einkaufszentren und Verbrauchermärkte zuzuordnen ist (BERKEN 1981, 249). Neben der Möglichkeit, einen Teil des gehobenen Bedarfs auch im Stadtteil zu decken, bietet sich der Besuch der in ca. 3 km entfernt liegenden Innenstadt Heidelbergs, dem nächstgelegenen Oberzentrum an.

Die Einzelhandelsstruktur des Untersuchungsgebiets veränderte sich zwischen 1984 und 1991 vor allem im Bereich der Versorgung mit Nahrungsmittel. Viele Betriebe mit einem weit gefächerten Nahrungsmittelangebot haben seit der Erhebung 1984 geschlossen. Diese Entwicklung führte dazu, daß im Zentrum des Stadtteils die Angebote in diesem Bereich ausgedünnt wurden. Diese Veränderung betrifft die Bevölkerungsschichten am nachteiligsten, die weniger mobil sind. Vergleichbare Untersuchungen haben gezeigt, daß z.B. PKW-Besitzer die aktuelle Versorgungssituatuion im Vergleich zu früher besser beurteilen. Die Personenkreise, die hingegen über keinen PKW verfügen, beurteilen die frühere Situation besser (SCHNEIDER 1989, 225).

Die absolute Zahl der Einrichtungen hat zwar abgenommen, wurde aber durch Neueröffnungen an peripheren Standorten des Stadtteils in Bezug auf die Ladenflächen mehr als kompensiert. Abgesehen vom Handel mit Nahrungsmittel, ist die Struktur der lokalen Versorgungseinrichtungen eher als stabil zu bezeichnen. Dies dürfte zum Teil auf den hohen Anteil von Familienbetrieben zurückzuführen sein. Des weiteren besteht ein großes Angebot unterschiedlicher Einzelhandelseinrichtungen auf engem Raum. Dadurch ist es dem Benutzer möglich, viele Aktivitäten zu verbinden. Standorte mit vielen solcher Kopplungsmöglichkeiten haben sich als relativ stabil erwiesen (POPIEN 1989, 154).

Die Ergebnisse der Einzelhandelserhebung zeigen, daß die Versorgungssituation Handschuhsheims insgesamt als gut zu beurteilen ist. Dies spiegelt sich auch in der Haushaltserhebung wieder. Der weitaus größte Teil der Probanden, fast 90%, können sich in einer Umgebung von weniger als 300 Metern mit allen wichtigen Nahrungsmitteln versorgen. Die Ursache dieses Ergebnisses dürfte hauptsächlich darauf zurückzuführen sein, daß vorwiegend eine Struktur vorherrscht, die sich aus traditionell gewachsenen Standorten entwickelte und darüber hinaus durch einen hohen Anteil an Familienbetrieben gekennzeichnet ist. Die Ergebnisse decken sich mit einer Studie der Stadt Heidelberg, die Handschuhsheim als funktionsfähiges Stadtteilzentrum mit darüber hinausgehender Bedeutung für den angrenzenden Stadtteil Neuenheim bewertet (STADT HEIDELBERG 1979, 67).

5. Einkaufsorientierung der untersuchten Haushalte

5.1 Wahl des Einkaufsortes in Abhängigkeit der Bedarfsstufen

Die zurückgelegten Entfernungen zu den Einkaufsorten unterschiedlicher Waren ist von deren Wertigkeit abhängig. Die Schwerpunkte des Handschuhsheimer Einzelhandels liegen in der Befriedigung des kurzfristigen Bedarfs, wobei speziell im Nahrungsmittelsektor 90% aller Nennungen auf Handschuhsheimer Betriebe entfallen. Mit steigender Bedarfsstufe orientieren sich die Konsumenten verstärkt hin zur Heidelberger Innenstadt. Die Leistungsfähigkeit der lokalen Versorgungsangebote spiegelt sich auch in der hohen Nutzung durch Wochenendeinkäufe wider. Die Nutzung der lokalen Angebote lag bei 70% der Probanden.

Tab. 1: Genannte Einkaufsorte und durchschnittlich zurückgelegte Distanzen ausgewählter Waren (Quelle: Eigene Erhebung 1984)

Warengruppe	Einkaufsorte				Einkaufsdistanzen	
	Heidelberg %	Handschuhsheim %	Mannheim %	sonstige Orte %	arithm. Mittel km	Variationskoeff. %
Schuhe	79.7	11.7	4.6		2.92	1.13
Bekleidung	82.0	6.2	6.8		3.38	1.14
Haushaltswaren	67.0	23.8			2.80	1.36
kl. Elektrogeräte	66.2	20.7	4.2		3.21	1.35
Kunstgewerbe	81.8	7.0	5.0		3.13	1.07
Bücher, Schallplatten	80.9	7.0	5.0		2.74	1.11
gr. Elektrogeräte	76.5	4.2	9.2		4.27	1.07
Fotoartikel	70.8	13.0			3.12	1.20
Möbel	62.4		11.9	Walldorf: 13.7	7.22	1.18
Schmuck	70.8	13.5	5.2		5.70	2.59
Antiquitäten	81.0		7.1	Neuenheim: 4.8	3.58	1.10
Kfz-Zubehör	52.9	16.1	4.6	Pfaffengrund: 4.6		

In Tabelle 1 sind die am meisten genannten Einkaufsorte und ihre prozentualen Anteile an den Nennungen zusammengefaßt. Es wird deutlich, daß Heidelberg bei allen nachgefragten Gütern die erwartete führende Stellung einnimmt. Der Handschuhsheimer Einzelhandel wird erstaunlich stark frequentiert, wogegen die Mannheimer Innenstadt schlechter als erwartet abschnitt, sogar größtenteils hinter Handschuhsheim als Einkaufsort zurückbleibt. Tabelle 1 zeigt die durchschnittlich zurückgelegte Distanz für die jeweiligen Güter, wobei die Nennung 'Handschuhsheims mit der Distanz von 0 in die Berechnung mit aufgenommen wurde. Der Zusammenhang zwischen der durchschnittlich zurückgelegten Strecke steht in direktem Zusammenhang mit der Warenwertigkeit der nachgefragten Waren.

5.2 Einfluß der Haushaltsstruktur auf das Konsumverhalten

Im Bereich der Waren des kurzfristigen Bedarfs ist nur eine sehr geringe Differenzierung bei der Wahl der Einkaufsstätten festzustellen. Der größte Teil der Haushalte nutzt den Einzelhandel des Untersuchungsgebiets, um sich zu versorgen. Lediglich ein kleiner Anteil von 7% der Stichprobe versorgt sich überwiegend außerhalb der Grenzen des Untersuchungsgebiets. Auch eine innerörtliche Detailanalyse - jedem Haushalt wurde eine normierte durchschnittliche Distanz zu dem von ihm am meisten aufgesuchten Geschäften zugeordnet - konnte keine Beziehung zwischen Haushaltsstruktur und Wahl der Einkaufsstätten offenlegen.

Zur Beurteilung des Einflusses der Haushaltsmerkmale im Bereich der mittel- und langfristigen Waren, wurden jedem Haushalt die durchschnittlich zurückgelegte Einkaufsdistanz und der prozentuale Anteil der Einkäufe innerhalb Handschuhsheims zugeordnet. Diese Werte sind auf die Gesamtheit der Waren des mittel- und langfristigen Bedarfs bezogen. Im folgenden wurden diese Variablen in Beziehung zu den unabhängigen Haushaltsmerkmalen (vgl. Abb. 1) zu setzen.

Tab. 2: Parameter der Einkaufsorientierung nach Schulbildung, Wohndauer, Alter und Gebürtigkeit der Probanden (Quelle: Eigene Erhebung 1984)

	arithm. Mittel der Einkaufsdistanz mittel- und langfristiger Waren km	Anteil der Einkäufe innerhalb Handschuhsheims %
Schulbildung Befragter		
Hauptschule	3.2	20.72
Mittlere Reife	4.1	9.83
Abitur	3.8	8.44
Hochschulabschluß	4.3	13.42
Wohndauer der Haushalte		
3 Jahre und weniger	4.1	6.40
3- 10 Jahre	4.1	9.35
10- 25 Jahre	3.6	15.00
25 Jahre und länger	3.2	22.24
Alter der Befragten		
18 - 21 Jahre	4.7	4.76
22 - 34 Jahre	4.6	7.26
34 - 49 Jahre	3.4	14.64
50 - 64 Jahre	3.2	13.01
65 Jahre und älter	2.9	31.17
Gebürtigkeit		
Gebürtig in Handschuhsheim	3.6	24.58
nicht in Handschuhs. gebürtig	3.8	11.00
Insgesamt	**3.8**	**13.18**

Eine Analyse ergibt bei den arithmetischen Mitteln der Einkaufsdistanzen signifikante Zusammenhänge mit den Variablen 'Wohndauer', 'Alter' und 'Schulbildung'. Während die Distanzen mit höherer Schulbildung zunehmen, werden sie mit steigender Wohndauer bzw. Alter der Probanden geringer (vgl. Tab. 2).

Die Untersuchung der prozentualen Anteile der Einkäufe mittel- und langfristiger Waren innerhalb der Untersuchungsgemeinde ergab einen signifikanten Zusammenhang mit den Variablen 'Gebürtigkeit' und 'Wohndauer'. Während die Gruppe, die weniger als drei Jahre in Handschuhsheim lebt, sich nur zu 6.4% innerhalb des Stadtteils versorgt, steigt dieser Anteil bei der am längsten ansässigen Gruppe auf über 22% an.

Am eindeutigsten sind die signifikanten Zusammenhänge beim Alter und der Wohndauer der Probanden. Diese Zusammenhänge können nicht getrennt voneinander bewertet werden, da die beiden Variablen hoch korrelieren. Das Konsumentenverhalten verändert sich über die Zeit in Abhängigkeit von unterschiedlichen Parametern. Dabei spielen die sich ändernden gesellschaftlichen Rahmenbedingungen, wie Einkommensentwicklung und Mobilität, ebenso eine Rolle wie auch die lokale Versorgungssituation und die Integrationsbereitschaft in dieses Umfeld. Eine Untersuchung über die Entwicklung des Versorgungsverhaltens von Neubürgern (JAKOBS 1980, 102) hat gezeigt, daß sich das Versorgungsverhalten mit der Zeit ändert, dieses dauert jedoch wesentlich länger als erwartet. Es kann davon ausgegangen werden, daß die Inanspruchnahme der lokalen Einrichtungen bei der Gruppe der jungen Probanden bzw. der Probanden mit geringer Wohndauer aufgrund verstärkter Integration ins lokale Netz des Einzelhandels weiter zunehmen wird.

Die verstärkte Orientierung am lokalen Umfeld mit steigendem Alter ist auf die gleichzeitig abnehmende Mobilität zurückzuführen. Durch die zunehmende 'Überalterung' der Bevölkerung ist daher damit zu rechnen, daß die Versorgung im direkten Wohnumfeld auch bei höherwertigen Waren zunehmen wird. Vergleichsstudien haben gezeigt, daß sich die Bevölkerungsgruppe ab 50 Jahren verstärkt zum eigenen Wohnort hin orientiert (GIESE/SEIFERT 1989, 20).

6. Zusammenfassung

Ein Vergleich der Einzelhandelseinrichtungen des Stadtteils 'Handschuhsheim' zwischen den Zeitpunkten 1984 und 1991 zeigt, das die Angebotsstruktur relativ stabil ist. Lediglich im Bereich des Einzelhandels mit Nahrungsmittel, ausgenommen der Verkauf selbsthergestellter Waren, hat sich die Struktur stark verändert. Es fand eine Verlagerung an die Peripherie des Stadtteils statt. Dies ist zum Nachteil der weniger mobilen Bevölkerung. Diese Entwicklung ist zum Teil auf die hohen Ansprüche an die Fläche moderner Angebotsformen zurückzuführen, die in der alten Bausubstanz des Stadtteils nicht zu verwirklichen sind. Die entstandenen Nischen wurden fast alle wieder mit Einzelhandelseinrichtungen ausgefüllt, wobei keine Tendenz hin zu einer speziellen Nutzung zu erkennen ist.

Die Einkaufsorientierungen der Stadtteilbewohner weisen ein sehr differenziertes Bild auf. Die unterschiedlichen Einkaufsgewohnheiten sind sowohl in Zusammenhang mit der Warenwertigkeit als auch mit verschiedenen Strukturmerkmalen der Haushalte zu bringen.

Im Bereich der Versorgung mit Nahrungsmitteln war Handschuhsheim deutlich präferiert. Dies bezieht sich nicht nur auf die täglichen Einkäufe, sondern auch bei Wochenend- und Vorratseinkäufen nimmt der Untersuchungsort die führende Stellung ein. Dabei spielt sicherlich die angenehme Einkaufsatmosphäre der vorwiegend traditionell gewachsenen Strukturen als auch die kurzen Einkaufswege für einen großen Teil der Einwohner eine entscheidende Rolle.

Die personen- und haushaltsspezifischen Merkmale haben dann signifikanten Einfluß, wenn es sich um die Einkaufsorientierung bezüglich des mittel- und langfristigen Bedarfs handelt. Im besonderen haben sich die Faktoren 'Alter', 'Wohndauer' und 'Schulbildung' als raumrelevante Faktoren erwiesen.

Es hat sich gezeigt, daß auch ein Stadtteil ein differenziertes Versorgungsmuster der dort ansässigen Haushalte ausweist, obwohl aufgrund seiner günstigen Lage zum nahen Oberzentrum wenig Varianten im Einkaufsverhalten zu erwarten sind. Es sind die älteren Menschen und diejenigen, die sehr lange in diesem Stadtteil ansässig sind, die sich auch mit den Waren außerhalb des Nahrungsmittelsektors stark an ihrem lokalen Umfeld orientieren. Trotz des reichhaltigen, attraktiven Angebots der naheliegenden Heidelberger Fußgängerzone werden die stadtteilansässigen Betriebe sehr stark in Anspruch genommen. Diese Tendenz scheint sich noch zu verstärken, da die Betriebe in diesen Sektoren in den letzten Jahren im Untersuchungsgebiet leicht zunahmen.

7. Literaturverzeichnis

BÄNSCH, A. (1983): Käuferverhalten. München.
BERKEN, B. (1981): Periphere Einkaufszentren und Verbrauchermärkte im Raum Heidelberg. Heidelberger Geographische Arbeiten, 46, 227-270.
BORCHERDT, C. & H. SCHNEIDER (1976): Innerstädtische Geschäftszentren in Stuttgart. Vorläufige Mitteilungen über einen methodischen Ansatz. Stuttgarter Geographische Arbeiten, 90, 1-38.
GIESE, E. & V. SEIFERT (1989): Die Entwicklung innerstädtischer Geschäftszentren in Mittelhessen unter besonderer Berücksichtigung des Einzelhandels. Geographische Zeitschrift, 77(1), 1-21.

GÜSSELFELDT, J. (1975): Zu einer operationalisierten Theorie des räumlichen Versorgungsverhaltens von Konsumenten. Gießener Geographische Schriften, 34.

HEINRITZ, G. (1977): Einzugsgebiete und zentralörtliche Bereiche - Methodische Probleme der empirischen Zentralitätsforschung. Münchner Geographische Hefte, 39, 9-43.

HEINRITZ, G. (1989): Der "Wandel im Handel" als raumrelevanter Prozeß. Münchner Geographische Hefte, 63, 15-128.

HOMMEL, M. (1974): Zentrenausrichtung in mehrkernigen Verdichtungsräumen an Beispielen aus dem rheinisch-westfälischen Industriegebiet. Bochumer Geographische Arbeiten, 17.

JAKOBS, H. (1980): Einige räumliche Entwicklungen im Versorgungsverhalten von Neubürgerinnen einer Umlandgemeinde. Mitteilungen der Geographischen Gesellschaft, 65, 93-103. München.

LINDE, H. (1977): Standortorientierung tertiärer Betriebsstätten im großstädtischen Verdichtungsraum (Stadtregion Karlsruhe): Entwicklung eines Ansatzes zur Reformulierung der Theorie zentraler Orte. Beiträge der Akademie für Raumforschung u. Landesplanung, 8. Hannover.

MESCHEDE, W.(1978): Entfernungs- und schichtgebundenes Einkaufsverhalten im kleinstädtisch-ländlichen Raum, dargestellt am Beispiel des Extertales/Lippe. Münster.

MESCHEDE, W.(1985): Entfernungs- und schichtgebundenes Einkaufsverhalten im kleinstädtisch-ländlichen Bereich - Raummuster und ihre Veränderung 1976-1983, dargestellt am Beispiel der Gemeinde Extertal/Lippe. Westfälische Geographische Studien, 41, 113-147.

MIELENHAUSEN, E. (1976): Marktfelder des Einzelhandels in urbanen Räumen. Konzeption einer regionsbezogenen Marktanalyse. Berlin.

MÜLLER, U. & J. NEIDHARDT (1972): Einkaufsort-Orientierung als Kriterium für die Bestimmung von Größenordnung und Struktur kommunaler Funktionsbereiche. Stuttgarter Geographische Studien, 84.

NEUREITHER, H. (1977): Die bauliche Entwicklung Handschuhsheims. Heidelberg (Geographisches Institut der Universität, unveröffentlicht).

POPIEN, R. (1989): Die Bedeutung von Kopplungsmöglichkeiten für den Einzelhandel. Münchner Geographische Hefte, 63, 129-157.

SCHNEIDER, A (1989): Was bedeutet der "Wandel im Handel" für Konsumenten? Untersucht am Beispiel der Versorgungssituation mit Waren des täglichen Bedarfs in Pfaffenhofen/Ilm. Münchner Geographische Hefte, 63, 213-233.

STADT HEIDELBERG (1979): Der Heidelberger Einzelhandel. Heidelberg.

WOO-IK, Y. (1980): Zentralörtliches Verhalten und Sozialstruktur in ländlichen Räumen. Kiel.

Der Einzelhandelsstandort "famila-center" am Südrand von Heidelberg

Werner Kiehn

1. Einleitung

Das famila-center ist ein Einkaufszentrum, das im Süden der Stadt Heidelberg liegt. Da innerhalb der Verdichtungsräume die Verflechtungen immer enger und vielfältiger werden, stellt sich die Frage, ob dies für das Einkaufsverhalten ebenfalls gilt und damit die Auflösung eines klar abgrenzbaren Einzugsgebietes einhergeht.

In diesem Aufsatz werden nach einer Beschreibung des famila-centers und der Datengrundlage die Ergebnisse der Untersuchung unter besonderer Berücksichtigung der Herkunft der Kunden und ihrem Einkaufsverhalten vorgestellt. Einem anschließenden Vergleich mit einer Untersuchung, die 1975 durchgeführt wurde, folgt eine kurze Bewertung der Ergebnisse.

2. Das Einkaufszentrum

Das famila-center ist im Sinne von BRANDENBURG (1985, 14) ein Einkaufszentrum bzw. Shopping-Center. Es wurde 1973 eröffnet, und damit fällt sein Bau in die Expansionsphase für Einkaufszentren in der Bundesrepublik (1972 bis 1974).

Es handelt sich um ein vollklimatisiertes, geschlossenes Shopping Center mit zwei Verkaufsebenen. Jede Verkaufsebene ist mit einem Magnetbetrieb ausgestattet: im Untergeschoß handelt es sich um das famila SB-Warenhaus, im Obergeschoß um den Heimwerkermarkt "Schraubstock". Beide Betriebe gehören der selben Unternehmensgruppe an, treten gegenüber der Center-Leitung aber als unabhängige Mieter auf.
Die übrigen Geschäfte gruppieren sich im Untergeschoß locker um einen zentralen Innenplatz, auf dem regelmäßig Sonderverkaufsaktionen stattfinden. Oberhalb des Innenplatzes weist das Obergeschoß einen Durchbruch auf, um den sich die Geschäfte ringartig anordnen. Dementsprechend kommt das famila-center baulich der Cluster-Form am nächsten[1].

Das Shopping-Center verfügt über eine Verkaufsfläche von ca. 16.000 m², die sich auf insgesamt 60 Geschäfte und das SB-Warenhaus verteilen. Davon befinden sich 30 Geschäfte auf der unteren Verkaufsebene und 27 auf der oberen. Drei Geschäfte

---

[1] vgl. BRANDENBURG 1985, 18.

liegen außerhalb des eigentlichen Einkaufszentrums. Das Waren- und Dienstleistungsangebot deckt neben dem täglichen ebenfalls den periodischen Bedarf durch seine Fachgeschäfte für Bekleidung, Elektronik u. a. ab, so daß es dem Typ "convenience center" entspricht[2].

Das famila-center hat ein eigenes Parkhaus mit 1.200 Stellplätzen, die sich auf drei Parkebenen verteilen. Während die mittlere Parkebene keinen direkten Zugang zum Verkaufsbereich besitzt, gelangt man von der oberen direkt über einen Zugang in die obere Verkaufsebene und von der unteren über zwei Zugänge in die untere Verkaufsebene. Zwei weitere Zugänge befinden sich gegenüber von einem kleinen öffentlichen Parkplatz bzw. einer Bushaltestelle.

Als Standort wurde eine stadtperiphere Lage[3] im Heidelberger Industriegebiet "Rohrbach-Süd" zwischen Heidelberg und Leimen gewählt, das direkt an der Bundesstraße B3 liegt (siehe Karte 1). Dadurch ist das famila-center für Pkw-Benutzer, insbesondere aus Heidelberg und Leimen, gut erreichbar. Das Industriegebiet ist ebenfalls an das Verkehrsnetz des ÖPNV über eine Straßenbahn- (Linie 3) und eine Buslinie angebunden. Zu Fuß ist das Einkaufszentrum nur schlecht zu erreichen.

3. Datengrundlage der Untersuchung

Im Rahmen eines anthropogeographischen Geländepraktikums vom 03.08. bis zum 08.08. 1992 wurde von Studierenden des Geographischen Instituts der Universität Heidelberg eine Befragung durchgeführt. Der Fragebogen enthielt zehn Fragen, wobei neben demographischen Merkmalen auch Einkaufsgründe, -alternativen, -ziele und -häufigkeiten sowie Verkehrsmittel abgefragt wurden.

Die Interviewer wurden an den fünf Zugängen zum Einkaufszentrum postiert. Die Befragungszeiten erstreckten sich von Montag bis Mittwoch und am Freitag von 10:00 bis 13:30 Uhr sowie von 15:00 bis 18:15 Uhr, am Donnerstag von 10:00 bis 14:00 Uhr sowie von 17:00 bis 20:10 Uhr und am Sonnabend von 9:00 bis 13:30 Uhr. Sie wurden nach Rücksprache mit der Center-Leitung festgelegt, so daß die Pausen in die besucherarmen Zeiten fielen. Es wurden insgesamt 2.652 Kunden befragt; ein Interview dauerte durchschnittlich 2 1/2 Minuten.

---

[2] vgl. BRANDENBURG 1980, 17.
[3] nach der Klassifizierung von MAYR 1980, 27.

4. Ergebnisse

4.1 Einzugsgebiet des famila-centers

Im folgenden wird der Frage nachgegangen, wo die famila-Kunden wohnen. Da über 82% der Kunden mit dem Pkw kommen, wurde die mittlere Straßendistanz zwischen Wohnort und famila-center bestimmt. Es zeigt sich, daß 68% der Kunden nicht weiter als 5 km vom famila-center entfernt wohnen. Dies ist insofern interessant, als daß nur der Südteil Heidelbergs[4] in diese Entfernungskategorie fällt. Die übrigen Stadtteile liegen alle innerhalb einer Entfernung von 10 km (vgl. Karte 1). Dieses Gebiet umfaßt bereits 86,2% der Kundenwohnorte.

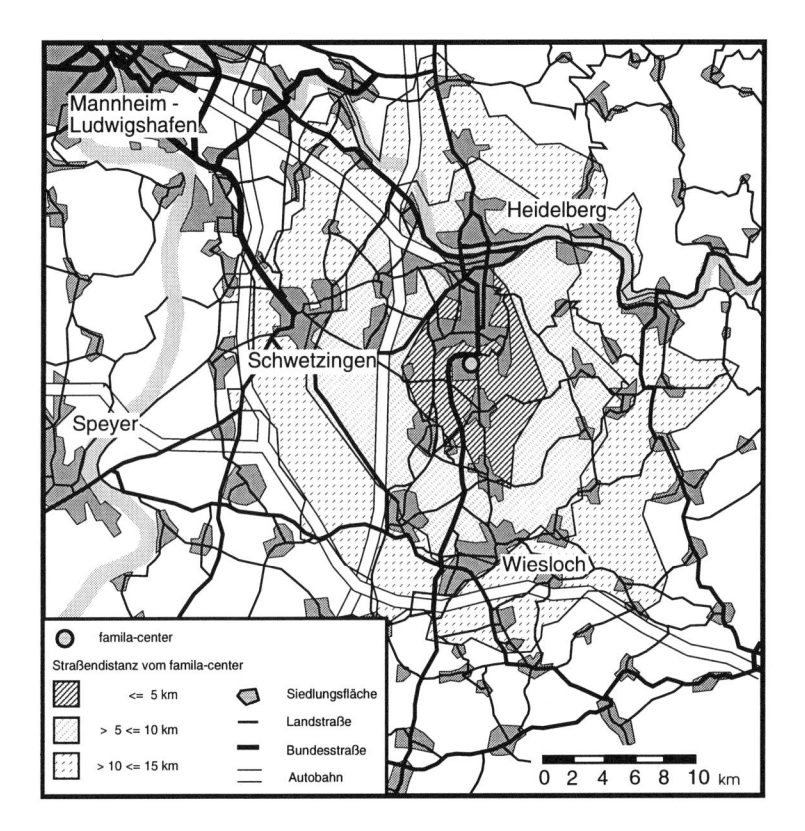

Karte 1: Übersichtskarte zur Erreichbarkeit des famila-centers durch den Pkw (Quelle: Eigene Berechnungen)

---

[4] Der Südteil Heidelbergs umfaßt die Stadtteile Altstadt, Bergheim, Boxberg, Emmertsgrund, Kirchheim, Rohrbach, Süd- und Weststadt.

Für das famila-center ergibt sich nach der Methode von HEINRITZ (1977, 32), der das Einzugsgebiet als das Gebiet abgrenzt, in dem 60% der Kunden wohnen, als Reichweite eine mittlere Straßendistanz zwischen 4 km (54,4%) und 5 km.

Ein differenzierteres Bild erhält man, wenn das Einzugsgebiet auf Gemeindebasis betrachtet wird. Lediglich für Heidelberg wurden die Wohnorte auf Stadtteilbasis erfaßt. Dabei wurden die Stadtteile "Rohrbach" und "Südstadt" zu Rohrbach sowie die Stadtteile "Altstadt", "Bergheim" und "Weststadt" zur Heidelberger Innenstadt zusammengefaßt[5].

Die Stadtteile Rohrbach, Boxberg, Emmertsgrund, Kirchheim und die Heidelberger Innenstadt sowie die Gemeinden Leimen und Sandhausen erhielten meistens Nennungen mit einem Durchschnittswert von 242. Die Gemeinden Nußloch und Wiesloch mit durchschnittlich 108 Nennungen sind noch relativ stark vertreten, während die Heidelberger Stadtteile nördlich des Neckars sowie die Stadtteile Pfaffengrund, Wieblingen und Schlierbach mit durchschnittlich 21 Nennungen kaum noch ins Gewicht fallen. Karte 2 zeigt die Wohnorte der Kunden auf Gemeinde- bzw. Stadtteilbasis im Rhein-Neckar-Kreis sowie dem Stadtkreis Mannheim. Die große Bedeutung von Leimen und Rohrbach konnte BERKEN (1981) bereits nachweisen (vgl. Karte 3).

Welche Bedeutung dem famila-center für die Versorgung der Bevölkerung aus den angrenzenden Gemeinden bzw. Stadtteilen zukommt, zeigt sich, wenn die Kundenzahl zur Haushaltszahl der einzelnen Gemeinden bzw. Stadtteile ins prozentuale Verhältnis gesetzt wird (siehe Karte 4). Ein Gebiet mit hoher relativer Bedeutung umfaßt die Stadtteile Rohrbach, Boxberg, Emmertsgrund und Kirchheim sowie die Gemeinden Gaiberg, Leimen, Sandhausen und Nußloch. Gebiete mit mittlerer Bedeutung schließen sich in Richtung Süden und Osten an.

Ein Vergleich der beiden Karten erlaubt eine Abgrenzung folgender Gebiete:

Es gibt ein Kerngebiet mit hoher absoluter und hoher relativer Bedeutung. Dieses Gebiet umfaßt die Stadtteile Rohrbach, Emmertsgrund, Boxberg und Kirchheim sowie die Gemeinden Leimen und Sandhausen mit 1.541 Nennungen (58,1%).

Es lassen sich drei weitere Ergänzungsräume mit geringerer Bedeutung feststellen:

---

[5] Dies war notwendig, da in beiden Fällen falsche räumliche Vorstellungen von den einzelnen Stadtteilen bestanden. Die Südstadt wurde als Wohnort nicht einmal genannt, obwohl sie direkt an Rohrbach angrenzt. Da sie räumlich und baulich eine Einheit mit Rohrbach bildet, muß angenommen werden, daß sich die Bewohner der Südstadt als Rohrbacher identifizieren. Ähnliches gilt für den zweiten Fall. Hier wurde als Wohnort "Heidelberg-City" genannt. Da sich dieser Begriff aber nicht eindeutig abgrenzen läßt, wurde die größte sinnvolle Eingrenzung genommen.

Der nördliche Ergänzungsraum umfaßt die Heidelberger Innenstadt, die Stadtteile Pfaffengrund, Wieblingen, Neuenheim, Handschuhsheim, Schlierbach, Ziegelhausen und die Gemeinden Eppelheim, Dossenheim, Schriesheim sowie den Stadtkreis Mannheim. Dieser Raum besitzt mit insgesamt 346 Nennungen (13,0%) noch eine mittlere absolute, jedoch nur eine geringe relative Bedeutung.

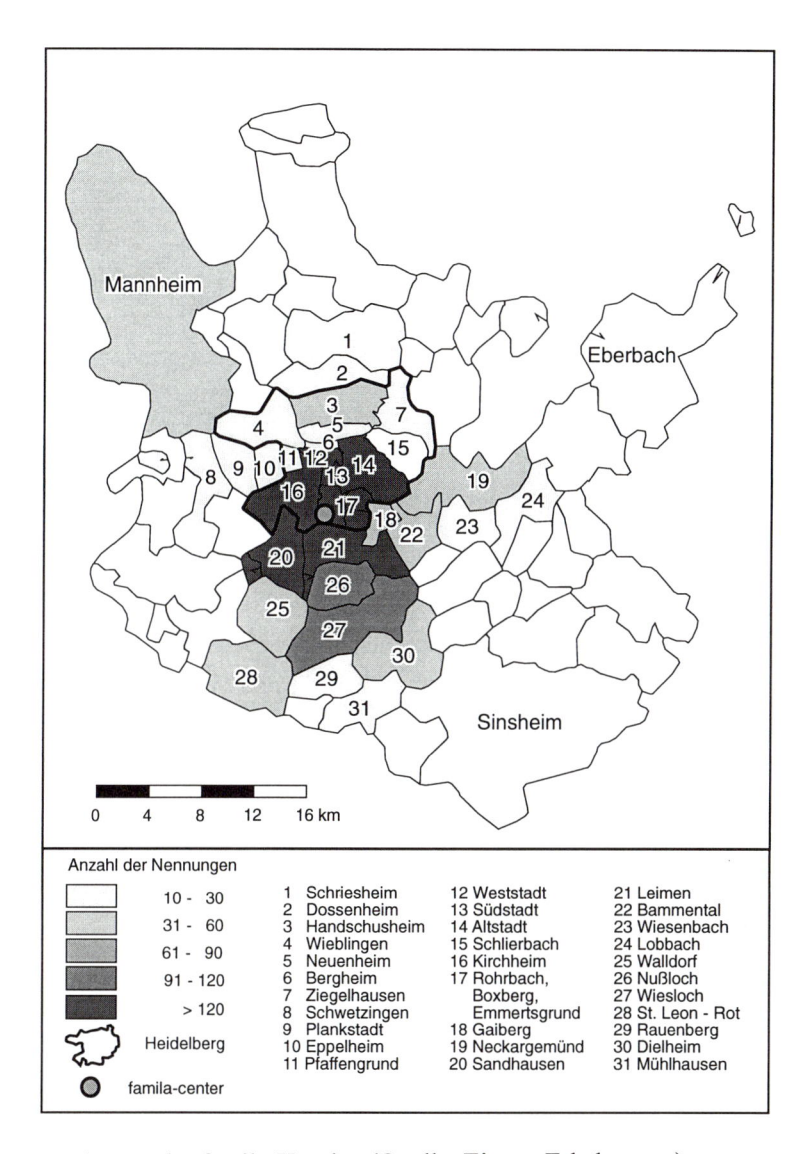

Karte 2: Wohnorte der famila-Kunden (Quelle: Eigene Erhebungen)

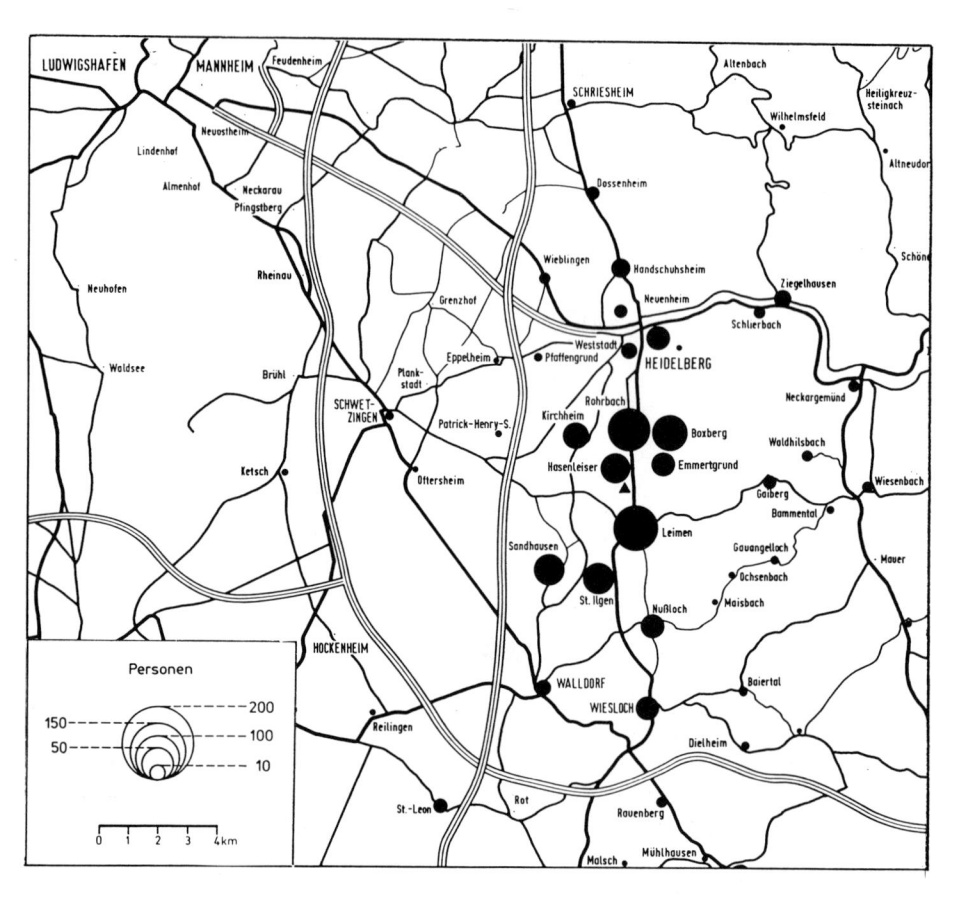

Karte 3: Herkunftsorte aller befragten Käufer im famila-center (Quelle: BERKEN 1981, 246)

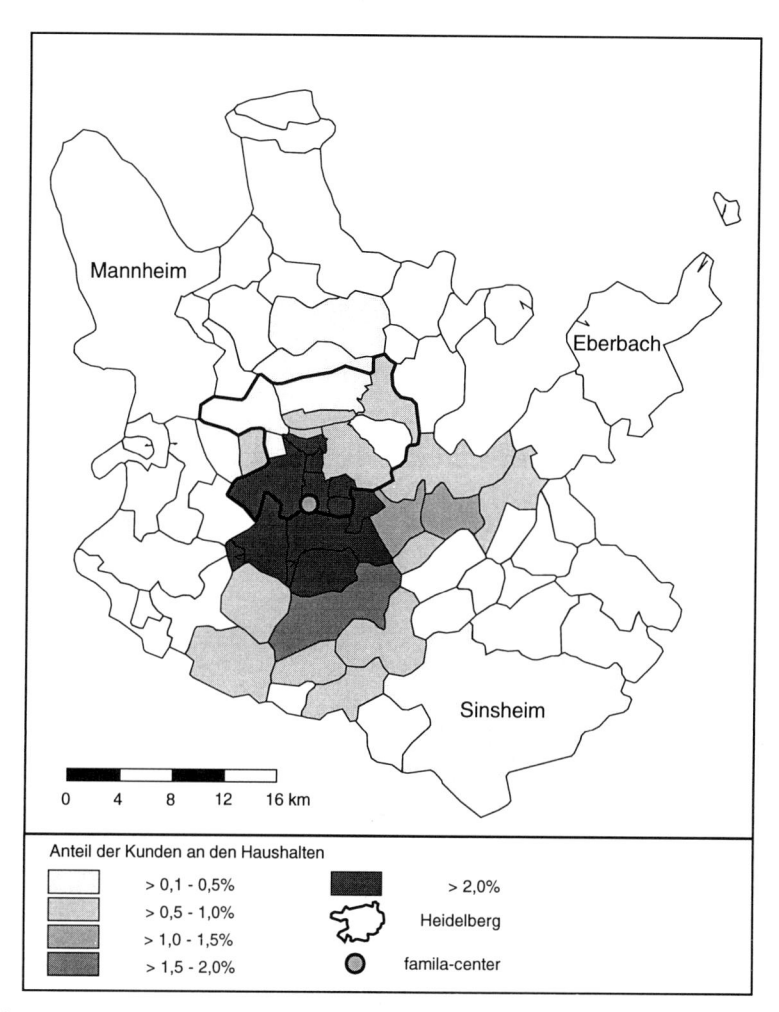

Karte 4: Anzahl der Kunden im Verhältnis zur Haushaltszahl auf Gemeinde bzw. Stadtteilbasis (Quelle: VZ 87; eigene Erhebungen)

Der südliche Ergänzungsraum umfaßt die Gemeinden Nußloch, Wiesloch, Walldorf, Dielheim, St. Leon-Rot, Mühlhausen und Sinsheim. Diesem Raum kommt mit 355 Nennungen (13,4%) ebenfalls eine mittlere absolute, aber auch eine mittlere relative Bedeutung zu.

Der östliche Ergänzungsraum schließlich umfaßt mit den Gemeinden Gaiberg, Bammental, Wiesenbach, Neckargemünd und Lobbach ein Gebiet von geringer absoluter (110 Nennungen = 4,1%) aber mittlerer relativer Bedeutung. Die übrigen Gemeinden werden im folgenden als Umland bezeichnet. Karte 5 gibt einen Überblick über die verschiedenen Gebiete; das Kreisdiagramm in der Legende zeigt die Anteile der Kunden, die aus den einzelnen Gebieten kommen.

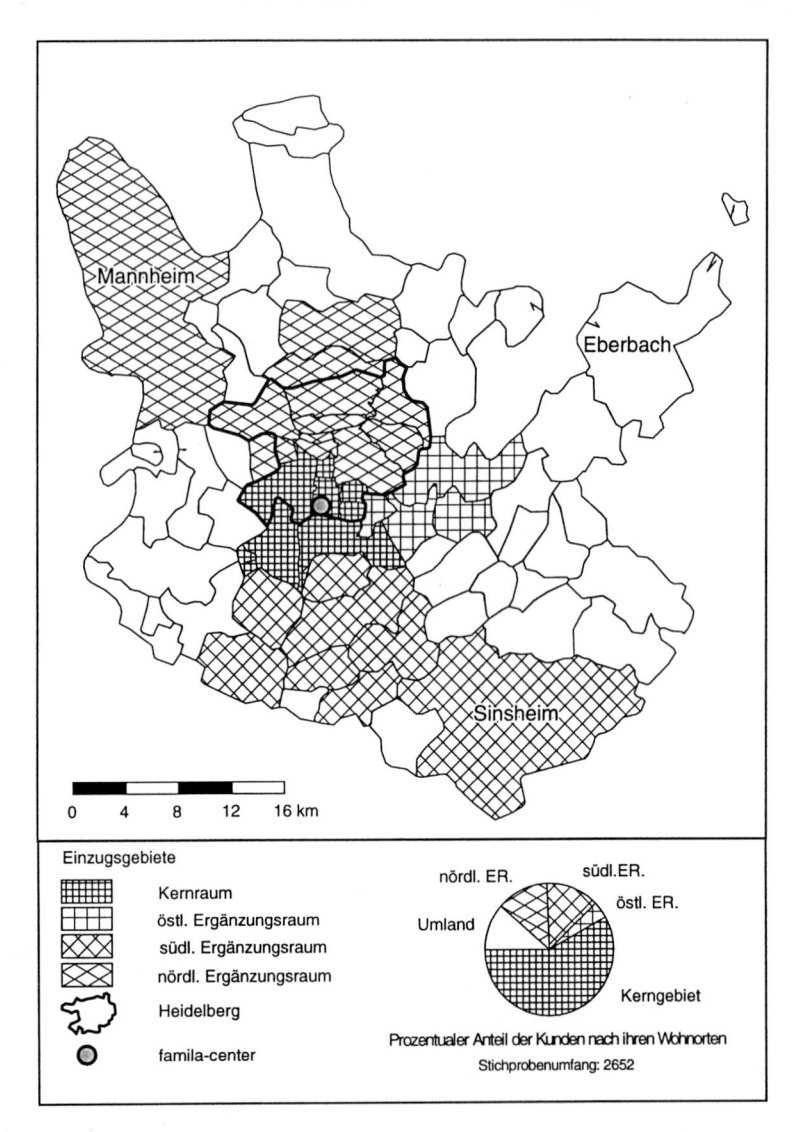

Karte 5: Einzugsgebiet des famila-centers (Quelle: Eigene Erhebungen)

4.2 Kundenverhalten differenziert nach Herkunftsgebieten

Im folgendem wird gezeigt, daß sich die Gebiete von ihrem Kundenverhalten her unterscheiden.

Auf die Frage, warum das famila-center aufgesucht wurde, überwiegen in allen Gebieten die Antworten "gute Erreichbarkeit" und "große Auswahl" (vgl. Abb. 1). Allerdings gibt es in einzelnen Gebieten unterschiedliche Gewichtungen der Gründe. Sowohl im Kerngebiet, als auch im östlichen und südlichen Ergänzungsraum spielt das Angebot die überragende Rolle, während im nördlichen

Ergänzungsraum und im Umland die Erreichbarkeit höher eingeschätzt wird, und dementsprechend ebenfalls die Parkmöglichkeiten als wichtig erachtet werden.

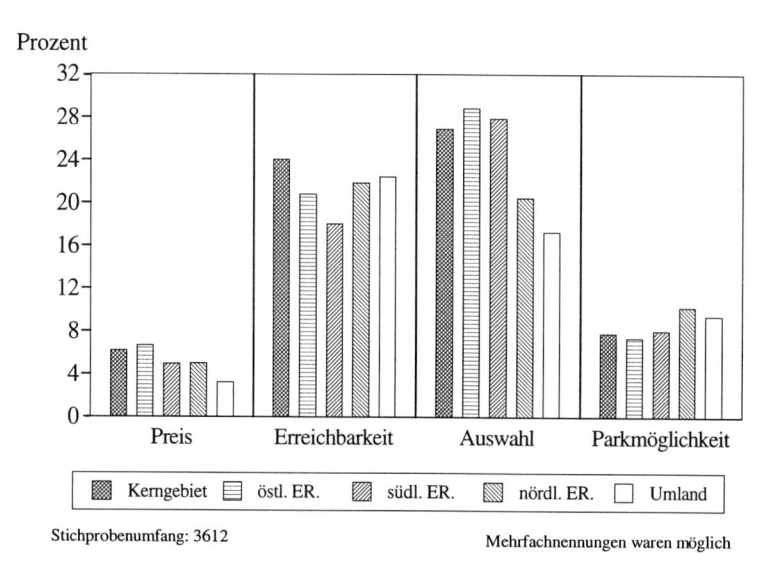

Abb. 1: Einkaufsgründe differenziert nach Kerngebiet und Ergänzungsräumen (Quelle: Eigene Erhebungen)

Die Erreichbarkeit ergibt sich u. a. aus der Wahl des Verkehrsmittels. Wie bereits oben erwähnt, kommen über 82% der famila-Kunden mit dem Pkw. Für die einzelnen Gebiete ergibt sich jedoch ein sehr heterogenes Bild. Abb. 2 zeigt, daß der Anteil der Nicht-Autofahrer im Kerngebiet am höchsten ist. Dies läßt sich u. a. mit der lokalen Infrastruktur erklären. Während das famila-center aus dem Kerngebiet mit dem Fahrrad z. T. gut und zu Fuß bedingt zu erreichen ist, fallen diese Verkehrsmittel für die Kunden aus den übrigen Gebieten aus[6]. Ähnlich spiegelt sich in der Nutzung des ÖPNV die Anbindung der einzelnen Gebiete an das Kerngebiet durch Straßenbahn- bzw. Buslinien wieder.

Um festzustellen, welcher Bedarf im famila-center nachgefragt wird, wurde nach dem Einkaufsziel, also welche Geschäfte aufgesucht werden sollten, gefragt und nach kurzfristigen, mittelfristigen und langfristigen Bedarf unterschieden.

---

[6] Wenn sich dennoch Fußgänger unter den Kunden aus den anderen Gebieten befinden, so ist dies auf Berufspendler zurückzuführen, die ihren Arbeitsplatz im Industriegebiet Rohrbach-Süd haben.

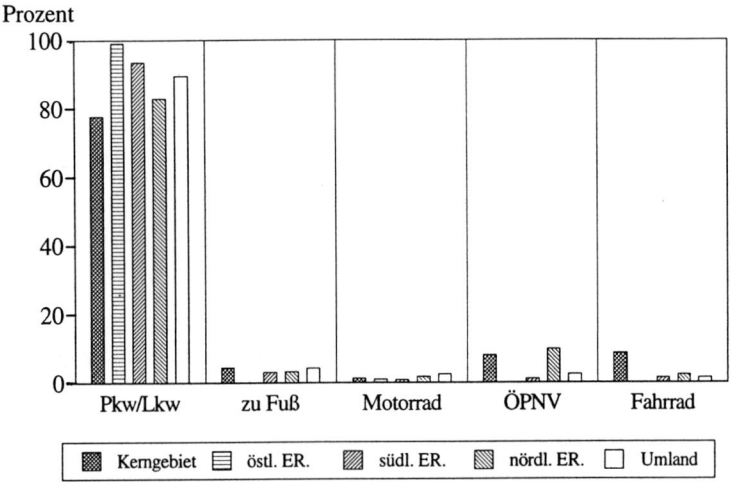

Abb. 2: Verkehrsmittelwahl differenziert nach Kerngebiet und Ergänzungsräumen (Quelle: Eigene Erhebungen)

Abb. 3 zeigt, daß das SB-Warenhaus seiner Rolle als Magnetbetrieb gerecht wird und insbesondere für das Kerngebiet und den östlichen Ergänzungsraum die eigentliche Attraktion des Einkaufszentrums ist. Der Heimwerkermarkt besitzt hingegen für das Kerngebiet und den östlichen Ergänzungsraum eine schwache Bedeutung.

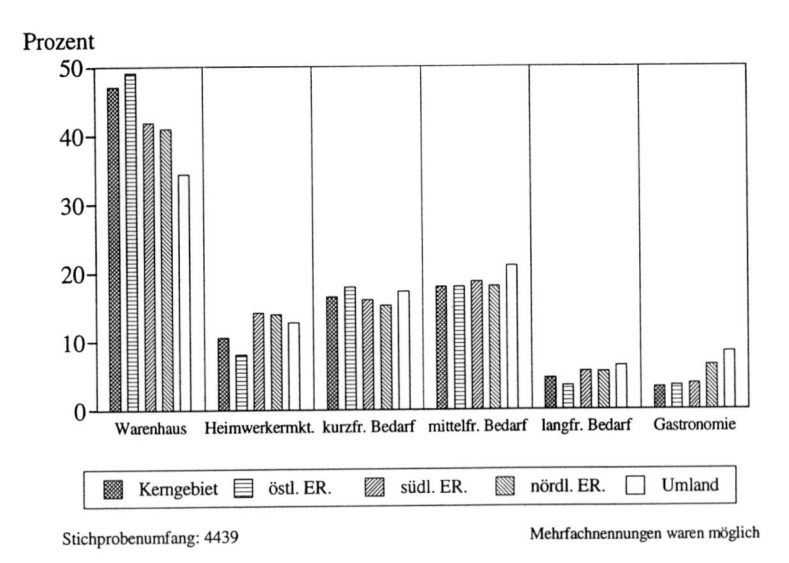

Abb. 3: Einkaufsziele differenziert nach Kerngebiet und Ergänzungsräumen (Quelle: Eigene Erhebungen)

Im Vergleich dazu spielen in den übrigen Gebieten die Geschäfte des mittelfristigen und langfristigen Bedarfs eine größere Rolle. Die Zunahme der Attraktivität der Gastronomiebetriebe für den nördlichen Ergänzungsraum und das Umland kann auf Berufspendler zurückgeführt werden.

Die Frage nach alternativen Einkaufsstandorten wurde ebenfalls in den einzelnen Gebieten unterschiedlich beantwortet (vgl. Abb. 4). Der Anteil der Kunden, die sich ausschließlich im famila-center versorgen, ist mit über 15% im Kerngebiet am größten. Interessanterweise bilden andere Einkaufszentren die zweitgrößte Alternative. Die Attraktivität des Wohnortes als Einkaufsalternative hingegen wird von dieser Gruppe am schwächsten beurteilt.

Der geringen Häufigkeit der Nennung "am Wohnort" im nördlichen Ergänzungsraum steht ein relativ hoher Wert für die Nennung "Heidelberger City", die in diesem Gebiet liegt, gegenüber. Dies ist darauf zurückzuführen, daß die Anwohner der Heidelberger City als Einkaufsalternative die Nennung "Heidelberger City" statt der Nennung "am Wohnort" gemacht haben. Insgesamt ist das schwache Abschneiden der Heidelberger City, insbesondere für die Bewohner des südlichen Ergänzungsraumes, auffällig.

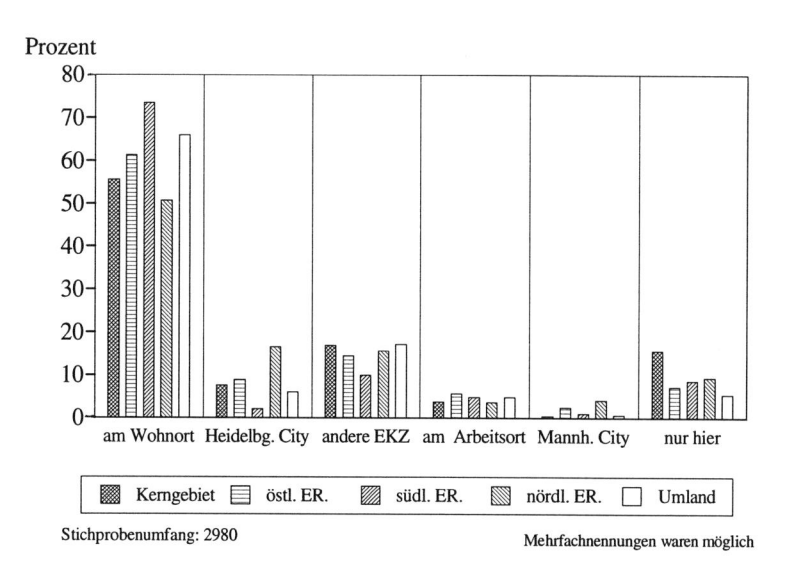

Abb. 4: Alternative Einkaufsorte differenziert nach Kerngebiet und Ergänzungsräumen (Quelle: Eigene Erhebungen)

Abschließend zeigt Abb. 5 die Einkaufshäufigkeit differenziert nach Kerngebieten und Ergänzungsräumen. Sie macht deutlich, daß das famila-center von seinen Kunden relativ oft aufgesucht wird. Die höchste Einkaufsfrequenz wird im Kerngebiet erreicht und nimmt mit zunehmender Entfernung ab.

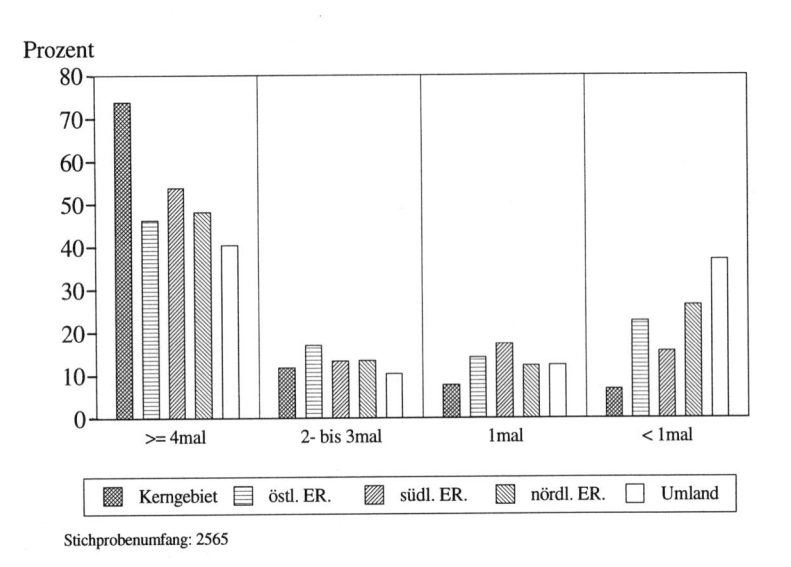

Abb. 5: Einkaufshäufigkeit pro Monat differenziert nach Kerngebiet und Ergänzungsräumen (Quelle: Eigene Erhebungen)

5. Wandel im Kundenverhalten

1975 wurde das famila-center von BERKEN (1976) im Rahmen ihrer Staatsexamensarbeit "Periphere Einkaufszentren und Verbrauchermärkte im Raum Heidelberg" erstmals untersucht. Ein Vergleich ist allerdings nur bedingt möglich. Denn im Gegensatz zur Untersuchung von 1992 hat BERKEN 1975 lediglich die Kunden des SB-Warenhauses direkt hinter dem Kassenraum interviewt. Ein weiteres Problem besteht darin, daß kein exaktes Zahlenmaterial der damaligen Untersuchung zur Verfügung steht. Dies gilt leider insbesondere für die Wohnorte der Kunden, so daß in diesem Fall von einem statistischen Vergleich Abstand genommen werden muß. Dennoch können einige Ergebnisse vorgestellt werden, die interessante Veränderungen im Kundenverhalten offenbaren.

Bei den Einkaufsgründen zeigt sich eindeutig eine Verschiebung der Motivation: so spielt 1975 der Preis mit 42,2% die größte Rolle, während der Warenvielfalt mit

8,9% eine untergeordnete Bedeutung zukommt. 1992 hat sich das Verhältnis umgedreht; nun ist die große Auswahl mit 25,3% der wichtigste Einkaufsgrund, während der Preis mit 5,2% nur noch wenige Kunden zum Einkauf bewegt.

Interessanterweise wurde die Erreichbarkeit mit 25,8% (1975) bzw. 22,7% (1992) annähernd gleich bewertet. Ebenso läßt sich bei der Wahl des Verkehrsmittels - bereits 1975 benutzen 81% der Kunden ihr Auto zum Einkauf - keine Veränderung feststellen.
Die Ausrichtung der Kunden auf die verschiedenen Einzelhandelsstandorte hat allerdings eine deutliche Umorientierung erfahren. So haben andere Einkaufszentren als Alternativen erheblich an Attraktivität verloren; mit einem Anteil von 30,8% (1975) und 15,5% (1992) hat sich ihre Bedeutung fast halbiert. In erster Linie hat das famila-center direkt davon profitiert, da der Anteil der Kunden, die sich ausschließlich dort versorgen, von 3,1% (1975) auf 12,6% (1992) gestiegen ist.

Für die übrigen alternativen Einkaufsstandorte lassen sich lediglich kleinere Schwankungen beobachten, die durchaus auch zufällig sein können. Erwähnenswert ist noch, daß sich für die Heidelberger City mit 8,1% (1975) und 8,9% (1992) auf jeden Fall keinen Zentralitätsverlust nachweisen läßt.

Die Einkaufshäufigkeit hat schließlich ebenfalls abgenommen. Lediglich die Gruppe der Kunden, die häufiger als einmal in der Woche einkaufen gehen, ist stabil geblieben, während alle anderen zugunsten der Gruppe der Kunden, die höchstens einmal im Monat einkaufen gehen, von 53% (1975) auf 40% (1992) abgenommen hat.

Rückschlüsse aus der Gegenüberstellung der beiden Untersuchungen ziehen zu wollen, wird zusätzlich dadurch erschwert, daß die Untersuchung von BERKEN zwei Jahre nach der Eröffnung des famila-centers durchgeführt wurde. Somit ist zu fragen, ob sich bis zu diesem Zeitpunkt schon ein stabiles Einzugsgebiet mit fester Stammkundschaft herausbilden konnte. Die Ergebnisse könnten die Vermutung nahelegen, daß dies nicht der Fall war, da 1992 eine stärkere Ausrichtung auf das Shopping-Center gegeben ist.

Andererseits dürften viele Veränderungen im Kundenverhalten jedoch eher den Wandel in der Gesellschaft als auf Veränderungen in der Angebotsstruktur usw. des Einkaufszentrums zurückzuführen sein. Selbst die 1992 geringere Bedeutung günstiger Preise als Einkaufsgrund ist sicherlich z. T. durch den allgemein gewachsenen Wohlstand innerhalb der Gesellschaft erklärbar; z. T. ist es aber wohl auch eine Folge des qualitativ aufgewerteten Warenangebotes.

6. Schlußbetrachtung

Die Ergebnisse zeigen, daß das famila-center für das Kerngebiet in erster Linie zur Versorgung mit Lebensmitteln bzw. Waren des kurzfristigen Bedarfs dient. Das ist einerseits auf das große Warenangebot, andererseits auf die schlechte Ausstattung mit Ladengeschäften am Wohnort zurückzuführen. Gerade die Stadtteile Boxberg und Emmertsgrund haben bei Geländebegehungen ein Defizit in der Angebotsstruktur gezeigt. In beiden Stadtteilen standen Ladengeschäfte leer. Dies dürfte z. T. auf die geringe Attraktivität, z. T. aber auch auf die Konkurrenz durch das famila-center zurückzuführen sein.

Für den östlichen Ergänzungsraum ergibt sich ein durch die Entfernung etwas abgewandeltes Bild. Auch in diesen Gemeinden ist die Ausstattung mit Einzelhandelsgeschäften schlecht. Aufgrund der Entfernung zum famila-center und der Notwendigkeit, für den Einkauf auf das Auto zurückgreifen zu müssen, ist die Einkaufsfrequenz allerdings deutlich geringer als im Kerngebiet.

Für die übrigen Gebiete nimmt die Bedeutung des famila-center für die Versorgung des täglichen Bedarfs zugunsten des mittel- und langfristigen Bedarfs ab, was sich sowohl in einer geringeren Anzahl an Nennungen für das SB-Warenhaus und die Geschäfte des kurzfristigen Bedarfs als auch in einer geringeren Einkaufsfrequenz zeigt.

Auffällig ist die geringe Attraktivität der Heidelberger City als alternativer Einkaufsstandort. Insbesondere für das südliche Ergänzungsgebiet legt das die Vermutung nahe, daß es dem famila-center gelungen ist, Kaufkraft auf Kosten der Innenstadt an sich zu binden. Dies dürfte allerdings in weit höherem Maße auf Kosten des lokalen Einzelhandels in den angrenzenden Stadtteilen bzw. Gemeinden erfolgt sein. Dieser Schluß muß auch deshalb gezogen werden, weil sich bei einem Vergleich mit den Ergebnissen von 1975 kein Zentralitätsverlust der Heidelberger City nachweisen läßt. Im Gegensatz hierzu läßt sich zeigen, daß seit 1975 eine Kundenorientierung auf das famila-center auf Kosten anderer Einkaufszentren zugenommen hat. Dies läßt sich aber vermutlich auch damit erklären, daß sich 1975 sein Einzugsgebiet noch nicht voll herausgebildet hatte.

Um eine fundierte Aussage darüber machen zu können, ob das famila-center einen ernsten Konkurrenten für die Heidelberger City darstellt, sind jedoch weitere Untersuchungen in Form von Befragungen in den Wohngebieten selbst notwendig, da die Kundenbefragung im famila-center für diese Fragestellung keine qualifizierte Stichprobe liefert.

In der Untersuchung wurden nach der Herkunft der Kunden vier verschiedene Räume ausgegliedert. Neben dem Kerngebiet wurden weiter ein nördlicher, ein südlicher sowie ein östlicher Ergänzungsraum gebildet. Als Abgrenzungskriterium

Das Kerngebiet mit seiner hohen absoluten und relativen Bedeutung muß mit 58,1% der Kunden als eigentliches Einzugsgebiet angesehen werden. Dies wird auch durch eine starke Kundenbindung bestätigt, die sich u.a. in der Einkaufshäufigkeit manifestiert. Die drei Ergänzungsräume zeigen eine geringere Einkaufshäufigkeit entsprechend der jeweiligen Erreichbarkeit. Neben der Infrastruktur spielen für das Einkaufsverhalten die möglichen Einkaufsalternativen ebenfalls eine wesentliche Rolle für das unterschiedliche Einkaufsverhalten. So hat die große Auswahl als Einkaufsgrund für die Kunden aus dem nördlichen Ergänzungsraum, in dem die Heidelberger City liegt, beispielsweise ein relativ geringe Bedeutung, während die Parkmöglichkeiten überdurchschnittlich hoch bewertet werden, was mit der Verknappung des Parkraums in der Heidelberger Innenstadt zusammenhängt.

Literatur

BERKEN, B. (1976): Periphere Einkaufszentren und Verbrauchermärkte im Raum Heidelberg. Staatsexamensarbeit am Geographischen Institut, Universität Heidelberg.

BERKEN, B. (1981): Periphere Einkaufszentren und Verbrauchermärkte im Raum Heidelberg. In: Heidelberger Geographische Arbeiten, 46, 227-270.

BRANDENBURG, H. (1985): Standorte von Shopping-Centern und Verbrauchermärkten im Kölner Raum - Entwicklung und Auswirkung auf das Einzelhandelsgefüge. Kölner Forschungen zur Wirtschafts- und Sozialgeographie, 32.

HEINRITZ, G. (1977): Einzugsgebiete und zentralörtliche Bereiche - Methodische Probleme der empirischen Zentralitätsforschung. In: Münchner Geographische Hefte, 39, 9-43.

MAYR, A. (1980): Entwicklung, Struktur und planungsrechtliche Problematik von Shopping-Center in der Bundesrepublik. In: Münstersche Geographische Arbeiten, 5, 9-46.

RÜTER, F. (1993): Einkaufszentralität im Gebiet Rhein-Neckar. Das Famila-Center. Eine Raum-Zeit-Analyse. Staatsexamensarbeit am Geographischen Institut, Universität Heidelberg.

Räumliche Angebotsstrukturen des Lebensmitteleinzelhandels und des Lebensmittelhandwerkes in Heidelberg

Joachim Hahn

Seit vielen Jahren werden die Auswirkungen des Strukturwandels im Einzelhandel und damit zusammenhängend grundsätzlich der Distributionsstrukturen von Waren und Dienstleistungen heftig und kontrovers diskutiert. Für die Stadtentwicklungsplanung rückte dabei die Frage der Qualität der kleinräumigen Versorgung mit Gütern des täglichen Bedarfs, insbesondere mit Lebensmitteln in den Vordergrund.

Eine wesentliche Komponente der Versorgung ist die Erreichbarkeit des Angebotes an Waren. Es wird befürchtet, daß die mit der Filialisierung und der Tendenz zu großflächigen Betriebsformen einhergehende Aufgabe von Standorten auch in Großstädten, in Teilräumen zu einer Beeinträchtigung der Versorgungsmöglichkeiten zumindest von Teilen der Bevölkerung führen könnte. Da die Themenstellung der Versorgungsqualität überwiegend unter diesem räumlichen Aspekt diskutiert wird, sollen hier andere Bestimmungsfaktoren der Versorgung wie reale Einkommenssituation, Substitutionsmöglichkeiten, Mobilität, Lagerpotentiale oder subjektive Bedarfe nicht weiter behandelt werden.

Im Herbst 1992 hat das Amt für Stadtentwicklung und Statistik der Stadt Heidelberg auf der Basis des Branchenfernsprechbuches 1991/92 die räumliche Angebotsstruktur der stationären Verkaufsstellen des Lebensmitteleinzelhandels und des Lebensmittelhandwerkes (Bäcker und Metzger) in Heidelberg erfaßt. Diese Quelle erwies sich allerdings sehr bald als ungeeignet. Die Ergänzung und Fortschreibung der Datenbasis erfolgt durch Begehungen der einzelnen Stadtteile.

Unberücksichtigt bleiben andere Vertriebswege für Nahrungs- und Genußmittel, wie ambulanter Handel, Wochenmärkte, Direktbezug beim Erzeuger (Landwirte, Gärtnereien) etc., ausgeklammert blieben wiederum qualitative Aspekte. Nicht erhoben werden die Leistungsfähigkeit der Verkaufsstellen (Größe, Beschäftigte) oder die angebotene Sortimentsbreite und -tiefe, weitere wesentliche Faktoren, die für eine umfassende Beurteilung der Versorgungssituation herangezogen werden sollten.

Insgesamt 264 stationäre Verkaufsstellen des Lebensmitteleinzelhandels und -handwerks in Heidelberg dienen der Nahversorgung (Stand: Juli 1994). Im einzelnen handelt es sich um 136 Lebensmittelgeschäfte, 90 Bäckereien und 38 Metzgereien. Die räumliche Verteilung sowie die Standorte der Geschäfte sind Tabelle 1 (im Anhang) zu entnehmen. Mehr als 20 Geschäfte weisen die Altstadt,

Bergheim, die Weststadt, Rohrbach, Kirchheim, Handschuhsheim, Neuenheim und Ziegelhausen auf.

Bemerkenswert ist, daß sich in drei peripher gelegenen Stadtteilen (Schlierbach, Boxberg, Emmertsgrund) keine Metzgerei befindet. Es ist allerdings davon auszugehen, daß der Bedarf an Fleischwaren in diesen Stadtteilen teilweise in großen Lebensmittelgeschäften mit eigenen Fleischabteilungen gedeckt werden kann. In einem Stadtteil, Schlierbach, gibt es keinen Bäcker.

Die Dichte des Versorgungsnetzes beträgt rechnerisch 1,98 stationäre Verkaufsstellen für Lebensmittel je 1.000 Einwohner (vgl. Tabelle 2 im Anhang). Im einzelnen stehen in Heidelberg zur Versorgung der Bevölkerung (statistisch) 1,02 Lebensmittelgeschäfte, 0,67 Bäckereien und 0,28 Metzgereien je 1.000 Einwohner zur Verfügung. Umgekehrt ausgedrückt ein Lebensmittelgeschäft entfällt auf ca. 1.000, eine Metzgerei auf ca. 3.500, eine Bäckerei auf ca. 1.500 Einwohner. Das dichteste Netz weisen rein rechnerisch Bergheim mit 3,43 und die Altstadt mit 3,33 Verkaufsstellen je 1.000 Einwohner auf, gefolgt von der Weststadt (2,64). Innerhalb der einzelnen Stadtteile sind jedoch häufig einseitige Standortkonzentrationen vorhanden.

Im Vergleich zu Baden-Württemberg ist die Netzdichte in Heidelberg als unterdurchschnittlich zu bezeichnen. Im Durchschnitt kamen 1987 in Baden-Württemberg 3,16 Verkaufsstellen für Lebensmittel auf je 1.000 Einwohner (vgl. Hahn/Kunz). Selbst in den hochverdichteten Städten mit mehr als 1.000 Einwohner je km² (Heidelberg: 1.228 Einwohner je km²) lag der Durchschnitt 1987 bei 2,65 Arbeitsstätten je 1.000 Einwohner.

Die genannten rechnerischen Netzdichten können nur hilfsweise über die Versorgungsstruktur Auskunft geben.

Für die tatsächliche Versorgungssituation dürfte die Erreichbarkeit gemessen als Distanz zwischen Wohnort und nächstgelegener Verkaufsstelle verläßlichere Anhaltspunkte als die rechnerische Netzdichte geben. Sowohl die Leistungsfähigkeit der einzelnen Verkaufsstellen als auch das subjektive Versorgungsbedürfnis der Konsumenten bleibt jedoch auch hier außer acht.

Eine Distanz von bis zu 500 Metern Luftlinie zwischen Wohnort und Verkaufsstelle kann allgemein als oberste planerische Grenze für die fußläufige Erreichbarkeit angenommen werden. Bei einer Entfernung von bis zu 250 Metern oder 5 Minuten zu Fuß kann die Versorgungslage als gut bezeichnet werden.

In den Tabellen 3 bis 5 und den Karten 1 bis 3 im Anhang ist die Erreichbarkeit von Verkaufsstellen des Lebensmitteleinzelhandels und -handwerks für die Einwohner der Stadtteile Heidelbergs in drei Zonen (Entfernung bis zu 250 Meter, bis zu 500 Meter und mehr als 500 Meter zur nächsten Verkaufsstelle) ausgewiesen.

Insgesamt können 92,3 % (ca. 123.300 Personen) der Heidelberger Bevölkerung zu Fuß ein Lebensmittelgeschäft erreichen. Für sieben von 10 Einwohner Heidelbergs (71,5 % bzw. 75.200 Personen) liegt das nächstgelegene Lebensmittelgeschäft nicht weiter als 250 Meter von der Wohnung entfernt.

Nur für 7,7 % oder ca. 10.300 Personen muß die Versorgungslage hinsichtlich der fußläufigen Erreichbarkeit des nächsten Lebensmittelgeschäftes als problematisch bezeichnet werden. Insbesondere in Schlierbach, wo knapp die Hälfte (49,5 %) der Einwohner (ca. 1.500 Personen) weiter als 500 Meter vom nächsten Lebensmittelgeschäft entfernt wohnen, auf dem Boxberg (25,4 % bzw. ca. 1.200 Personen) ist die räumliche Angebotsstruktur mit Lebensmittelgeschäften unbefriedigend. Versorgungsdefizite sind weiterhin in Wieblingen (16,8 % bzw. ca. 1.600 Personen) und Kirchheim (11,2 % bzw. ca. 1.700 Personen) zu konstatieren.

Hinsichtlich der Metzgereien ist die Versorgungssituation deutlich schlechter. Während 66,4 % (ca. 88.600 Personen) der Einwohner Heidelbergs als zumindest ausreichend, darunter 40,5 % (ca. 54.000 Personen) als gut versorgt zu betrachten sind, ist bei 33,6 % (ca. 44.900 Personen) eine fußläufige Erreichbarkeit einer Metzgerei nicht gegeben.

Neben den drei Stadtteilen (Schlierbach, Boxberg, Emmertsgrund), in denen sich keine Metzgerei befindet, wohnen auch große Teile der Einwohner von Wieblingen (66,7 % bzw. 6.500 Personen), der Südstadt (50,2 % bzw. 2.100 Personen), Neuenheims (35,8 % bzw. 4.900 Personen) und Ziegelhausens (33,8 % bzw. 3.100 Personen) weiter als 500 Meter vom nächsten Metzger entfernt.

Erheblich besser ist die Erreichbarkeit der Bäckereien in Heidelberg. Immerhin 84,1 % (112.400 Personen) können zumindest eine Bäckerei zu Fuß erreichen. Für knapp 60 % der Einwohner Heidelbergs (80.900 Personen) ist die Erreichbarkeit von Bäckereien sogar gut. 15,9 % oder 21.200 Personen können von ihrer Wohnung aus jedoch keine Bäckerei zu Fuß erreichen. Insbesondere in Schlierbach ist die fußläufige Erreichbarkeit einer Bäckerei für über zwei Drittel der Einwohner (71,9 % bzw. ca. 2.100 Personen) nicht gegeben. Aber auch in Kirchheim (38,1 % bzw. ca. 6.000 Personen) und in Wieblingen (31,6 % bzw. ca. 3.100 Personen) wohnen rund ein Drittel der Einwohner über 500 Meter Luftlinie weit von einer Bäckerei entfernt.

Eine abschließende Bewertung der aktuellen Situation der Lebensmittelversorgung in Heidelberg kann auf Basis der oben dargestellten Ergebnissen noch nicht erfolgen. Über entscheidende Faktoren der Versorgungsqualität wie Leistungsfähigkeit der einzelnen Betriebe, angebotene Sortimentsbreite und -tiefe etc. liegen keine verwertbaren Informationen vor. Anhaltspunkte für teilräumliche Defizitbereiche konnten jedoch deutlich identifiziert werden.

Literatur

HAHN, J. & D. KUNZ (1990): Die Versorgung mit Gütern des täglichen Bedarfs in Baden-Württemberg, Bd. 1 Stuttgart S. 50.

Anhang

Tab. 1: Stationäre Verkaufsstellen des Lebensmitteleinzelhandels und des Lebensmittelhandwerkes in Heidelberg (Stand: Juli 1994)

Stadtteile	Einwohner		Stationäre Verkaufsstellen							
	Insgesamt am 31.12.1993		Insgesamt		Lebensmittel-einzelhandel		Bäckereien		Metzgereien	
	abs.	in %	abs.	in %	abs.	in %	abs.	in %	abs.	in %
Schlierbach	2962	2,2 %	1	0,4 %	1	0,7 %	0	0,0 %	0	0,0 %
Altstadt	11104	8,3 %	37	14,0 %	17	12,5 %	15	16,7 %	5	13,2 %
Bergheim	6410	4,8 %	22	8,3 %	12	8,8 %	7	7,8 %	3	7,9 %
Weststadt	11727	8,8 %	31	11,7 %	18	13,2 %	12	13,3 %	1	2,6 %
Südstadt	4161	3,1 %	4	1,5 %	1	0,7 %	2	2,2 %	1	2,6 %
Rohrbach	13670	10,2 %	24	9,1 %	13	9,6 %	7	7,8 %	4	10,5 %
Kirchheim	15657	11,7 %	29	11,0 %	15	11,0 %	7	7,8 %	7	18,4 %
Pfaffengrund	7861	5,9 %	14	5,3 %	7	5,1 %	5	5,6 %	2	5,3 %
Wieblingen	9693	7,3 %	12	4,5 %	8	5,9 %	3	3,3 %	1	2,6 %
Handschuhsh.	15907	11,9 %	33	12,5 %	14	10,3 %	13	14,4 %	6	15,8 %
Neuenheim	13631	10,2 %	27	10,2 %	13	9,6 %	10	11,1 %	4	10,5 %
Boxberg	4541	3,4 %	4	1,5 %	3	2,2 %	1	1,1 %	0	0,0 %
Emmertsgrund	7123	5,3 %	5	1,9 %	3	2,2 %	2	2,2 %	0	0,0 %
Ziegelhausen	9113	6,8 %	21	8,0 %	11	8,1 %	6	6,7 %	4	10,5 %
Heidelberg	**133560**	**100,0 %**	**264**	**100,0 %**	**136**	**100,0 %**	**90**	**100,0 %**	**38**	**100,0 %**

Quelle: Amt für Stadtentwicklung und Statistik, Heidelberg 1994; eigene Berechnungen

Tab. 2: Stationäre Verkaufsstellen des Lebensmitteleinzelhandels und des Lebensmittelhandwerkes je 1000 Einwohner (Stand: Juli 1994)

Stadtteile	Stationäre Verkaufsstellen je 1.000 Einwohner			
	Insgesamt	Lebensmittel-einzelhandel	Bäckereien	Metzgereien
Schlierbach	0,34	0,34	0,00	0,00
Altstadt	3,33	1,53	1,35	0,45
Bergheim	3,43	1,87	1,09	0,47
Weststadt	2,64	1,53	1,02	0,09
Südstadt	0,96	0,24	0,48	0,24
Rohrbach	1,76	0,95	0,51	0,29
Kirchheim	1,85	0,96	0,45	0,45
Pfaffengrund	1,78	0,89	0,64	0,25
Wieblingen	1,24	0,83	0,31	0,10
Handschuhsheim	2,07	0,88	0,82	0,38
Neuenheim	1,98	0,95	0,73	0,29
Boxberg	0,88	0,66	0,22	0,00
Emmertsgrund	0,70	0,42	0,28	0,00
Ziegelhausen	2,30	1,21	0,66	0,44
Heidelberg	1,98	1,02	0,67	0,28

Quelle: Amt für Stadtentwicklung und Statistik, Heidelberg 1994; eigene Berechnungen

Tab. 3: Versorgungssituation in den Stadtteilen - Lebensmitteleinzelhandel (Stand: Juli 1994)

Stadtteile	Einwohner						
	Insgesamt am	darunter: Einwohner, die ... entfernt von einem Lebensmittelgeschäft wohnen					
	31.12.1993	bis zu 250 Meter		bis zu 500 Meter		mehr als 500 Meter	
	abs.	abs.	in %	abs.	in %	abs.	in %
Schlierbach	2962	623	21,0 %	1497	50,5 %	1465	49,5 %
Altstadt	11104	9501	85,6 %	10803	97,3 %	301	2,7 %
Bergheim	6410	4857	75,8 %	6122	95,5 %	288	4,5 %
Weststadt	11727	10818	92,2 %	11542	98,4 %	185	1,6 %
Südstadt	4161	1644	39,5 %	3696	88,8 %	465	11,2 %
Rohrbach	13670	8221	60,1 %	13227	96,8 %	443	3,2 %
Kirchheim	15657	12959	82,8 %	13909	88,8 %	1748	11,2 %
Pfaffengrund	7861	6972	88,7 %	7575	96,4 %	286	3,6 %
Wieblingen	9693	5585	57,6 %	8067	83,2 %	1626	16,8 %
Handschuhsheim	15907	12154	76,4 %	15078	94,8 %	829	5,2 %
Neuenheim	13631	9443	69,3 %	13298	97,6 %	333	2,4 %
Boxberg	4541	1227	27,0 %	3388	74,6 %	1153	25,4 %
Emmertsgrund	7123	6264	87,9 %	7123	100,0 %	0	0,0 %
Ziegelhausen	9113	5215	57,2 %	7960	87,3 %	1153	12,7 %
Heidelberg	133560	95483	71,5 %	123285	92,3 %	10275	7,7 %

Quelle: Amt für Stadtentwicklung und Statistik, Heidelberg 1994; eigene Berechnungen

Tab. 4: Versorgungssituation in den Stadtteilen - Bäckereien (Stand: Juli 1994)

Stadtteile	Einwohner						
	Insgesamt am	darunter: Einwohner, die ... entfernt von einer Bäckerei wohnen					
	31.12.1993	bis zu 250 Meter		bis zu 500 Meter		mehr als 500 Meter	
	abs.	abs.	in %	abs.	in %	abs.	in %
Schlierbach	2962	0	0,0 %	831	28,1 %	2131	71,9 %
Altstadt	11104	9726	87,6 %	10857	97,8 %	247	2,2 %
Bergheim	6410	3650	56,9 %	5247	81,9 %	1163	18,1 %
Weststadt	11727	11020	94,0 %	11636	99,2 %	91	0,8 %
Südstadt	4161	2538	61,0 %	4151	99,8 %	10	0,2 %
Rohrbach	13670	9613	70,3 %	12505	91,5 %	1165	8,5 %
Kirchheim	15657	6081	38,8 %	9692	61,9 %	5965	38,1 %
Pfaffengrund	7861	4642	59,1 %	7148	90,9 %	713	9,1 %
Wieblingen	9693	3308	34,1 %	6630	68,4 %	3063	31,6 %
Handschuhsheim	15907	12069	75,9 %	14751	92,7 %	1156	7,3 %
Neuenheim	13631	6375	46,8 %	11395	83,6 %	2236	16,4 %
Boxberg	4541	1227	27,0 %	3372	74,3 %	1169	25,7 %
Emmertsgrund	7123	5357	75,2 %	6674	93,7 %	449	6,3 %
Ziegelhausen	9113	3669	40,3 %	7488	82,2 %	1625	17,8 %
Heidelberg	**133560**	**79275**	**59,4 %**	**112377**	**84,1 %**	**21183**	**15,9 %**

Quelle: Amt für Stadtentwicklung und Statistik, Heidelberg 1994; eigene Berechnungen

Tab. 5: Versorgungssituation in den Stadtteilen - Metzgereien (Stand: Juli 1994)

Stadtteile	Einwohner						
	Insgesamt am	darunter: Einwohner, die ... entfernt von einer Metzgerei wohnen					
	31.12.1993	bis zu 250 Meter		bis zu 500 Meter		mehr als 500 Meter	
	abs.	abs.	in %	abs.	in %	abs.	in %
Schlierbach	2962	0	0,0 %	137	4,6 %	2825	95,4 %
Altstadt	11104	8181	73,7 %	10656	96,0 %	448	4,0 %
Bergheim	6410	3723	58,1 %	5624	87,7 %	786	12,3 %
Weststadt	11727	4416	37,7 %	9121	77,8 %	2606	22,2 %
Südstadt	4161	1010	24,3 %	2074	49,8 %	2087	50,2 %
Rohrbach	13670	5938	43,4 %	10481	76,7 %	3189	23,3 %
Kirchheim	15657	8257	52,7 %	13202	84,3 %	2455	15,7 %
Pfaffengrund	7861	3341	42,5 %	6541	83,2 %	1320	16,8 %
Wieblingen	9693	1486	15,3 %	3223	33,3 %	6470	66,7 %
Handschuhsheim	15907	9081	57,1 %	12794	80,4 %	3113	19,6 %
Neuenheim	13631	5378	39,5 %	8748	64,2 %	4883	35,8 %
Boxberg	4541	0	0,0 %	0	0,0 %	4541	100,0 %
Emmertsgrund	7123	0	0,0 %	0	0,0 %	7123	100,0 %
Ziegelhausen	9113	3254	35,7 %	6036	66,2 %	3077	33,8 %
Heidelberg	**133560**	**54065**	**40,5 %**	**88637**	**66,4 %**	**44923**	**33,6 %**

Quelle: Amt für Stadtentwicklung und Statistik, Heidelberg 1994; eigene Berechnungen

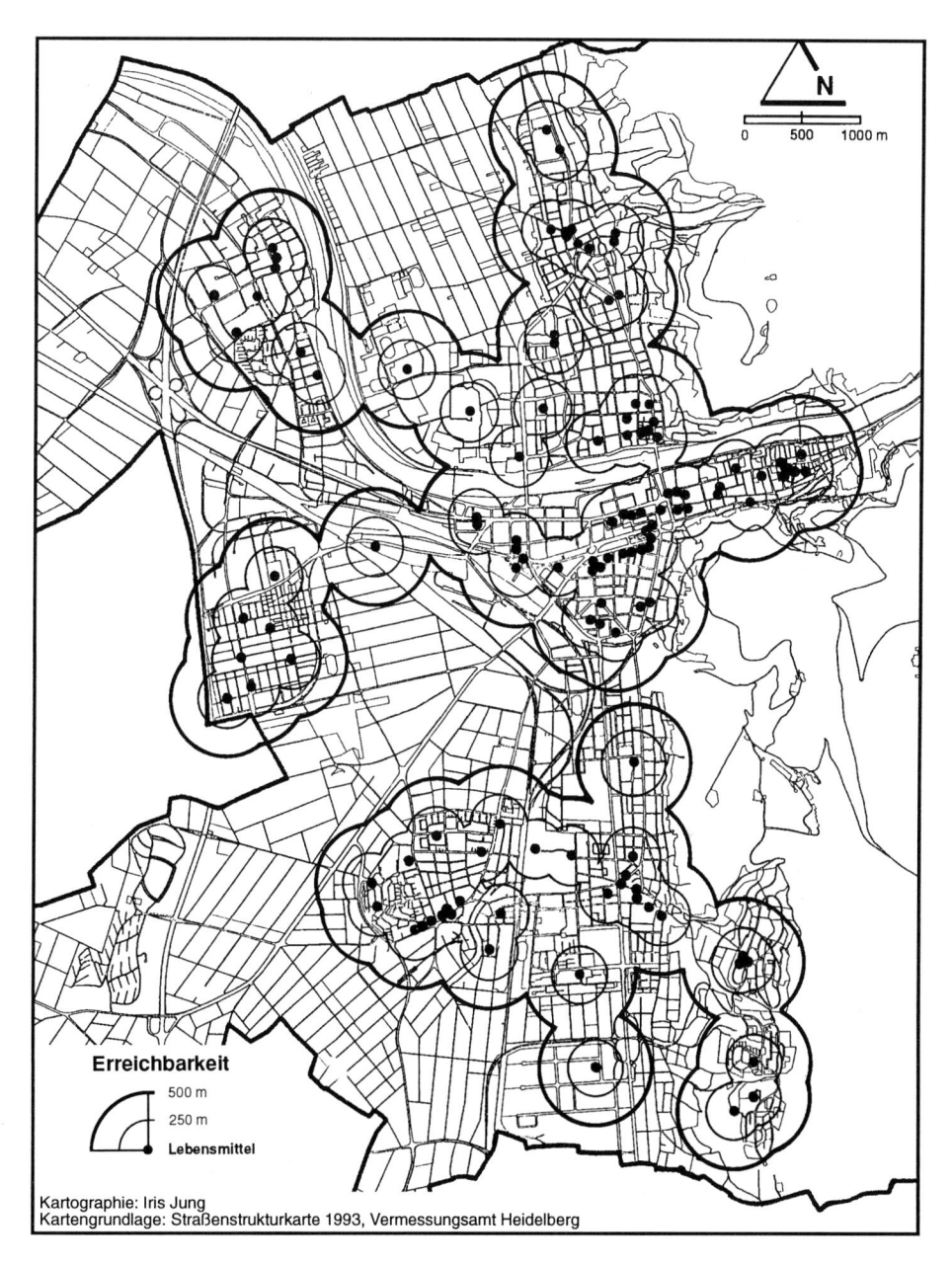

Karte 1: Erreichbarkeitsbereiche der stationären Verkaufsstellen des Lebensmitteleinzelhandels in Heidelberg (Stand: Juli 1994)
Quelle: Amt für Stadtentwicklung und Statistik, Heidelberg 1994

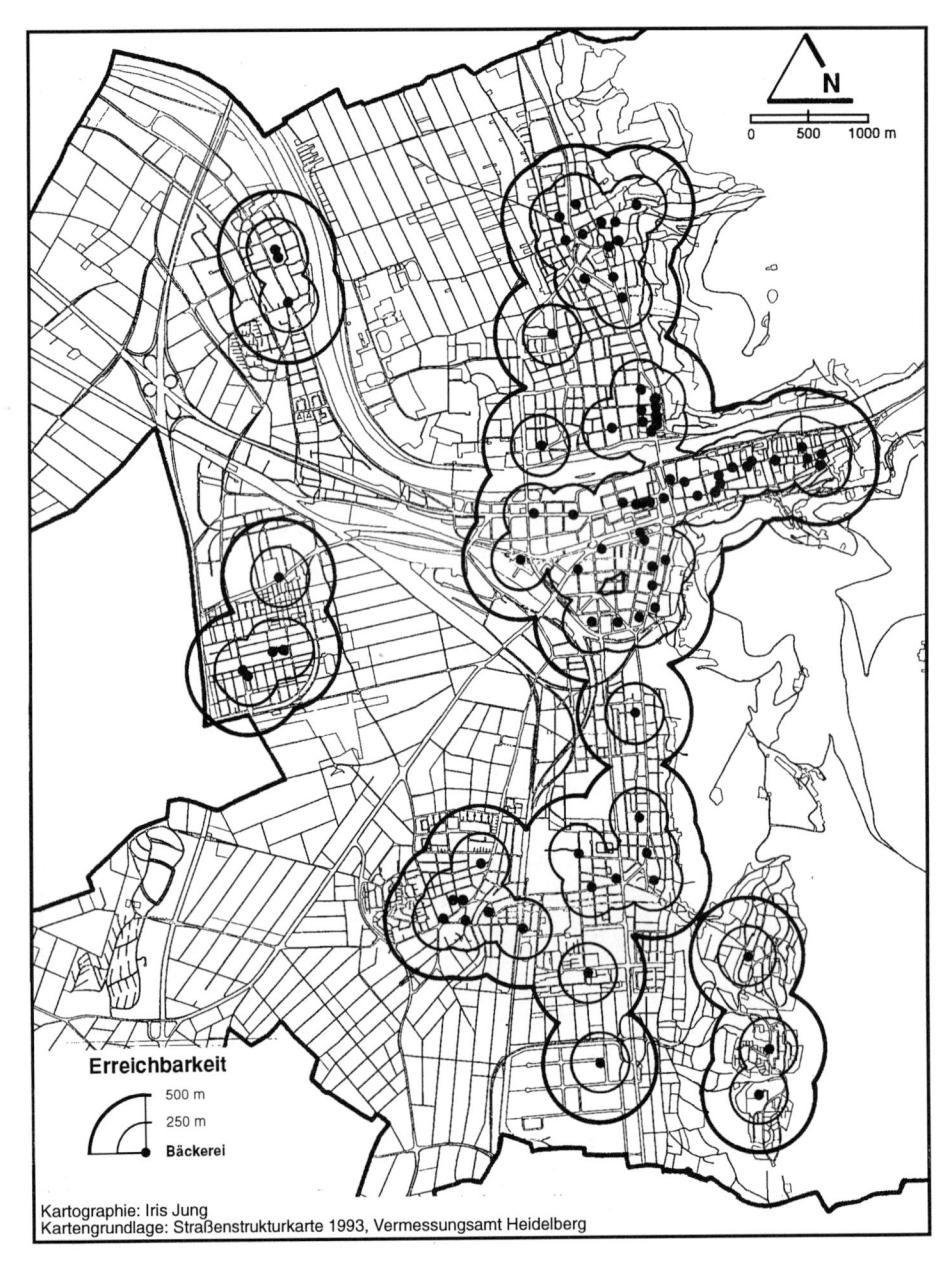

Karte 2: Erreichbarkeitsbereiche der stationären Verkaufsstellen der Bäckereien in Heidelberg (Stand Juli 1994)

Quelle: Amt für Stadtentwicklung und Statistik, Heidelberg 1994

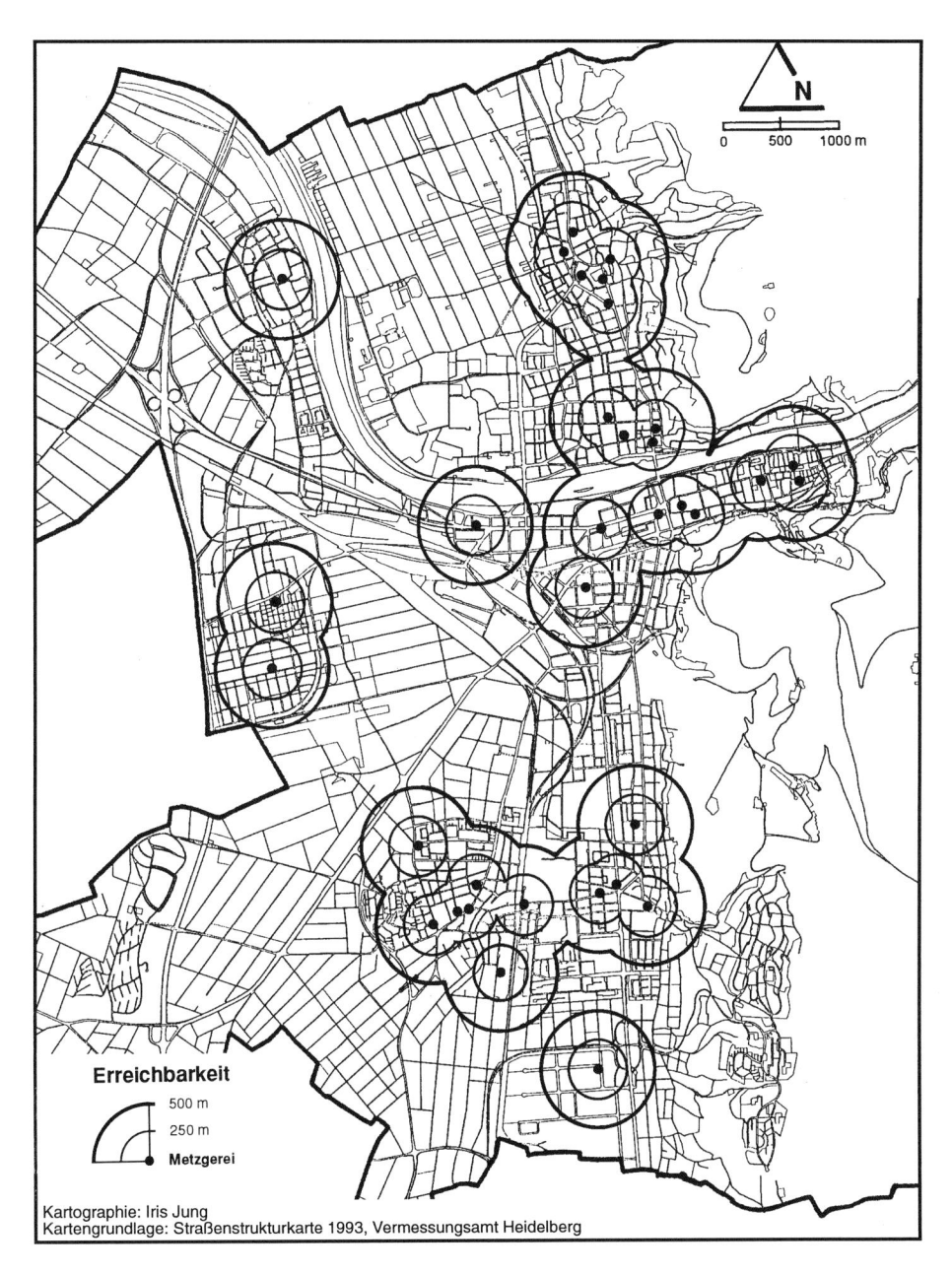

Karte 3: Erreichbarkeitsbereiche der stationären Verkaufsstellen der Metzgereien in Heidelberg (Stand: Juli 1994)

Quelle: Amt für Stadtentwicklung und Statistik, Heidelberg 1994

Einzugsbereiche und raumzeitliche Verhaltensmuster von Gaststättenbesuchern in der Heidelberger Altstadt

Matthias Achen

1. Einleitung

Der Einzelhandel, aber auch andere tertiäre Funktionen, die bislang die Innenstadt geprägt haben, werden immer stärker an periphere Standorte am Stadtrand oder in das Umland verlagert. Die Dezentralisierung von Dienstleistungsstandorten stellt damit das zentralörtliche Raummuster zunehmend in Frage. Obgleich umstritten ist, ob angesichts der bisherigen Suburbanisierungsprozesse im Einzelhandels- und Bürobereich bereits von einer "Auflösung der klassischen Stadtstrukturen" gesprochen werden kann, wächst der Stadtplanung die Aufgabe zu, Strategien gegen den Bedeutungsverlust der Innenstadt zu entwickeln (vgl. HATZFELD 1992). In solchen Konzepten, die gegenwärtig in vielen Städten - z.B. unter dem Stichwort "City-Marketing" - erarbeitet werden, besitzen die Bereiche "Kultur" und "Freizeit" in der Regel eine zentrale Rolle, und zwar nicht nur zur Unterstützung der Standortqualität des innerstädtischen Einzelhandels im Sinne eines "Erlebniseinkaufs", sondern auch als eigenständige Dimension im Rahmen der städtischen Nutzungsvielfalt. Ziel solcher Konzepte ist es u.a., die Aufenthaltsqualität in Innenstädten auf den verschiedenen Ebenen zu steigern. Grundsätzlich gilt, daß die Attraktivität einer Stadt bezüglich ihres Kultur- und Freizeitangebots zu einem bedeutsamen "weichen" Standortfaktor für Bevölkerung und Wirtschaft geworden ist (vgl. MAIER 1975, 7). Innerhalb dieses Angebots stellt die Gastronomie einen - nicht nur aus kommerzieller Sicht - wichtigen Faktor dar.

Hintergrund der gestiegenen Bedeutung von Kultur und Freizeit bildet der soziale Wertewandel sowie das starke Wachstum der realen Einkommen und der verfügbaren Freizeit. Unter raumzeitlichen Aspekten lassen sich nach RUPPERT (1975, 3) als Zielgebiete des Freizeitaufenthalts das Wohnumfeld, der Naherholungsraum und der Fremdenverkehrsraum unterscheiden, wobei bezüglich des Zeitbudgets das Wohnumfeld - gefolgt vom Naherholungsraum - die zentrale Rolle einnimmt (vgl. MEUTER/RÖCK 1974, 382). Die Freizeit wird von den Stadtbewohnern im hohen Maße unmittelbar in der Stadt verbracht. Die Stadt ist jedoch nicht nur für die einheimischen Bewohner, sondern auch für die auswärtigen Besuchern aus dem Umland und der weiteren Ferne ein räumliches Ziel von Freizeitaktivitäten. Die entsprechenden Einrichtungen im gesellschaftlichen Bereich - z.B. "Gasthäuser" und "Vergnügungslokale" - sind bereits von CHRISTALLER (1933, 139) im Katalog der zentralen Funktionen aufgeführt worden. Die Gastronomie umfaßt unterschiedliche Angebotsformen, wobei insbesondere unter sozialen Aspekten solchen Lokalen eine wichtige Bedeutung zukommt, in deren betrieblichem Mittelpunkt nicht die Zubereitung von Speisen, sondern der Ausschank von Getränken steht. Diese Lokale, die in der statistischen Einteilung der Handels- und Gaststättenzählung (HGZ) von 1979 als "Schankwirtschaften" aufgeführt sind, werden im weiteren - der Umgangssprache der jüngeren Generation folgend - als "Kneipen" bezeichnet (vgl. LAUFNER 1992, 4).

Über die Stadt als Freizeitraum liegen bislang nur wenige geographische Untersuchungen vor. RUPPERT (1980, 185) bezeichnet es insbesondere als erstaunlich, wie wenig Aufmerksamkeit dem Wohnumfeld als Freizeitbereich aus der Sicht der Geographie gewidmet wurde. Die Bedeutung, die Gaststätten als "konsumptiv-vergnügungsorientierter Freizeitbereich" (MAIER 1975, 14) für die Bewohner und Besucher einer Stadt besitzen, ist bisher weitgehend unbeachtet geblieben. In den Studien von KEMPER (1975) über Bonn, von KERSTIENS-KOEBERLE (1979) über München und von SCHNELL (1979) über verschiedene Städte im Ruhrgebiet werden sie als ein Ziel innerstädtischer Freizeitaktivitäten nur am Rande behandelt.

Die ökonomische Bedeutung der Gastronomie hat in den vergangenen Jahren erheblich zugenommen. Die Gaststätten haben 1992 in den alten Ländern insgesamt einen Umsatz von 41 Mrd. DM mit 534.500 Beschäftigten erwirtschaftet; auf die Kneipen entfiel ein Umsatzanteil von 23% (= 9.4 Mrd. DM) und ein Beschäftigtenanteil von 28% (= 148.000 Personen). Gegenüber 1979 ist der Umsatz in der Gastronomie bundesweit real über 20% und ihre Beschäftigtenzahl über 25% angestiegen; für die Kneipen ist das Wachstum mit 6% (Umsatz) und 18% (Beschäftigung) allerdings deutlich niedriger ausgefallen. Für frühere Jahre liegen leider keine Vergleichszahlen aus der amtlichen Statistik vor, weil die HGZ erst seit 1979 "Schankwirtschaften" als eigene Kategorie ausweist. Die Gastronomie stellt heute einen bedeutenden Teil des Dienstleistungsbereich dar, dessen beschäftigungspolitische Bedeutung diejenige der Chemischen Industrie übersteigt; trotzdem besteht nach LAUFNER (1992, 3) auch in den Wirtschaftswissenschaften ein erhebliches Forschungsdefizit über diesen Gegenstand.

Die gesellschaftliche Bedeutung der Gastronomie ist ebenfalls angestiegen. Durch den sozioökonomischen Wandel ist der Anteil der Lebens- und Genußmittel, die außerhalb der Wohnung verzehrt werden, ständig angewachsen - und damit die Häufigkeit eines Besuchs in Gaststätten, insbesondere in Kneipen. Die Entwicklung der "Kneipenszene" bildet nach SCHULZE (1992, 463ff.) ein wesentliches Element in der Evolution des "kommunalen Erlebnismarktes". Durch die Individualisierung der Gesellschaft hat die Kneipe als milieuübergreifender Begegnungs- und Erlebnisraum stark an Bedeutung gewonnen, wobei die Kneipenszene - als "Nachtszene" - wiederum in viele Teilszenen mit eigener Publikumsstruktur und eigenen Erlebnisangeboten zu differenzieren ist. Kneipen sind heute ein wichtiger Schauplatz gesellschaftlicher Begegnung, in dem das Essen, aber auch das Trinken vielfach nur noch begleitende Funktion einnimmt.

Ziel einer empirischen Studie, die im Juni 1991 in der Heidelberger Altstadt in Zusammenarbeit mit dem Stadtentwicklungsamt durchgeführt worden ist und deren zentralen Ergebnisse im folgenden Artikel vorgestellt werden, war eine Untersuchung des Gastronomietyps "Kneipe" aus geographischer Sicht (vgl. ACHEN 1992); die Altstadt zählt in Deutschland zu einem der Stadtteile mit der höchsten "Kneipendichte". Durch Interviews mit Gaststättenbesuchern sind in dieser Studie detaillierte Informationen über die Nutzerstruktur und den Einzugsbereich der Altstadtkneipen sowie das raumzeitliche Verhalten ihrer Gäste erfaßt worden. Weitere Ergebnisse der Studie, die sich auf die Beurteilung des Kneipenangebots durch die Gäste und die Verkehrsmittelwahl der Besucher beziehen, sind bereits an anderer Stelle veröffentlicht (ACHEN 1993).

2. Untersuchungsgebiet und -verfahren

2.1 Heidelberger Altstadt

In der Heidelberger Altstadt - insbesondere in der östlich gelegenen Kernaltstadt zwischen Universitäts- und Marktplatz - besteht bereits seit dem 18. Jahrhundert eine hohe Konzentration von Gastronomiebetrieben unterschiedlicher Art. Nach der HGZ hat die Heidelberger Gastronomie 1985 insgesamt einen Umsatz von 122 Mio. DM in etwa 300 Betrieben mit 1800 Beschäftigten erwirtschaftet; da diese Daten jedoch weder sektoral noch regional differenziert vorliegen, lassen sich für die "Schankwirtschaften" in der Altstadt leider keine Aussagen über Umsatz und Beschäftigung treffen. Nach eigener Kartierung befinden sich in diesem Stadtteil gegenwärtig etwa 150 Betriebe, von denen ca. 60% eine Kneipe darstellen; Abb. 1 zeigt - als Punktsignaturen - die insgesamt 100 Gaststätten, die sich im Kernbereich der Heidelberger Altstadt befinden. Die Attraktivität dieses Gebiets bezüglich des Kneipenangebots ist als sehr hoch einzustufen; an schönen Sommerabenden ist die Passantenfrequenz im östlichen Teil der Hauptstraße - als längster Fußgängerzone Deutschlands - um Mitternacht mitunter höher als an verkaufsoffenen Samstagen vor Weihnachten um die Mittagszeit.

Die Konzentration der Gastronomie in der Altstadt würde sogar noch stärker ausfallen, wenn die Stadtverwaltung von ihrer bislang sehr restriktiven Genehmigungspraxis für neue Gaststätten abwiche. Nach Aussagen lokaler Experten liegt die Nachfrage nach gastronomisch nutzbarer Gewerbefläche in der Altstadt deutlich über dem entsprechenden Angebot; eine Umwandlung von Ladenlokalen in Cafes/Kneipen wird jedoch durch den kaum zu erbringenden Stellplatznachweis weitgehend verhindert. Ziel der Stadtverwaltung hierbei ist es, die Monostruktur in der Kernaltstadt nicht zu verstärken und die (Lärm-) Belastung für die Anwohner nicht weiter ansteigen zu lassen.

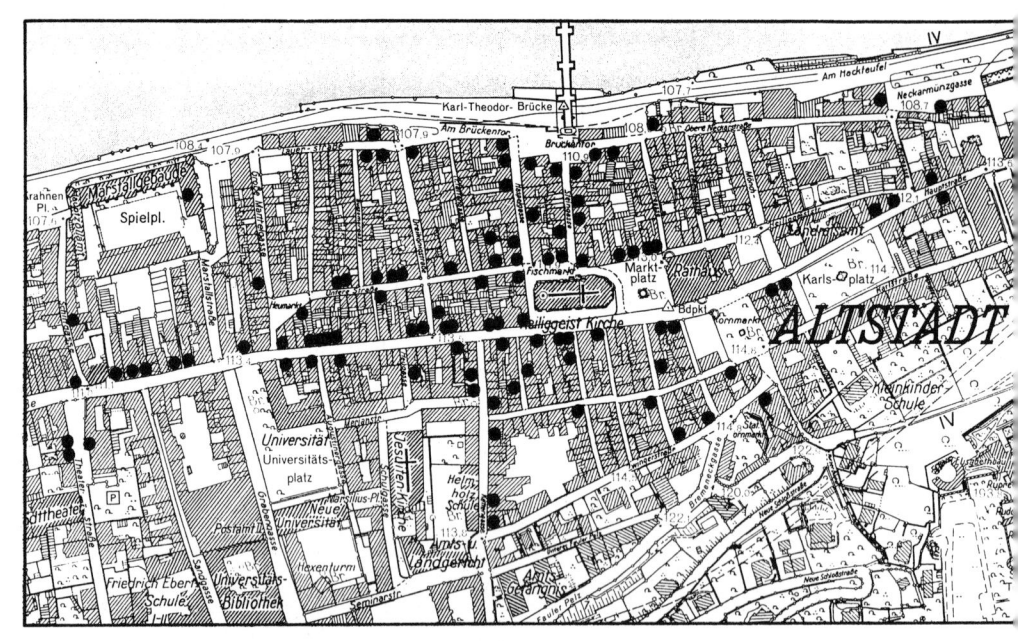

Abb. 1: Gaststätten im Kernbereich der Heidelberger Altstadt
(Kartengrundlage DGK 5, Blatt 6518.26 Heidelberg, herausgegeben vom Landesvermessungsamt Baden-Württemberg, Außenstelle Karlsruhe. Vervielfältigung genehmigt unter Az.: 5.11-KA/89)

2.2 Methodik der Datenerhebung

Für diese Untersuchung sind im Juni 1991 im Rahmen eines geographischen Geländepraktikums in 16 Altstadtkneipen, die unterschiedlichen Charakter besitzen und das Kneipenspektrum in der Altstadt weitgehend abdecken, kurze Interviews mit den Gaststättenbesuchern durchgeführt worden, und zwar am Mittwoch (22.6.91) sowie am Freitag (24.6.91) in insgesamt fünf Zeitintervallen (Mi 21-22 h, Mi 23-24 h, Fr 19-20 h, Fr 21-22 h, Fr 23-24 h). Die Fragen sind von insgesamt 772 - nach dem Zufallsprinzip ausgewählten - Personen beantwortet worden, womit die Zielvorgabe von 800 Interviews nahezu erreicht wurde; die fehlenden 28 Interviews sind in erster Linie auf das frühe Befragungsintervall am Freitag zurückzuführen, in dem in einigen Kneipen keine ausreichende Anzahl von - auskunftswilligen - Gästen anwesend war. Die Akzeptanz der Interviews bei den Kneipenbesuchern war, von wenigen Ausnahmen abgesehen, sehr hoch, die Wirte und Barkeeper zeigten sich in der Regel ebenfalls sehr kooperativ. Die Befürchtung, einige Kneipen seien vor allem am Freitag im mittleren und späten Befragungsintervall zu voll, als daß sich ein solches Interview führen ließe, erwies sich als gegenstandslos; die Interviews - und die studentischen Interviewer - stellten mitunter sogar eine besondere Attraktivität dar. Am Mittwoch sind insgesamt 322 Besucher von Heidelberger Altstadtkneipen befragt worden, am Freitag 450 Besucher; auf das frühere Zeitintervall (19-20 h und 21-22 h) entfallen insgesamt 462 Personen (= 60%), auf das spätere Intervall (23-24 h) 310 Personen (= 40%).

3. Ergebnisse

3.1 Struktur der Kneipenbesucher

Die Besucher, die in den Altstadtkneipen interviewt wurden, sind im Durchschnitt wesentlich jünger als die Bevölkerung aus Heidelberg insgesamt. Jeweils 35% der Personen waren 18-25 Jahre oder 26-35 Jahre alt, fast 20% 36-45 Jahre; ein Alter über 45 Jahre wiesen nur 7%, ein Alter unter 18 Jahren nur 2% auf. Bezüglich des Geschlechts dominierten die Männer im Verhältnis von 3:2 gegenüber den Frauen.

Der soziökonomische Status der Gäste, der aus der Frage nach dem Beruf abgeleitet wurde, ist vergleichsweise hoch anzusetzen; allerdings war in 104 der 772 Interviews keine eindeutige Zuordnung möglich. 5% der Besucher besaßen einen einfachen Beruf (un-/angelernte Arbeiter, einfache Angestellte/Beamte), 22% einen mittleren/gehobenen Beruf (selbständige Handwerker, Einzelhändler, Facharbeiter, qualifizierte Angestellte, mittlere/gehobene Beamte) und 19% ein höheren Beruf (hochqualifizierte/leitende Angestellte, höhere Beamte, freiberuflich Tätige wie Ärzte, Rechtsanwälte, etc.). 31% der Besucher waren Studenten, Referendare oder Ärzte im Praktikum; 7% befanden sich noch in der Schule oder Lehre.

Über die Hälfte der Gäste stammte aus Heidelberg, darunter fast ein Fünftel unmittelbar aus der Altstadt; ebenso wiesen die direkt angrenzenden Stadtteile - gemessen an ihrer Einwohnerzahl - überdurchschnittliche Besucherfrequenzen auf. Werte auf. Ein knappes Zehntel kam aus den benachbarten Gemeinden Dossenheim und Eppelheim, so daß insgesamt etwa 60% der Besucher maximal 10 km von der Heidelberger Innenstadt entfernt wohnten[1]. Fast ein Viertel der Gäste hat für den Besuch in der Altstadt einen Weg zwischen 10 km und 60 km zurückgelegt, wobei innerhalb dieser Entfernungskategorie das nahe Umland (z.B. Mannheim, Neckargemünd, Leimen) stark dominierte; aus der Zone zwischen 60 km und 80 km stammte keiner der Besucher (vgl. Abb. 2). Einen Wohnort jenseits dieser Grenze nannte ein Sechstel der Gäste; diese werden im folgenden als "Touristen" bezeichnet, da sie - von Ausnahmen abgesehen - nach dem Kneipenbesuch nicht mehr nach Hause gefahren sein, sondern im Hotel, bei Bekannten oder bei Verwandten in Heidelberg oder im Umland übernachtet haben dürften. Jeder zweite Tourist, der in einer Altstadtkneipe interviewt worden ist, stammte aus dem Ausland, etwa jeder fünfte Tourist aus Übersee (v.a. USA). Es ist allerdings anzumerken, daß die Gruppe der Touristen nicht nur Gäste mit Erholungsmotiven, sondern auch Kongreßbesucher

---

[1] Eigene Berechnungen auf der Grundlage folgender Statistischer Jahrbücher der Bundesrepublik Deutschland: 1981, 239; 1987, 248; 1990, 241; 1991, 264; 1992, 278.

und Geschäftsreisende umfaßt; über die jeweiligen Anteile liegen keine genauen Angaben vor, nach eigenen Beobachtungen dürfte jedoch Erholung als Reisemotiv eindeutig überwiegen.

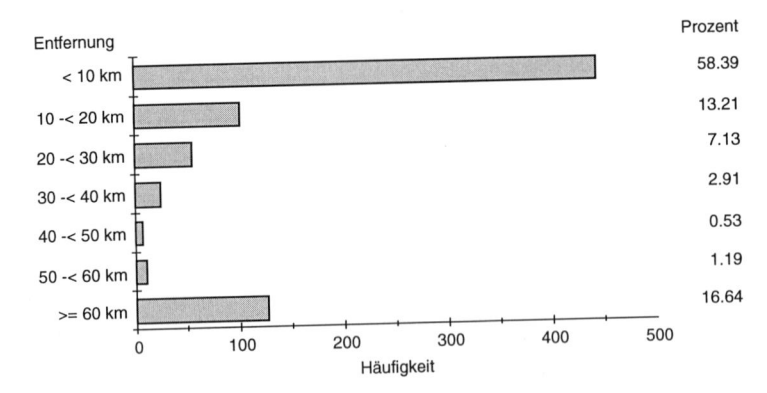

Entfernung	Häufigkeit	Prozent
< 10 km		58.39
10 -< 20 km		13.21
20 -< 30 km		7.13
30 -< 40 km		2.91
40 -< 50 km		0.53
50 -< 60 km		1.19
>= 60 km		16.64

Abb. 2: Entfernung der Wohnorte der Kneipenbesucher

Erwartungsgemäß verändert sich die Struktur der Kneipenbesucher im Laufe des Abends. Während die über 35-jährigen eher früher unterwegs waren (73% zwischen 19 und 22 Uhr), kamen die zwischen 26-35-jährigen eher später (53% zwischen 23 und 24 Uhr), wobei diese Tendenz für die Touristen jedoch nicht feststellbar ist. Die Altstädter sind wiederum eher früher unterwegs gewesen (74%), die Heidelberger wie die Umländer eher etwas später (je 55%), die Touristen wiesen keine nennenswerte Abweichung vom generellen Durchschnitt auf. Die Schüler und die hochqualifizierten Besucher waren eher früher unterwegs (je 67%), die Studenten eher später (51%).

Zwischen den personenbezogenen Merkmalen (Alter, Geschlecht, Beruf, Wohnort) besteht jeweils ein Zusammenhang, der zwar in der Regel nicht sehr stark ausgeprägt ist, aber für alle sechs Kombinationen statistisch signifikant ist; die wesentlichen Tendenzen sind im folgenden kurz aufgeführt:

- die Altstädter wie die Touristen sind vergleichsweise deutlich älter, während die Umländer jünger sind
- ebenso sind die Studenten, Schüler und Lehrlinge vergleichsweise deutlich jünger, die Besucher mit einem höheren Beruf erheblich älter
- während das Geschlechtsverhältnis bei den unter 26-jährigen Personen weitgehend ausgeglichen ist, sind die über 35-jährigen Kneipenbesucher etwa zu 70% männlich
- bei den Schülern, Lehrlingen und Studenten ist das Geschlechtsverhältnis ebenfalls nahezu ausgeglichen, während bei den Besuchern mit mittleren und höheren Berufen die Männer mit 70% dominieren, bei den Besuchern mit einfachen Berufen dagegen die Frauen mit 70%

- unter den Heidelbergern und Umländern beträgt der Anteil der Männer knapp 60%, unter den Touristen über 70%
- die Studenten kommen überdurchschnittlich oft aus Heidelberg, die Schüler und Lehrlinge aus Heidelberg und seinem Umland, während die Besucher mit höheren Berufen oft entweder aus der Altstadt stammen oder als Touristen dort sind.

3.2 Einzugsbereiche der Altstadtkneipen

Die Wohnorte der Altstadtkneipenbesucher weisen bezüglich der normierten Besuchshäufigkeit (Besucher / 100 Bewohner je Gemeinde) ein deutliches zentralperipheres Gefälle auf; sie liegen insbesondere im östlichen und südöstlichen Rhein-Neckar-Raum, wobei Heidelberg sehr stark dominiert (vgl. Abb. 3). Nach Westen sinkt die Besuchsintensität jenseits von Eppelheim, Ladenburg und Plankstadt sehr rasch ab, was auf die starke Konkurrenz der Kneipenszene von Mannheim zurückzuführen sein dürfte. Die linksrheinischen Gemeinden im Rhein-Nekkar-Raum weisen insgesamt nur eine schwache Orientierung auf Heidelberg auf; dort dürfte zusätzlich die Konkurrenz der rheinland-pfälzischen Städte (Ludwigshafen, Speyer, Worms) wirksam werden. Dagegen weisen die suburbanen Gemeinden an der Bergstraße (Nußloch, Dossenheim, Schriesheim), im Odenwald (Schönau), im Neckartal (Neckargemünd, Neckarsteinach), im Elsenztal (Bammental, Mauer, Meckesheim) und in der Rheinebene (Sandhausen, Walldorf), die bis zu 20 km von der Altstadt entfernt liegen, relativ hohe Besuchsintensitäten auf. Auffällig ist das völlige Besucherdefizit aus dem weiteren Osten (Hirschhorn, Eberbach, Schönbrunn), was auf die Konkurrenz des Mittelzentrums Eberbach hindeutet; eine ähnliche Situation ist im Süden Heidelbergs an Leimen und Wiesloch zu beobachten. Im Gegensatz zu den Heidelberger Altstadtkneipen ist für den Heidelberger Einzelhandel die Konkurrenzsituation zu den genannten Unter-/Mittelzentren deutlich schwächer ausgeprägt (vgl. Beitrag von SAILER-FLIEGE in diesem Heft).

In der absoluten Darstellung der Wohnorte der Altstadtkneipenbesucher treten die bevölkerungsstarken Mittel-/Oberzentren Wiesloch und Mannheim, aber auch Sinsheim, Viernheim und Ludwigshafen deutlicher hervor (Abb. 4). Das zentralperiphere Gefälle bleibt zwar erhalten, der Schwerpunkt hat sich jedoch nach Nordwesten in die Rheinebene verlagert, in der die Bevölkerungsdichte weitaus höher als im östlichen Rhein-Neckar-Raum ist.

Am Freitagabend war der Gästeanteil aus dem Umland - insbesondere aus den 15-25 km entfernten Gemeinden im Osten und Süden - deutlich höher als am Mittwoch; die Reichweiten insgesamt haben sich zwischen den beiden Interviewtagen jedoch nicht entscheidend verändert. Differenziertere Aussagen über zeitliche Veränderungen der Besuchsintensitäten und -reichweiten sind wegen der geringen Fallzahlen für die Umlandbesucher (Mittwoch 89, Freitag 135) leider nicht möglich.

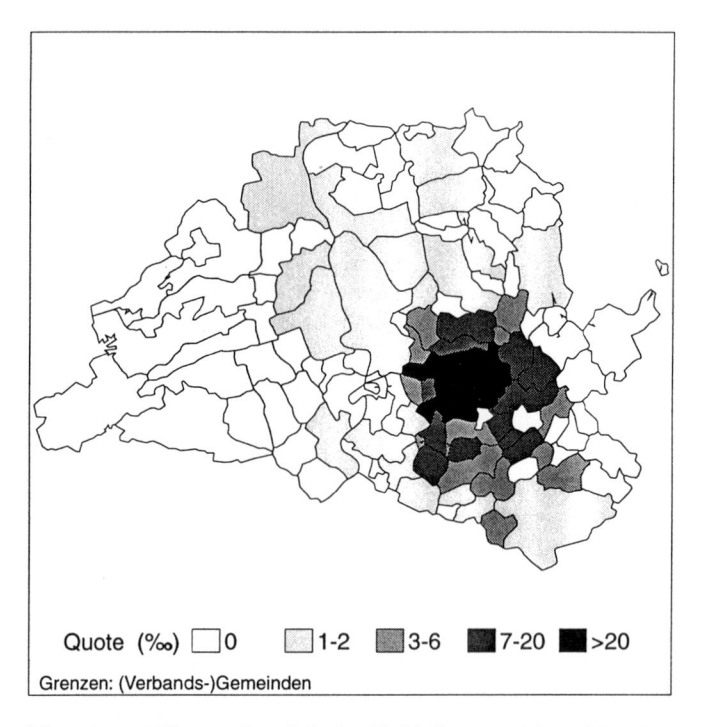

Abb. 3: Normierter Einzugsbereich der Heidelberger Altstadtkneipen

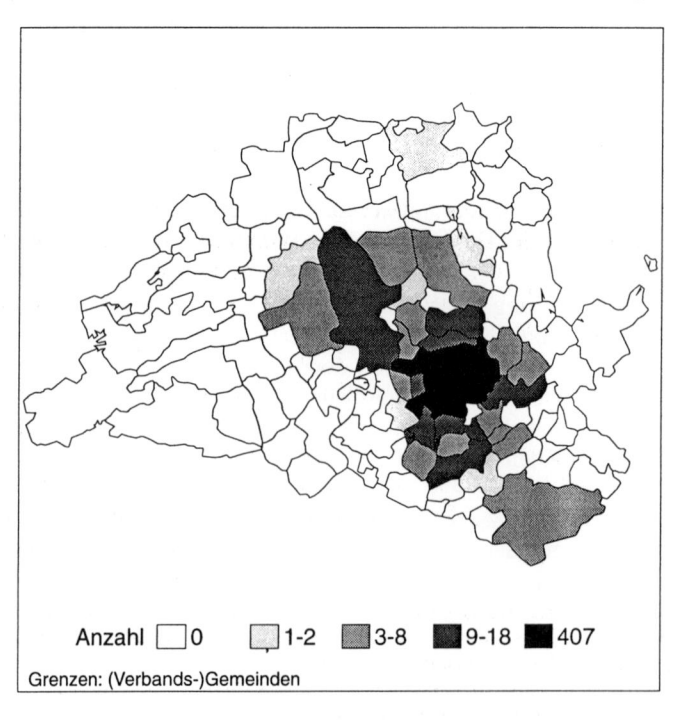

Abb. 4: Absoluter Einzugsbereich der Heidelberger Altstadtkneipen

Im südlich angrenzenden Landkreis Karlsruhe wurden von den Kneipenbesuchern - abgesehen von Bruchsal - nur zwei Gemeinden als Wohnort genannt, die nahezu unmittelbar an den Rhein-Neckar-Kreis anschließen (Bad Schönborn, Phillipsburg), so daß sich der Einzugsbereich im Süden weitgehend mit der Grenze des Raumordnungsverbands Rhein-Neckar deckt. Dies gilt ebenfalls im Norden für Hessen (Landkreis Darmstadt-Dieburg) und für Rheinland-Pfalz (Landkreis Alzey-Worms), wo jenseits der Grenze des Raumordnungsverbands keine Gemeinden genannt worden sind. Insgesamt stammen fast 90% der befragten Umlandbesucher aus Gemeinden des ROV Rhein-Neckar, die übrigen Personen sind - abgesehen von den bereits genannten, südlich Heidelbergs gelegenen Orten - zum überwiegenden Teil aus den 50-60 km entfernten Städten Karlsruhe und Darmstadt gekommen.

3.3 Räumliche Verhaltensmuster

3.3.1 Herkunft der Kneipenbesucher

Die Besucher der Altstadtkneipen kamen zum überwiegenden Teil unmittelbar aus ihrer Wohnung oder - falls sie als Touristen in Heidelberg waren - aus ihrem Hotel in die Kneipe, in der das Interview stattgefunden hat. 59% der Personen beantworteten die Frage "Sind Sie direkt aus der Wohnung / aus dem Hotel hierher gekommen ?" mit "ja", 41% mit "nein". Auf die Nachfrage, woher sie statt dessen gekommen sind, gaben 14% (d.h. 108 von 772 Personen) eine andere Gaststätte/Kneipe an. 9% sind direkt von der Arbeitsstelle oder der Universität in die Kneipe gekommen, 6% von einer Kultureinrichtung (v.a. Theater/Kino). 5% der Besucher haben zuvor einen Stadtbummel oder Ausflug außerhalb unternommen.

Die Häufigkeiten der einzelnen Antworten verändern sich im Laufe des Abends. Während vor 22 h 64% der Besucher aus der Wohnung (oder dem Hotel) und 13% von der Arbeitsstelle (oder der Universität) direkt in die Kneipe gekommen sind, in der sie interviewt wurden, sind nach 23 h nur noch 52% aus der Wohnung und 4% von der Arbeitsstelle unmittelbar in die Kneipe gelangt. Umgekehrt haben vor 22 h nur 9% eine andere Kneipe und 2% eine Kultureinrichtung besucht, während nach 23 h bereits 21% vorher in einer anderen Kneipe und 14% im Kino/Theater waren.

Zwischen der Herkunft und dem Wohnort besteht für die Besucher der Altstadtkneipen mit $C_{corr}=0.33^2$ ein statistisch signifikanter Zusammenhang auf einem mittleren Niveau (Abb. 5). Während die Altstädter[3] vergleichsweise häufig

---

[2] Der korrigierte Kontigenzkoeffizient C_{corr} bewegt sich im Intervall [0,1] und erlaubt im Unterschied zum Chi-Quadrat-Test keine Aussage über die Wahrscheinlichkeit der *Existenz*, sondern über die *Stärke* eines Zusammenhangs zwischen zwei Variablen; im Falle von $C_{corr}=0$ besteht überhaupt kein Zusammenhang, im Falle $C_{corr}=1$ ein vollständiger Zusammenhang.
[3] Für die bivariaten Analysen wird diese Gruppe aus statistischen Gründen in 'Altstädter' und 'Heidelberger' (mit Dossenheim/Eppelheim, ohne Altstadt) unterschieden.

direkt aus der Wohnung (74%) kommen, seltener aus anderen Gaststätten (9%) und kulturellen Einrichtungen (2%), besteht bei den Heidelbergern die umgekehrte Tendenz: sie kommen überdurchschnittlich oft aus kulturellen Einrichtungen (12%) und unmittelbar von der Arbeitsstelle/Universität (12%), jedoch unterdurchschnittlich direkt aus der Wohnung (53%). Die Umländer haben vor dem Interview häufiger bereits eine andere Gaststätte besucht (17%). Der überdurchschnittliche Besuch anderer Gaststätten ist ebenfalls für die Touristen charakteristisch (17%), die außerdem weit öfters zuvor einen Ausflug innerhalb oder außerhalb Heidelbergs unternommen haben (13%), aber - verständlicherweise - selten unmittelbar von der Arbeit in die Kneipe gekommen sind (5%), wobei es sich bei den betreffenden sechs Personen nicht um "klassische" Touristen mit Erholungsmotiven handeln dürfte.

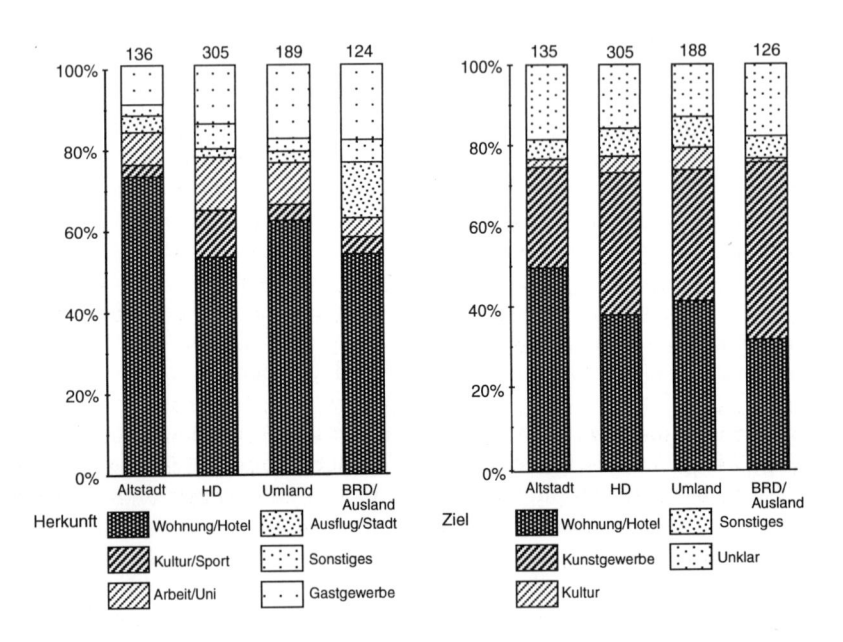

Abb. 5: Herkunft und Ziel der Kneipenbesucher nach Wohnort

Weiterhin bestehen zwischen der Herkunft eines Altstadtkneipenbesuchers einerseits und dem Beruf (C_{corr}=0.25) sowie dem Alter (C_{corr}=0.22) andererseits jeweils signifikante Zusammenhänge, die allerdings nicht sehr stark ausgeprägt sind. Die Besucher mit einfachen und mittleren Berufen kommen überdurchschnittlich oft bereits aus einer anderen Gaststätte (25% und 18%). Während die Gäste mit einfachen Berufen seltener unmittelbar von der Arbeitsstelle in die Kneipe gegangen ist (3%), gilt für die Besucher mit höheren Berufen das Gegenteil

(14%). Die Schüler gehen öfters direkt von der Wohnung in die Kneipe (73%) und halten sich seltener zuvor bereits in einer anderen Gaststätte auf (9%). Die Studenten besuchen vorher vergleichsweise häufig eine kulturelle Einrichtung (11%), während sie Ausflüge/Spaziergänge seltener unternehmen (3%). Während die unter 26-jährigen häufiger direkt aus der Wohnung in die Kneipe gekommen sind (63%), dafür aber etwas seltener aus einer anderen Gaststätte (12%) und von der Arbeitsstelle/Universität (5%), besitzt für die über 35-jährigen die Arbeitsstelle als Herkunftsort eine deutlich größeres Gewicht (15%); die 26-35-jährigen verhalten sich weitgehend "durchschnittlich".

3.3.2 Ziel der Kneipenbesucher

Die Besucher der Altstadtkneipen beabsichtigten zu einem erheblichen Teil, nach dem Aufenthalt in der Kneipe, in der das Interview stattgefunden hat, nicht unmittelbar in die Wohnung oder - falls sie als Touristen in Heidelberg waren - in das Hotel zurückzukehren. 44% der Personen beantworteten die Frage "Haben Sie vor, heute abend noch woanders hinzugehen?" mit "ja", 15% mit "unklar" und 41% mit "nein". Auf die Nachfrage, wohin sie noch gehen wollten, nannten 29% (d.h. 222 von 772 Personen) eine andere Gaststätte/Restaurant/Kneipe, weitere 3% eine Disco; etwa jede dritte Person wollte somit noch eine andere Einrichtung des Gastgewerbes besuchen. 4% wollten eine Kultureinrichtung besuchen (v.a. Kino). Die Kategorie "Sonstiges Ziel" (9%) entfällt insbesondere auf Personen, die auf die erste Frage mit "ja" geantwortet haben, zur zweiten Frage jedoch (noch) keine Angabe machen wollten oder konnten.

Die Häufigkeiten der einzelnen Antworten verändern sich im Laufe des Abends. Während vor 22 h nur 35% der Besucher direkt aus der Kneipe, in der das Interview stattgefunden hat, in die Wohnung (oder das Hotel) zurückkehren wollte, sind es nach 23 h bereits 49%. Die übrigen Antworten weisen keine starken Unterschiede bezüglich der Tageszeit auf, selbst der Wunsch, in eine andere Kneipe zu gehen, verringert sich nur von 34% auf 30%.

Das Ziel eines Altstadtkneipenbesuchers ist statistisch signifikant vom Wohnort und Geschlecht abhängig, wobei der Zusammenhang mit $C_{corr}=0.21$ und $C_{corr}=0.23$ jeweils nur schwach ausgeprägt ist (Abb. 5); gegenüber dem Alter und Beruf besteht für das Ziel kein signifikanter Unterschied. Während die Altstädter von der Kneipe, in der sie interviewt wurden, vergleichsweise häufig direkt nach Hause gehen (51%) und seltener noch eine andere Gaststätte aufsuchen (24%), gehen die Touristen unterdurchschnittlich oft direkt ins Hotel (33%), unternehmen dafür jedoch eher noch einen Spaziergang, z.B. auf das Schloß oder am Neckar (Kategorie "Sonstiges Ziel", 16%). Weder die Heidelberger noch die Umländer weisen wesentliche Abweichungen vom Durchschnitt auf. Während die Frauen häufiger als Männer von der Kneipe direkt nach Hause bzw. ins Hotel gehen (49%

zu 36%) oder eine kulturelle Einrichtung besuchen (5% zu 2%), suchen sie seltener eine andere Gaststätte auf (27% zu 36%). Interessanterweise ist den Frauen häufiger klar, ob sie nachher noch woanders hingehen wollten, die Kategorie "unklar" wird von ihnen weniger oft genannt (12% zu 17%).

3.3.3 Aktivitätsmuster

Durch die Verknüpfung der Antworten bezüglich Herkunft und Ziel lassen sich für die Kneipenbesucher in der Heidelberger Altstadt unterschiedliche Aktivitätsmuster ableiten, von denen im folgenden zwei Typen dargestellt werden (vgl. HEINRITZ/POPP 1978, 87ff.):

- der Besuch der Kneipe, in der das Interview durchgeführt worden ist, als einzige Aktivität an dem betreffenden Abend ("isolierter Kneipenbesuch")
- der Besuch mehrerer Kneipen an diesem Abend ("Kneipenbummel").

Für 22% der interviewten Personen stellte der Besuch der Altstadtkneipe, in der sie die Fragen beantwortet haben, die einzige Aktivität des betreffenden Abends dar; 78% sind entweder nicht unmittelbar aus der Wohnung - bzw. aus dem Hotel - in diese Kneipe gekommen oder wollten nicht direkt dorthin zurückgehen. Zwischen dem isolierten Kneipenbesuch einerseits und dem Wohnort (C_{corr}=0.25), dem Beruf (C_{corr}=0.19) und dem Geschlecht (C_{corr}=0.18) andererseits bestehen jeweils statistisch signifikante Zusammenhänge, die allerdings nicht sehr stark ausfallen. Während Schüler/Lehrlinge häufiger isoliert eine Kneipe besuchen (39%), tritt dieses Muster bei Studenten etwas seltener auf (19%), die restlichen Berufsgruppen weichen nur wenig vom Durchschnitt ab. Frauen gehen öfters als Männer isoliert in eine Kneipe (29% zu 18%), ebenso Altstädter (36%) öfters als Umländer (26%), Touristen (17%) und Heidelberger (16%).

Für 40% der interviewten Personen war die Altstadtkneipe, in der sie befragt wurden, nicht die einzige Kneipe, die sie an dem betreffenden Abend besucht haben bzw. besuchen wollten. 60% gaben an, keine weitere Kneipe aufsuchen zu wollen. Damit wird einer der Attraktionspunkte der Heidelberger Altstadt, die starke Konzentration von Kneipen, von einem erheblichen Besucheranteil zu einem Kneipenbummel genutzt, wobei sich allerdings - falls überhaupt - keine großen Unterschiede bei den einzelnen personenbezogenen Merkmalen feststellen lassen. Nur zwischen dem Kneipenbummel einerseits und dem Wohnort (C_{corr}=0.14) und dem Geschlecht (C_{corr}=0.10) andererseits besteht ein zwar außerordentlich schwacher, aber statistisch signifikanter, interessanter Zusammenhang: Frauen sind seltener als Männer an einem Abend in mehrere Kneipen gegangen (36% zu 43%), ebenso Altstädter (29%) seltener als Umländer (41%), Heidelberger (42%) und Touristen (43%).

3.4 Zeitliche Verhaltensmuster

3.4.1 Besuchsfrequenz der Altstadtkneipen

Die Besuchsfrequenz der Altstadtkneipen sind nur für die 629 Personen ausgewertet worden, die auf die betreffende Frage geantwortet haben und nicht als Tourist einzustufen sind. Generell liegt die Frequenz unter den befragten Besuchern erstaunlich hoch: 30% der Besucher gaben an, mindestens dreimal in der Woche eine Altstadtkneipe zu besuchen; weitere 42% nannten als Häufigkeit "mindestens einmal in der Woche". Unter den restlichen 28% überwiegt knapp der Anteil der Personen, die zumindest alle vierzehn Tage in eine Altstadtkneipe kommen.

Zwischen der Frequenz, mit der eine interviewte Person die Heidelberger Altstadtkneipen aufsucht, und allen personenbezogenen Merkmalen bestehen statistisch signifikante Zusammenhänge, deren Stärke allerdings nur für den Wohnort ($C_{corr}=0.41$) ein mittleres Niveau erreichen; für das Alter ($C_{corr}=0.23$), den Beruf ($C_{corr}=0.25$) und das Geschlecht ($C_{corr}=0.19$) ist er schwach ausgeprägt. Während die Altstädter mit 46% häufiger mindestens dreimal in der Woche "ihre" Kneipen besuchen, jedoch seltener weniger als einmal in der Woche (15%), und die Heidelberger ebenfalls überdurchschnittliche Besuchsintensitäten aufweisen, kommen die Umländer nur zu 12% mindestens dreimal in der Woche in die Altstadtkneipen, aber zu 48% weniger als einmal in der Woche (Abb. 6).

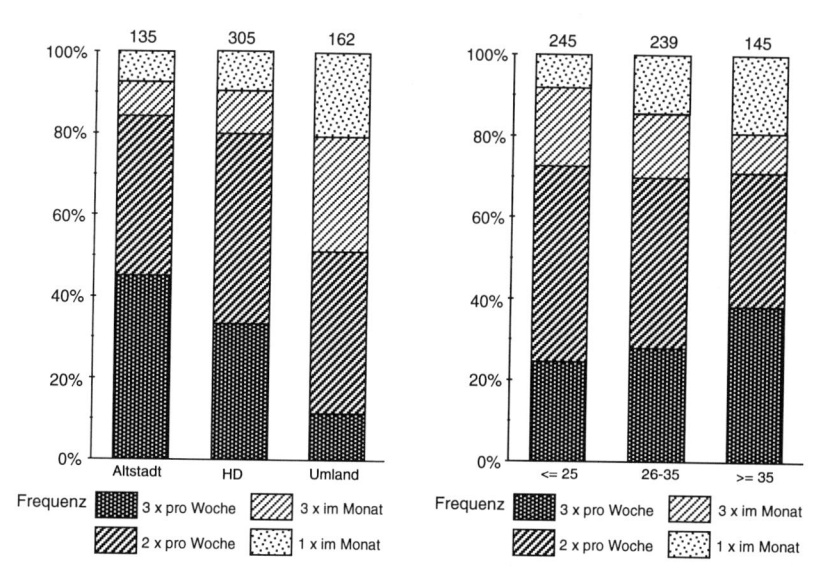

Abb. 6: Besuchsfrequenz der Altstadtkneipenbesucher nach Wohnort und Alter

Bezüglich des Alters besitzt die Besuchsfrequenz eine bemerkenswerte Charakteristik: die über 35-jährigen gehen häufiger als der Durchschnitt sowohl mindestens dreimal in der Woche (39%) als auch weniger als einmal im Monat in die Altstadtkneipen (18%); die unter 26-jährigen besuchen umgekehrt die Kneipen öfters zwischen zweimal pro Monat und zweimal pro Woche (58%); die zwischen 26-35-jährigen verhalten sich wieder weitgehend "durchschnittlich" (Abb. 6). Während Besucher mit mittleren und höheren Berufen öfters weniger als einmal pro Monat in eine Altstadtkneipe gehen (je fast 20%), ist diese Frequenz für Schüler und Studenten unterdurchschnittlich ausgeprägt (je unter 10%); Schüler kommen dafür häufiger zwei-/dreimal pro Monat (24%), Studenten ein-/zweimal pro Woche (50%). Die Frauen kommen weit weniger als Männer mindestens dreimal in der Woche in eine Altstadtkneipe (22% zu 36%), dafür jedoch häufiger zwischen zweimal im Monat und zweimal in der Woche (66% zu 53%).

3.4.2 Besuchstage der Altstadtkneipen

Das Wochenende ist - erwartungsgemäß - der beliebteste Zeitpunkt für einen Besuch einer Altstadtkneipe. Über 50% der interviewten Personen haben auf die Frage "An welchen Tagen besuchen Sie (in der Regel) Kneipen in der Altstadt ?" den Freitag genannt, an zweiter Stelle rangiert mit 40% der Samstag. Am Sonntag, Montag oder Dienstag geht etwa jede fünfte befragte Person in eine Altstadtkneipe, am Mittwoch oder Donnerstag etwa jede vierte Person. Bei diesen Angaben ist allerdings zu berücksichtigen, daß die Interviews genau an den Tagen stattgefunden haben, an denen die Häufigkeiten lokale Maxima aufweisen (Mittwoch und Freitag); die Tendenz des Ausgehverhaltens dürfte davon jedoch unbeeinflußt sein. Jeder siebte Besucher gab an, in der Regel an unterschiedlichen Wochentagen in die Altstadt zu gehen. Touristen sind - wie bereits bei der Besuchsfrequenz - generell nicht berücksichtigt worden.

Zwischen den Wochentagen, an denen ein befragter Besucher die Heidelberger Altstadtkneipen aufsucht, und den personenbezogenen Merkmalen bestehen - mit Ausnahme des Geschlechts - statistisch signifikante Zusammenhänge, die allerdings sowohl für den Wohnort (C_{corr}=0.25) als auch für das Alter (C_{corr}=0.19) und den Beruf (C_{corr}=0.22) nur schwach ausgeprägt sind. Grundsätzlich ist die Wahrscheinlichkeit für einen Besuch in der Heidelberger Altstadt bei allen Subgruppen am Wochenende deutlich höher als unter der Woche, wobei sich der Sonntag bezüglich des Ausgehverhaltens jeweils kaum von den Wochentagen zwischen Montag und Donnerstag unterscheidet und innerhalb der Wochenendes der Freitag jeweils eindeutig die höheren Werte aufweist.

Bezüglich des Wohnorts weisen die Altstädter über die gesamte Woche jeweils die höchsten Werte auf, die unter der Woche zwischen 27% (Sonntag) und 38% (Mittwoch) liegen und am Freitag 52% erreichen. Für die Heidelberger ist der

Unterschied innerhalb der Woche bereits stärker ausgeprägt: unter der Woche gehen zwischen 18% (Sonntag) und 27% (Donnerstag) in eine Altstadtkneipe, am Freitag 50%. Für die Umländer ist dieser Unterschied extrem ausgeprägt: unter der Woche kommen nur zwischen 7% (Montag) und 14% (Mittwoch) in die Altstadt, am Freitag jedoch 48% (Abb. 7).

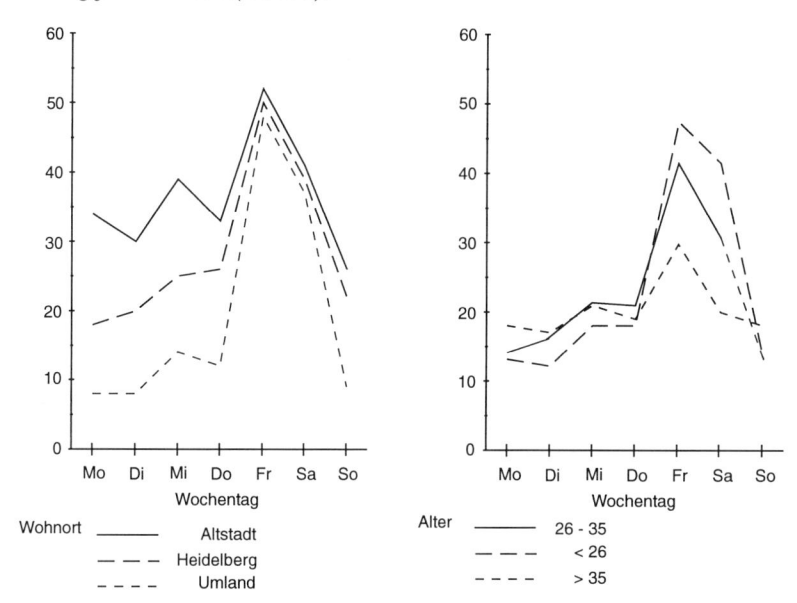

Abb. 7: Besuchstage der Altstadtkneipenbesucher nach Wohnort und Alter

Bezüglich des Alters weisen die drei Subgruppen unter der Woche keine nennenswerten Unterschiede auf, die Werte liegen in der Regel jeweils etwa zwischen 15% und 20%. Am Wochenende weichen die Besuchshäufigkeiten jedoch deutlich voneinander ab. Während die unter 26-jährigen am Freitag zu 50% in einer Altstadtkneipe sind, liegt der entsprechende Wert für die 26-35-jährigen bei 43% und für die über 35-jährigen sogar nur bei 31%; für die letzte Altersgruppe entspricht der Samstag vom Ausgehverhalten weitgehend den Tagen unter der Woche (Abb. 7).

Bezüglich des Berufs weisen die Studenten unter der Woche deutlich die höchsten Werte zwischen 20% (Montag) und 29% (Donnerstag) auf. Für alle Subgruppen stellt der Freitag der häufigste Besuchstag einer Altstadtkneipe dar, der entsprechende Wert liegt - abgesehen von den Besuchern mit höheren Berufen - jeweils um 50%. Für diese Qualifikationsgruppe ist der Wert am Freitag mit 31% nur vergleichsweise geringfügig höher als unter der Woche, der Samstag unterscheidet sich im Ausgehverhalten kaum von den übrigen Wochentagen. Am

Wochenende weisen die Schüler die höchsten Werte zwischen 53% (Freitag) und 50% (Samstag) auf.

4. Zusammenfassung

Im vorliegenden Beitrag werden wesentliche Ergebnisse einer Untersuchung über die "Kneipen" in der Heidelberger Altstadt vorgestellt. Ziel war es, Informationen über die Nutzerstruktur, die Einzugsbereiche sowie das räumliche und zeitliche Verhalten der Besucher zu erhalten. Hintergrund bildet die wachsende Bedeutung von Freizeitaktivitäten und -einrichtungen für die Stadtentwicklung. Die Heidelberger Altstadt weist eine hohe Konzentration der verschiedenen Betriebe des Gaststättengewerbes auf und besitzt eine große Attraktivität sowohl für die Heidelberger selbst als auch für die Besucher aus der Nähe und Ferne.

Für diese Studie sind in 16 Altstadtkneipen unterschiedlichen Charakters an zwei Abenden (Mittwoch, Freitag) im Juni 1991 insgesamt 772 Interviews von 19-24 h durchgeführt worden. Die Ergebnisse der Untersuchung, die in Zusammenarbeit mit dem Stadtentwicklungsamt in Heidelberg durchgeführt worden ist, lassen sich in folgenden Punkten kurz zusammenfassen:

- die Besucher der Altstadtkneipen waren tendenziell jünger und höher qualifiziert als der Bevölkerungsdurchschnitt sowie eher männlich als weiblich; sie stammten etwa zu 60% aus Heidelberg, zu 25% aus dem Umland und - entgegen vielfacher Vermutungen - "nur" zu 15% aus entfernteren Regionen oder Ländern, vor allem den USA
- der Einzugsbereich besteht in erster Linie aus dem (süd-)östlichen Rhein-Neckar-Raum, wobei die Besuchsintensität generell ein zentral-peripheres Gefälle ausgehend von Heidelberg aufweist
- die Besucher sind etwa zu 60% unmittelbar aus der Wohnung (bzw. dem Hotel) in die betreffende Kneipe gekommen, zu 15% aus einer anderen Kneipe, zu 10% direkt von der Arbeit und zu 15% von anderen Aktivitäten; vor allem die Heidelberger, die nicht in der Altstadt wohnen, aber auch die Touristen haben die Kneipe vergleichsweise seltener direkt von der Wohnung (bzw. dem Hotel) aus aufgesucht
- nach dem Kneipenaufenthalt beabsichtigten die Besucher etwa zu 40%, unmittelbar in die Wohnung (bzw. das Hotel) zurückzukehren, und zu 45%, noch eine andere Aktivität zu unternehmen, insbesondere eine andere Kneipe aufzusuchen - 15% waren sie sich über den weiteren Verlauf des Abends noch unklar; während die Altstadtbewohner und die Frauen überdurchschnittlich oft direkt nach Hause gehen wollten, wurde von den Touristen und Männern die entgegengesetzten Absicht geäußert
- für etwa ein Fünftel stellte der Besuch der Kneipe, in der das Interview stattgefunden hat, die einzige Aktivität des betreffenden Abends dar; vier Fünftel haben mit dem Kneipenbesuch entweder vorher oder nachher eine

andere Aktivität verknüpft, wobei zwei Fünftel bereits in eine andere Kneipe aufgesucht hatten oder noch dorthin gehen wollten
- der Besuch der Altstadtkneipen konzentriert sich auf das Wochenende, die Heidelberger und - stärker - die Umländer kommen tendenziell unter der Woche nur selten abends in die Altstadt
- bezüglich der Besuchshäufigkeit gaben 30% der Gäste an, mindestens dreimal in der Woche in die Altstadt zu kommen, und weitere 40%, mindestens einmal pro Woche; die Häufigkeit sinkt mit wachsender Entfernung des Wohnorts und liegt für die Männer deutlich höher als für die Frauen.

Die Strukturdaten zeigen damit eine starke Selektivität der Besucher in den Heidelberger Altstadtkneipen auf. Bei den Gästen handelt es sich in erster Linie um jüngere Personen, und, falls die Gäste älter sind, zumeist um Altstadtbewohner oder Touristen. Die Auslastung der Kneipen ist durch den hohen Anteil an Studenten und Touristen, die das 'Nachfrageloch' unter der Woche auffüllen, in Heidelberg zwar gleichmäßiger als in vielen anderen Städten, das Wochenende stellt dennoch auch hier die beliebteste Ausgehzeit dar. Weiterhin zeigen die Daten, daß die 'Vergnügungsfunktion' der Altstadt eine erhebliche Zentralität besitzt. Unter den auswärtigen Gästen dominieren - trotz der hohen touristischen Attraktivität Heidelbergs - nicht die Besucher aus dem Ausland oder anderen Regionen Deutschlands, sondern die Besucher aus dem Heidelberger Umland.

Die große Ausstrahlung der Heidelberger Altstadtkneipen in das Umland wird weiterhin daran sichtbar, daß die Gäste aus dem Umland - abgesehen von den Gästen unmittelbar aus der Altstadt - überdurchschnittlich oft nur nach Heidelberg gekommen sind, um in eine Kneipe zu gehen. Trotz etlicher Klagen, die durchaus berechtigt erscheinen[4], bildet die große Kneipenanzahl mit der Möglichkeit eines "Kneipenbummels" eine spezielle Attraktivität, die von vielen Besuchern ausgenutzt wird. Deshalb ist davon auszugehen, daß die Altstadt auch in Zukunft die Konkurrenz auf dem regionalen "Vergnügungsmarkt" bestehen wird.

Eine Ausweitung des Kneipenangebot in der Altstadt wäre aus baulicher Sicht zwar ohne weiteres möglich und von der Nachfrage auch bis zu gewissem Punkt gedeckt, würde jedoch mit anderen Zielen der Stadtentwicklung kollidieren (z.B. Wohnen in der Altstadt für Familien), da die Lärmemissionen durch die Gäste und der (Auto-)Verkehr am Abend erheblich anwachsen dürften[5]. Weiterhin ist aus ökonomischer Sicht zu bedenken, daß ein ausgeweitetes Angebot in der Altstadt u.a. eine Nachfrageverlagerung aus anderen Stadtteilen bewirken würde. Deshalb dürfte der Umsatzanstieg für die gesamte Stadt deutlich unter dem Umsatz liegen, den die

---

[4] Als häufigste Kritikpunkte wurden längere Öffnungszeiten, ein größeres Angebot an unterschiedlichen Kneipen (insb. Discos), mehr Sitzplätze im Freien (für den Sommer) und niedrigere Preise genannt; vgl. ACHEN 1992, 18.
[5] Etwa 45% der Besucher sind mit dem Pkw in die Altstadt gekommen, bei den Gästen aus dem Umland sogar über 80%; vgl. ACHEN 1992, 22.

zusätzlichen Betriebe erzielen[6]. Allerdings ist zu vermuten, daß sich durch ein höheres Angebot an größeren Lokalen, in denen z.B. Konzert- und Theateraufführungen stattfinden, ein zusätzliches Besucherpotential für Heidelberg erschließen ließe, das bislang entweder zuhause bleibt oder für solche Zwecke andere Städte aufsucht.

Unter zentralörtlichen Aspekten dürfte die Gastronomie jedoch kaum geeignet sein, die Bedeutungsverluste des Einzelhandels im nennenswerten Umfang zu kompensieren. Zum einen liegt ihr Umsatzniveau selbst in einer Stadt mit so einem umfangreichem Angebot wie Heidelberg deutlich niedriger als im Einzelhandel, so daß auch ein starkes Umsatzwachstum durch Gäste aus dem Umland nicht ausreichen würde, den Rückgang im Einzelhandel auszugleichen[7]. Zum anderen ist zu berücksichtigen, daß das Umsatzpotential - zumindest im Segment der Kneipen - durch die spezifische Besucherstruktur und die vergleichsweise kurze Öffnungszeit am Abend ohnehin begrenzt ist. Ebenso dürfte sich die Auslastung der Kneipen unter der Woche, insbesondere durch Gäste aus dem Umland, nur bedingt steigern lassen. Abzuwarten bleibt, ob sich durch den gesellschaftlichen Wandel der Anteil der weiblichen Gäste, der gegenwärtig nur unter den jüngeren Besuchern in der Altstadt 50% erreicht, langfristig auch unter den älteren Besuchern diesem Wert annähert. Ebenso ist schwer abzuschätzen, ob sich der Trend zu mehr Freizeit und höheren Einkommen, von dem die Gastronomie in der Vergangenheit stark profitiert hat, zukünftig fortsetzen wird.

5. Literatur

ACHEN, M. (1992): Interviews mit Gaststättenbesuchern in der Heidelberger Altstadt. Projektbericht für die Stadt Heidelberg. Heidelberg.

ACHEN, M. (1993): Strukturmerkmale und Bewertungen von Gaststättenbesuchern in der Heidelberger Altstadt. In: Seminarberichte der Gesellschaft für Regionalforschung (GFR), 33, 1-18.

CHRISTALLER, W. (1933): Die zentralen Orte in Süddeutschland. Eine ökonomisch-geographische Untersuchung über die Gesetzmäßigkeit der Verbreitung und Entwicklung der Siedlungen mit städtischen Funktionen. Jena.

HATZFELD, U. (1992): Strukturveränderungen im Handel: Standorte. In: Bundesarbeitsgemeinschaft der Mittel- und Großbetriebe des Einzelhandels e.V. (BAG): Standortfragen des Handels. Köln, 32-37.

HEINRITZ, G. / POPP, H. (1978): Reichweiten von Freizeiteinrichtungen und aktionsräumliche Aspekte des Besucherverhaltens. In: Mitteilungen der Geographischen Gesellschaft München, 63, 79-115.

---

[6] Um dem "Trubel" in der Altstadt zu entgehen, weichen etliche Heidelberger für den Kneipenbesuch, sofern sie nicht direkt in der Altstadt wohnen, auf andere Stadtteile aus (z.B. Weststadt, Handschuhsheim).

[7] Der institutionelle Einzelhandelsumsatz erreichte in Heidelberg im Jahr 1984 nach Angaben der HGZ eine Höhe von 1,2 Mrd. DM.

KEMPER, F. J. (1975): Inner- und außerstädtische Naherholung am Beispiel der Bonner Bevölkerung. Ein Beitrag zur Geographie der Freizeit. Bonn (Arbeiten zur Rheinischen Landeskunde, 42).

KERSTIENS-KOEBERLE, E. (1979): Freizeitverhalten im Wohnumfeld. Innerstädtische Fallstudien, Beispiel München. Münchner Studien zur Sozial- und Wirtschaftsgeographie, 19.

LAUFNER, W. (1992): Die Gastronomie in Dortmund. Erste Ergebnisse einer empirischen Angebots- und Nachfrageanalyse. Dortmund (Projektbericht aus dem Fachbereich Wirtschaft der Fachhochschule Dortmund).

MAIER, J. (1975): Die Stadt als Freizeitraum. Ansätze für eine Analyse innerstädtischer Freizeiteinrichtungen in München. In: Geographische Rundschau, 27, 7-17.

MEUTER, H. / RÖCK, S. (1974): Wochenendfreizeit in besiedelten Räumen: Einige Daten zur Bedeutung von Landschaft als Freizeitraum. In: Informationen zur Raumentwicklung, 9.1974, 333-345.

RUPPERT, K. (1975): Zur Stellung und Gliederung einer Allgemeinen Geographie des Freizeitverhaltens. In: Geographische Rundschau, 27, 1-6.

RUPPERT, K. (1980): Grundtendenzen freizeitorientierter Raumstruktur. In: Geographische Rundschau, 32, 178-187.

RUPPERT, K. / MAIER, J. (1970): Der Naherholungsverkehr der Münchner - ein Beitrag zur Geographie des Freizeitverhaltens. In: Mitteilungen der Geographischen Gesellschaft München, 55, 31-44.

SCHNELL, P. (1979): Wohnen als Determinante des Freizeitverhaltens am Beispiel des Ruhrgebiets. In: SCHNELL, P. / WEBER, P. (Hrsg.): Agglomeration und Freizeitraum. Paderborn (Münstersche Geographische Arbeiten, 7), 61-71.

SCHULZE, G. (1992): Die Erlebnisgesellschaft. Kultursoziologie der Gegenwart. Frankfurt/M.

STATISTISCHES LANDESAMT BADEN-WÜRTTEMBERG (1987): Die Handels- und Gastgewerbezählung 1985. Stuttgart (Statistik von Baden-Württemberg, Band 377).

HEIDELBERGER GEOGRAPHISCHE ARBEITEN

Heft 1	Felix Monheim: Beiträge zur Klimatologie und Hydrologie des Titicacabeckens. 1956. 152 Seiten, 38 Tabellen, 13 Figuren, 3 Karten im Text, 1 Karte im Anhang.	DM 12,--
Heft 2	Adolf Zienert: Die Großformen des Odenwaldes. 1957. 156 Seiten, 1 Abbildung, 6 Figuren, 4 Karten, davon 2 mit Deckblatt.	vergriffen
Heft 3	Franz Tichy: Die Land- und Waldwirtschaftsformationen des kleinen Odenwaldes. 1958. 154 Seiten, 21 Tabellen, 18 Figuren, 6 Abbildungen, 4 Karten.	vergriffen
Heft 4	Don E. Totten: Erdöl in Saudi-Arabien. 1959. 174 Seiten, 1 Tabelle, 11 Abbildungen, 16 Figuren.	DM 15,--
Heft 5	Felix Monheim: Die Agrargeographie des Neckarschwemmkegels. 1961. 118 Seiten, 50 Tabellen, 11 Abbildungen, 7 Figuren, 3 Karten.	DM 22,80
Heft 6	Alfred Hettner - 6.8.1859. Gedenkschrift zum 100. Geburtstag. Mit Beiträgen von E. Plewe und F. Metz, drei selbstbiograph. Skizzen A. Hettners und einer vollständigen Bibliographie. 1960. 88 Seiten, mit einem Bild Hettners.	vergriffen
Heft 7	Hans-Jürgen Nitz: Die ländlichen Siedlungsformen des Odenwaldes. 1962. 146 Seiten, 35 Figuren, 1 Abbildung, 2 Karten.	vergriffen
Heft 8	Franz Tichy: Die Wälder der Basilicata und die Entwaldung im 19. Jahrhundert. 1962. 175 Seiten, 15 Tabellen, 19 Figuren, 16 Abbildungen, 3 Karten.	DM 29,80
Heft 9	Hans Graul: Geomorphologische Studien zum Jungquartär des nördlichen Alpenvorlandes. Teil I: Das Schweizer Mittelland. 1962. 104 Seiten, 6 Figuren, 6 Falttafeln.	DM 24,80
Heft 10	Wendelin Klaer: Eine Landnutzungskarte von Libanon. 1962. 56 Seiten, 7 Figuren, 23 Abbildungen, 1 farbige Karte.	DM 20,20
Heft 11	Wendelin Klaer: Untersuchungen zur klimagenetischen Geomorphologie in den Hochgebirgen Vorderasiens. 1963. 135 Seiten, 11 Figuren, 51 Abbildungen, 4 Karten.	DM 30,70
Heft 12	Erdmann Gormsen: Barquisimeto, eine Handelsstadt in Venezuela. 1963. 143 Seiten, 26 Tabellen, 16 Abbildungen, 11 Karten.	DM 32,--
Heft 13	Ingo Kühne: Der südöstliche Odenwald und das angrenzende Bauland. 1964. 364 Seiten, 20 Tabellen, 22 Karten.	vergriffen
Heft 14	Hermann Overbeck: Kulturlandschaftsforschung und Landeskunde. 1965. 357 Seiten, 1 Bild, 5 Karten, 6 Figuren.	vergriffen
Heft 15	Heidelberger Studien zur Kulturgeographie. Festgabe für Gottfried Pfeifer. 1966. 373 Seiten, 11 Karten, 13 Tabellen, 39 Figuren, 48 Abbildungen.	vergriffen
Heft 16	Udo Högy: Das rechtsrheinische Rhein-Neckar-Gebiet in seiner zentralörtlichen Bereichsgliederung auf der Grundlage der Stadt-Land-Beziehungen. 1966. 199 Seiten, 6 Karten.	vergriffen
Heft 17	Hanna Bremer: Zur Morphologie von Zentralaustralien. 1967. 224 Seiten, 6 Karten, 21 Figuren, 48 Abbildungen.	DM 28,--
Heft 18	Gisbert Glaser: Der Sonderkulturanbau zu beiden Seiten des nördlichen Oberrheins zwischen Karlsruhe und Worms. Eine agrargeographische Untersuchung unter besonderer Berücksichtigung des Standortproblems. 1967. 302 Seiten, 116 Tabellen, 12 Karten.	DM 20,80

Sämtliche Hefte sind über das Geographische Institut der Universität Heidelberg zu beziehen.

HEIDELBERGER GEOGRAPHISCHE ARBEITEN

Heft 19	Kurt Metzger: Physikalisch-chemische Untersuchungen an fossilen und relikten Böden im Nordgebiet des alten Rheingletschers. 1968. 99 Seiten, 8 Figuren, 9 Tabellen, 7 Diagramme, 6 Abbildungen.	vergriffen
Heft 20	Beiträge zu den Exkursionen anläßlich der DEUQUA-Tagung August 1968 in Biberach an der Riß. Zusammengestellt von Hans Graul. 1968. 124 Seiten, 11 Karten, 16 Figuren, 8 Diagramme, 1 Abbildung.	vergriffen
Heft 21	Gerd Kohlhepp: Industriegeographie des nördlichen Santa Catarina (Südbrasilien). Ein Beitrag zur Geographie eines deutsch-brasilianischen Siedlungsgebietes. 1968. 402 Seiten, 31 Karten, 2 Figuren, 15 Tabellen, 11 Abbildungen.	vergriffen
Heft 22	Heinz Musall: Die Entwicklung der Kulturlandschaft der Rheinniederung zwischen Karlsruhe und Speyer vom Ende des 16. bis zum Ende des 19. Jahrhunderts. 1969. 274 Seiten, 55 Karten, 9 Tabellen, 3 Abbildungen.	vergriffen
Heft 23	Gerd R. Zimmermann: Die bäuerliche Kulturlandschaft in Südgalicien. Beitrag zur Geographie eines Übergangsgebietes auf der Iberischen Halbinsel. 1969. 224 Seiten, 20 Karten, 19 Tabellen, 8 Abbildungen.	DM 21,--
Heft 24	Fritz Fezer: Tiefenverwitterung circumalpiner Pleistozänschotter. 1969. 144 Seiten, 90 Figuren, 4 Abbildungen, 1 Tabelle.	DM 16,--
Heft 25	Naji Abbas Ahmad: Die ländlichen Lebensformen und die Agrarentwicklung in Tripolitanien. 1969. 304 Seiten, 10 Karten, 5 Abbildungen.	DM 20,--
Heft 26	Ute Braun: Der Felsberg im Odenwald. Eine geomorphologische Monographie. 1969. 176 Seiten, 3 Karten, 14 Figuren, 4 Tabellen, 9 Abbildungen.	DM 15,--
Heft 27	Ernst Löffler: Untersuchungen zum eiszeitlichen und rezenten klimagenetischen Formenschatz in den Gebirgen Nordostanatoliens. 1970. 162 Seiten, 10 Figuren, 57 Abbildungen.	DM 19,80
Heft 28	Hans-Jürgen Nitz: Formen der Landwirtschaft und ihre räumliche Ordnung in der oberen Gangesebene. 193 Seiten, 41 Abbildungen, 21 Tabellen, 8 Farbtafeln. Wiesbaden: Franz Steiner Verlag 1974.	vergriffen
Heft 29	Wilfried Heller: Der Fremdenverkehr im Salzkammergut - eine Studie aus geographischer Sicht. 1970. 224 Seiten, 15 Karten, 34 Tabellen.	DM 32,--
Heft 30	Horst Eichler: Das präwürmzeitliche Pleistozän zwischen Riss und oberer Rottum. Ein Beitrag zur Stratigraphie des nordöstlichen Rheingletschergebietes. 1970. 144 Seiten, 5 Karten, 2 Profile, 10 Figuren, 4 Tabellen, 4 Abbildungen.	DM 14,--
Heft 31	Dietrich M. Zimmer: Die Industrialisierung der Bluegrass Region von Kentucky. 1970. 196 Seiten, 16 Karten, 5 Figuren, 45 Tabellen, 11 Abbildungen.	DM 21,50
Heft 32	Arnold Scheuerbrandt: Südwestdeutsche Stadttypen und Städtegruppen bis zum frühen 19. Jahrhundert. Ein Beitrag zur Kulturlandschaftsgeschichte und zur kulturräumlichen Gliederung des nördlichen Baden-Württemberg und seiner Nachbargebiete. 1972. 500 Seiten, 22 Karten, 49 Figuren, 6 Tabellen.	vergriffen
Heft 33	Jürgen Blenck: Die Insel Reichenau. Eine agrargeographische Untersuchung. 1971. 248 Seiten, 32 Diagramme, 22 Karten, 13 Abbildungen, 90 Tabellen.	DM 52,--
Heft 34	Beiträge zur Geographie Brasiliens. Von G. Glaser, G. Kohlhepp, R. Mousinho de Meis, M. Novaes Pinto und O. Valverde. 1971. 97 Seiten, 7 Karten, 12 Figuren, 8 Tabellen, 7 Abbildungen.	vergriffen

Sämtliche Hefte sind über das Geographische Institut der Universität Heidelberg zu beziehen.

HEIDELBERGER GEOGRAPHISCHE ARBEITEN

Heft 35 Brigitte Grohmann-Kerouach: Der Siedlungsraum der Ait Ouriaghel im östlichen Rif. 1971. 226 Seiten, 32 Karten, 16 Figuren, 17 Abbildungen.   DM 20,40

Heft 36 Symposium zur Agrargeographie anläßlich des 80. Geburtstages von Leo Waibel am 22.2.1968. 1971. 130 Seiten.   vergriffen

Heft 37 Peter Sinn: Zur Stratigraphie und Paläogeographie des Präwürm im mittleren und südlichen Illergletscher-Vorland. 1972. 159 Seiten, 5 Karten, 21 Figuren, 13 Abbildungen, 12 Längsprofile, 11 Tabellen.   DM 22,--

Heft 38 Sammlung quartärmorphologischer Studien I. Mit Beiträgen von K. Metzger, U. Herrmann, U. Kuhne, P. Imschweiler, H.-G. Prowald, M. Jauß †, P. Sinn, H.-J. Spitzner, D. Hiersemann, A. Zienert, R. Weinhardt, M. Geiger, H. Graul und H. Völk. 1973. 286 Seiten, 13 Karten, 39 Figuren, 3 Skizzen, 31 Tabellen, 16 Abbildungen.   DM 31,--

Heft 39 Udo Kuhne: Zur Stratifizierung und Gliederung quartärer Akkumulationen aus dem Bièvre-Valloire, einschließlich der Schotterkörper zwischen St.-Rambert-d'Albon und der Enge von Vienne. 1974. 94 Seiten, 11 Karten, 2 Profile, 6 Abbildungen, 15 Figuren, 5 Tabellen.   DM 24,--

Heft 40 Hans Graul-Festschrift. Mit Beiträgen von W. Fricke, H. Karrasch, H. Kohl, U. Kuhne, M. Löscher u. M. Léger, L. Pfiffl, L. Scheuenpflug, P. Sinn, J. Werner, A. Zienert, H. Eichler, F. Fezer, M. Geiger, G. Meier-Hilbert, H. Bremer, K. Brunnacker, H. Dongus, A. Kessler, W. Klaer, K. Metzger, H. Völk, F. Weidenbach, U. Ewald, H. Musall u. A. Scheuerbrandt, G. Pfeifer, J. Blenck, G. Glaser, G. Kohlhepp, H.-J. Nitz, G. Zimmermann, W. Heller, W. Mikus. 1974. 504 Seiten, 45 Karten, 59 Figuren, 30 Abbildungen.   vergriffen

Heft 41 Gerd Kohlhepp: Agrarkolonisation in Nord-Paraná. Wirtschafts- und sozialgeographische Entwicklungsprozesse einer randtropischen Pionierzone Brasiliens unter dem Einfluß des Kaffeeanbaus. Wiesbaden: Franz Steiner Verlag 1974.   DM 94,--

Heft 42 Werner Fricke, Anneliese Illner und Marianne Fricke: Schrifttum zur Regionalplanung und Raumstruktur des Oberrheingebietes. 1974. 93 Seiten.   DM 10,--

Heft 43 Horst Georg Reinhold: Citruswirtschaft in Israel. 1975. 307 Seiten, 7 Karten, 7 Figuren, 8 Abbildungen, 25 Tabellen.   DM 30,--

Heft 44 Jürgen Strassel: Semiotische Aspekte der geographischen Erklärung. Gedanken zur Fixierung eines metatheoretischen Problems in der Geographie. 1975. 244 Seiten.   DM 30,--

Heft 45 Manfred Löscher: Die präwürmzeitlichen Schotterablagerungen in der nördlichen Iller-Lech-Platte. 1976. 157 Seiten, 4 Karten, 11 Längs- und Querprofile, 26 Figuren, 8 Abbildungen, 3 Tabellen.   DM 30,--

Heft 46 Heidelberg und der Rhein-Neckar-Raum. Sammlung sozial- und stadtgeographischer Studien. Mit Beiträgen von B. Berken, W. Fricke, W. Gaebe, E. Gormsen, R. Heinzmann, A. Krüger, C. Mahn, H. Musall, T. Neubauer, C. Rösel, A. Scheuerbrandt, B. Uhl und H.-O. Waldt. 1981. 335 Seiten.   vergriffen

Sämtliche Hefte sind über das Geographische Institut der Universität Heidelberg zu beziehen.

HEIDELBERGER GEOGRAPHISCHE ARBEITEN

Heft 47 Fritz Fezer und Richard Seitz (Hrsg.): Klimatologische Untersuchungen im Rhein-Neckar-Raum. Mit Beiträgen von H. Eichler, F. Fezer, B. Friese, M. Geiger, R. Hille, K. Jasinski, R. Leska, B. Oehmann, D. Sattler, A. Schorb, R. Seitz, G. Vogt und R. Zimmermann. 1978. 243 Seiten, 111 Abbildungen, 11 Tabellen. vergriffen

Heft 48 Gunther Höfle: Das Londoner Stadthaus, seine Entwicklung in Grundriß, Aufriß und Funktion. 1977. 232 Seiten, 5 Karten, 50 Figuren, 6 Tabellen und 26 Abbildungen. vergriffen

Heft 49 Sammlung quartärmorphologischer Studien II. Mit Beiträgen von W. Essig, H. Graul, W. König, M. Löscher, K. Rögner, L. Scheuenpflug, A. Zienert u.a. 1979. 226 Seiten. DM 35,--

Heft 50 Hans Graul: Geomorphologischer Exkursionsführer für den Odenwald. 1977. 212 Seiten, 40 Figuren, 14 Tabellen. vergriffen

Heft 51 Frank Ammann: Analyse der Nachfrageseite der motorisierten Naherholung im Rhein-Neckar-Raum. 1978. 163 Seiten, 22 Karten, 6 Abbildungen, 5 Figuren, 46 Tabellen. DM 31,--

Heft 52 Werner Fricke: Cattle Husbandry in Nigeria. A study of its ecological conditions and social-geographical differentiations. 1993. Second Edition (Reprint with Subject Index). 344 S., 33 Maps, 20 Figures, 52 Tables, 47 Plates. DM 42,--

Heft 53 Adolf Zienert: Klima-, Boden- und Vegetationszonen der Erde. Eine Einführung. 1979. 34 Abbildungen, 9 Tabellen. vergriffen

Heft 54 Reinhard Henkel: Central Places in Western Kenya. A comparative regional study using quantitative methods. 1979. 274 Seiten, 53 Maps, 40 Figures, 63 Tables. vergriffen

Heft 55 Hans-Jürgen Speichert: Gras-Ellenbach, Hammelbach, Litzelbach, Scharbach, Wahlen. Die Entwicklung ausgewählter Fremdenverkehrsorte im Odenwald. 1979. 184 Seiten, 8 Karten, 97 Tabellen. DM 31,--

Heft 56 Wolfgang-Albert Flügel: Untersuchungen zum Problem des Interflow. Messungen der Bodenfeuchte, der Hangwasserbewegung, der Grundwassererneuerung und des Abflußverhaltens der Elsenz im Versuchsgebiet Hollmuth/Kleiner Odenwald. 1979. 170 Seiten, 3 Karten, 27 Figuren, 12 Abbildungen, 60 Tabellen. vergriffen

Heft 57 Werner Mikus: Industrielle Verbundsysteme. Studien zur räumlichen Organisation der Industrie am Beispiel von Mehrwerksunternehmen in Südwestdeutschland, der Schweiz und Oberitalien. Unter Mitarbeit von G. Kost, G. Lamche und H. Musall. 1979. 173 Seiten, 42 Figuren, 45 Tabellen. vergriffen

Heft 58 Hellmut R. Völk: Quartäre Reliefentwicklung in Südostspanien. Eine stratigraphische, sedimentologische und bodenkundliche Studie zur klimamorphologischen Entwicklung des mediterranen Quartärs im Becken von Vera. 1979. 143 Seiten, 1 Karte, 11 Figuren, 11 Tabellen, 28 Abbildungen. DM 28,--

Heft 59 Christa Mahn: Periodische Märkte und zentrale Orte - Raumstrukturen und Verflechtungsbereiche in Nord-Ghana. 1980. 197 Seiten, 20 Karten, 22 Figuren, 50 Tabellen. DM 28,--

Heft 60 Wolfgang Herden: Die rezente Bevölkerungs- und Bausubstanzentwicklung des westlichen Rhein-Neckar-Raumes. Eine quantitative und qualitative Analyse. 1983. 229 Seiten, 27 Karten, 43 Figuren, 34 Tabellen. DM 39,--

Sämtliche Hefte sind über das Geographische Institut der Universität Heidelberg zu beziehen.

HEIDELBERGER GEOGRAPHISCHE ARBEITEN

Heft 61	Traute Neubauer: Der Suburbanisierungsprozeß an der Nördlichen Badischen Bergstraße. 1979. 252 Seiten, 29 Karten, 23 Figuren, 89 Tabellen. vergriffen
Heft 62	Grudrun Schultz: Die nördliche Ortenau. Bevölkerung, Wirtschaft und Siedlung unter dem Einfluß der Industrialisierung in Baden. 1982. 350 Seiten, 96 Tabellen, 12 Figuren, 43 Karten. DM 35,--
Heft 63	Roland Vetter: Alt-Eberbach 1800-1975. Entwicklung der Bausubstanz und der Bevölkerung im Übergang von der vorindustriellen Gewerbestadt zum heutigen Kerngebiet Eberbachs. 1981. 496 Seiten, 73 Karten, 38 Figuren, 101 Tabellen. vergriffen
Heft 64	Jochen Schröder: Veränderungen in der Agrar- und Sozialstruktur im mittleren Nordengland seit dem Landwirtschaftsgesetz von 1947. Ein Beitrag zur regionalen Agrargeographie Großbritanniens, dargestellt anhand eines W-E-Profils von der Irischen See zur Nordsee. 1983. 206 Seiten, 14 Karten, 9 Figuren, 21 Abbildungen, 39 Tabellen. DM 36,--
Heft 65	Otto Fränzle et al.: Legendenentwurf für die geomorphologische Karte 1:100.000 (GMK 100). 1979. 18 Seiten. DM 3,--
Heft 66	Dietrich Barsch und Wolfgang-Albert Flügel (Hrsg.): Niederschlag, Grundwasser, Abfluß. Ergebnisse aus dem hydrologisch-geomorphologischen Versuchsgebiet "Hollmuth". Mit Beiträgen von D. Barsch, R. Dikau, W.-A. Flügel, M. Friedrich, J. Schaar, A. Schorb, O. Schwarz und H. Wimmer. 1988. 275 Seiten, 42 Tabellen, 106 Abbildungen. DM 47,--
Heft 67	German Müller et al.: Verteilungsmuster von Schwermetallen in einem ländlichen Raum am Beispiel der Elsenz (Nordbaden). (In Vorbereitung)
Heft 68	Robert König: Die Wohnflächenbestände der Gemeinden der Vorderpfalz. Bestandsaufnahme, Typisierung und zeitliche Begrenzung der Flächenverfügbarkeit raumfordernder Wohnfunktionsprozesse. 1980. 226 Seiten, 46 Karten, 16 Figuren, 17 Tabellen, 7 Tafeln. DM 32,--
Heft 69	Dietrich Barsch und Lorenz King (Hrsg.): Ergebnisse der Heidelberg-Ellesmere Island-Expedition. Mit Beiträgen von D. Barsch, H. Eichler, W.-A. Flügel, G. Hell, L. King, R. Mäusbacher und H.R. Völk. 1981. 573 Seiten, 203 Abbildungen, 92 Tabellen, 2 Karten als Beilage. DM 70,--
Heft 70	Erläuterungen zur Siedlungskarte Ostafrika (Blatt Lake Victoria). Mit Beiträgen von W. Fricke, R. Henkel und Ch. Mahn. (In Vorbereitung)
Heft 71	Stand der grenzüberschreitenden Raumordnung am Oberrhein. Kolloquium zwischen Politikern, Wissenschaftlern und Praktikern über Sach- und Organisationsprobleme bei der Einrichtung einer grenzüberschreitenden Raumordnung im Oberrheingebiet und Fallstudie: Straßburg und Kehl. 1981. 116 Seiten, 13 Abbildungen. DM 15,--
Heft 72	Adolf Zienert: Die witterungsklimatische Gliederung der Kontinente und Ozeane. 1981. 20 Seiten, 3 Abbildungen; mit farbiger Karte 1:50 Mill. DM 12,--
Heft 73	American-German International Seminar. Geography and Regional Policy: Resource Management by Complex Political Systems. Editors: John S. Adams, Werner Fricke and Wolfgang Herden. 1983. 387 Pages, 23 Maps, 47 Figures, 45 Tables. DM 50,--

Sämtliche Hefte sind über das Geographische Institut der Universität Heidelberg zu beziehen.

HEIDELBERGER GEOGRAPHISCHE ARBEITEN

Heft 74	Ulrich Wagner: Tauberbischofsheim und Bad Mergentheim. Eine Analyse der Raumbeziehungen zweier Städte in der frühen Neuzeit. 1985. 326 Seiten, 43 Karten, 11 Abbildungen, 19 Tabellen. DM 58,-
Heft 75	Kurt Hiehle-Festschrift. Mit Beiträgen von U. Gerdes, K. Goppold, E. Gormsen U. Henrich, W. Lehmann, K. Lüll, R. Möhn, C. Niemeitz, D. Schmidt-Vogt, M Schumacher und H.-J. Weiland. 1982. 256 Seiten, 37 Karten, 51 Figuren, 32 Tabellen, 4 Abbildungen. DM 25,-
Heft 76	Lorenz King: Permafrost in Skandinavien - Untersuchungsergebnisse aus Lappland, Jotunheimen und Dovre/Rondane. 1984. 174 Seiten, 72 Abbildungen, 24 Tabellen. DM 38,-
Heft 77	Ulrike Sailer: Untersuchungen zur Bedeutung der Flurbereinigung für agrarstrukturelle Veränderungen - dargestellt am Beispiel des Kraichgaus. 1984. 308 Seiten 36 Karten, 58 Figuren, 116 Tabellen. DM 44,-
Heft 78	Klaus-Dieter Roos: Die Zusammenhänge zwischen Bausubstanz und Bevölkerungsstruktur - dargestellt am Beispiel der südwestdeutschen Städte Eppingen und Mosbach. 1985. 154 Seiten, 27 Figuren, 48 Tabellen, 6 Abbildungen, 11 Karten. DM 29,-
Heft 79	Klaus Peter Wiesner: Programme zur Erfassung von Landschaftsdaten, eine Bodenerosionsgleichung und ein Modell der Kaltluftentstehung. 1986. 83 Seiten, 2: Abbildungen, 20 Tabellen, 1 Karte. DM 26,-
Heft 80	Achim Schorb: Untersuchungen zum Einfluß von Straßen auf Boden, Grund- und Oberflächenwässer am Beispiel eines Testgebietes im Kleinen Odenwald. 1988 193 Seiten, 1 Karte, 176 Abbildungen, 60 Tabellen. DM 37,-
Heft 81	Richard Dikau: Experimentelle Untersuchungen zu Oberflächenabfluß und Bodenabtrag von Meßparzellen und landwirtschaftlichen Nutzflächen. 1986. 195 Seiten, 70 Abbildungen, 50 Tabellen. DM 38,-
Heft 82	Cornelia Niemeitz: Die Rolle des PKW im beruflichen Pendelverkehr in der Randzone des Verdichtungsraumes Rhein-Neckar. 1986. 203 Seiten, 13 Karten 65 Figuren, 43 Tabellen. DM 34,-
Heft 83	Werner Fricke und Erhard Hinz (Hrsg.): Räumliche Persistenz und Diffusion von Krankheiten. Vorträge des 5. geomedizinischen Symposiums in Reisenburg, 1984 und der Sitzung des Arbeitskreises Medizinische Geographie/Geomedizin in Berlin, 1985. 1987. 279 Seiten, 42 Abbildungen, 9 Figuren, 19 Tabellen, 13 Karten. DM 58,-
Heft 84	Martin Karsten: Eine Analyse der phänologischen Methode in der Stadtklimatologie am Beispiel der Kartierung Mannheims. 1986. 136 Seiten, 19 Tabellen, 27 Figuren, 5 Abbildungen, 19 Karten. DM 30,-
Heft 85	Reinhard Henkel und Wolfgang Herden (Hrsg.): Stadtforschung und Regionalplanung in Industrie- und Entwicklungsländern. Vorträge des Festkolloquiums zum 60. Geburtstag von Werner Fricke. 1989. 89 Seiten, 34 Abbildungen, 5 Tabellen DM 18,-
Heft 86	Jürgen Schaar: Untersuchungen zum Wasserhaushalt kleiner Einzugsgebiete im Elsenztal/Kraichgau. 1989. 169 Seiten, 48 Abbildungen, 29 Tabellen. DM 32,-

Sämtliche Hefte sind über das Geographische Institut der Universität Heidelberg zu beziehen.

HEIDELBERGER GEOGRAPHISCHE ARBEITEN

Heft 87   Jürgen Schmude: Die Feminisierung des Lehrberufs an öffentlichen, allgemeinbildenden Schulen in Baden-Württemberg, eine raum-zeitliche Analyse. 1988. 159 Seiten, 10 Abbildungen, 13 Karten, 46 Tabellen.   DM 30,--

Heft 88   Peter Meusburger und Jürgen Schmude (Hrsg.): Bildungsgeographische Studien über Baden-Württemberg. Mit Beiträgen von M. Becht, J. Grabitz, A. Hüttermann, S. Köstlin, C. Kramer, P. Meusburger, S. Quick, J. Schmude und M. Votteler. 1990. 291 Seiten, 61 Abbildungen, 54 Tabellen.   DM 38,--

Heft 89   Roland Mäusbacher: Die jungquartäre Relief- und Klimageschichte im Bereich der Fildeshalbinsel Süd-Shetland-Inseln, Antarktis. 1991. 207 Seiten, 87 Abbildungen, 9 Tabellen.   DM 48,--

Heft 90   Dario Trombotto: Untersuchungen zum periglazialen Formenschatz und zu periglazialen Sedimenten in der "Lagunita del Plata", Mendoza, Argentinien. 1991. 171 Seiten, 42 Abbildungen, 24 Photos, 18 Tabellen und 76 Photos im Anhang.   DM 34,--

Heft 91   Matthias Achen: Untersuchungen über Nutzungsmöglichkeiten von Satellitenbilddaten für eine ökologisch orientierte Stadtplanung am Beispiel Heidelberg. 1993. 195 Seiten, 43 Abbildungen, 20 Tabellen, 16 Fotos.   DM 38,--

Heft 92   Jürgen Schweikart: Räumliche und soziale Faktoren bei der Annahme von Impfungen in der Nord-West Provinz Kameruns. Ein Beitrag zur Medizinischen Geographie in Entwicklungsländern. 1992. 134 Seiten, 7 Karten, 27 Abbildungen, 33 Tabellen.   DM 26,--

Heft 93   Caroline Kramer: Die Entwicklung des Standortnetzes von Grundschulen im ländlichen Raum. Vorarlberg und Baden-Württemberg im Vergleich. 1993. 263 Seiten, 50 Karten, 34 Abbildungen, 28 Tabellen.   DM 40,--

Heft 94   Lothar Schrott: Die Solarstrahlung als steuernder Faktor im Geosystem der subtropischen semiariden Hochanden (Agua Negra, San Juan, Argentinien). 1994. 199 Seiten, 83 Abbildungen, 16 Tabellen.   DM 31,--

Heft 95   Jussi Baade: Geländeexperiment zur Verminderung des Schwebstoffaufkommens in landwirtschaftlichen Einzugsgebieten. 1994. 215 Seiten, 56 Abbildungen, 60 Tabellen.   DM 28,--

Heft 96   Peter Hupfer: Der Energiehaushalt Heidelbergs unter besonderer Berücksichtigung der städtischen Wärmeinselstruktur. 1994. 213 Seiten. 36 Karten, 54 Abbildungen, 15 Tabellen.   DM 32,--

Heft 97   Werner Fricke und Ulrike Sailer-Fliege (Hrsg.): Untersuchungen zum Einzelhandel in Heidelberg. Mit Beiträgen von M. Achen, W. Fricke, J. Hahn, W. Kiehn, U. Sailer-Fliege, A. Scholle und J. Schweikart. 1995. 139 Seiten. DM 25,--

Sämtliche Hefte sind über das Geographische Institut der Universität Heidelberg zu beziehen.

HEIDELBERGER GEOGRAPHISCHE BAUSTEINE

Heft 1   D. Barsch, R. Dikau, W. Schuster: Heidelberger Geomorphologisches Programmsystem. 1986. 60 Seiten.   DM 9,--

Heft 2   N. Schön und P. Meusburger: Geothem - I. Software zur computerunterstützten Kartographie. 1986. 74 Seiten.   vergriffen

Heft 3   J. Schmude und J. Schweikart: SAS. Eine anwendungsorientierte Einführung in das Statistikprogrammpaket "Statistical Analysis System". 1987. 50 Seiten.   vergriffen

Heft 5   R. Dikau: Entwurf einer geomorphologisch - analytischen Systematik von Reliefeinheiten. 1988. 45 Seiten.   vergriffen

Heft 6   N. Schön, S. Klein, P. Meusburger, G. Roth, J. Schmude, G. Strifler: DIGI und CHOROTEK. Software zum Digitalisieren und zur computergestützten Kartographie. 1988. 91 Seiten.   vergriffen

Heft 7   J. Schweikart, J. Schmude, G. Olbrich, U. Berger: Graphische Datenverarbeitung mit SAS/GRAPH - Eine Einführung. 1989. 76 Seiten.   DM 8,--

Heft 8   P. Hupfer: Rasterkarten mit SAS. Möglichkeiten zur Rasterdarstellung mit SAS/GRAPH unter Verwendung der SAS-Macro-Facility. 1990. 72 Seiten.   DM 8,--

Heft 9   M. Fasbender: Computergestützte Erstellung von komplexen Choroplethenkarten, Isolinienkarten und Gradnetzentwürfen mit dem Programmsystem SAS/GRAPH. 1991. 135 Seiten.   DM 15,--

Heft 10   J. Schmude, I. Keck, F. Schindelbeck, C. Weick: Computergestützte Datenverarbeitung - Eine Einführung in die Programme KEDIT, WORD, SAS und LARS. 1992. 96 Seiten.   DM 15,--

Heft 11   J. Schmude und M. Hoyler: Computerkartographie am PC: Digitalisierung graphischer Vorlagen und interaktive Kartenerstellung mit DIGI90 und MERCATOR. 1992. 80 Seiten.   DM 14,--

Heft 12   W. Mikus (Hrsg.): Umwelt und Tourismus. Analysen und Maßnahmen zu einer nachhaltigen Entwicklung am Beispiel von Tegernsee. 1994. 122 Seiten. DM 20,--

Sämtliche Hefte sind über das Geographische Institut der Universität Heidelberg zu beziehen.